博士论文
出版项目

良缘之外

中国的教育婚姻匹配与社会分层后果

Beyond "Good Marriage"

Educational Assortative Mating and Its Impacts on
Social Stratification in China

石 磊 著

中国社会科学出版社

图书在版编目（CIP）数据

良缘之外：中国的教育婚姻匹配与社会分层后果 / 石磊著 . —北京：
中国社会科学出版社，2024.5
ISBN 978 – 7 – 5227 – 3111 – 7

Ⅰ.①良…　Ⅱ.①石…　Ⅲ.①社会阶层—研究—中国　Ⅳ.①D663

中国国家版本馆 CIP 数据核字（2024）第 041590 号

出 版 人　赵剑英
责任编辑　孔继萍
责任校对　李　莉
责任印制　郝美娜

出　　　版　中国社会科学出版社
社　　　址　北京鼓楼西大街甲 158 号
邮　　　编　100720
网　　　址　http://www.csspw.cn
发 行 部　010 – 84083685
门 市 部　010 – 84029450
经　　　销　新华书店及其他书店

印刷装订　北京君升印刷有限公司
版　　　次　2024 年 5 月第 1 版
印　　　次　2024 年 5 月第 1 次印刷

开　　　本　710×1000　1/16
印　　　张　21
字　　　数　297 千字
定　　　价　128.00 元

出 版 说 明

　　为进一步加大对哲学社会科学领域青年人才扶持力度，促进优秀青年学者更快更好成长，国家社科基金 2019 年起设立博士论文出版项目，重点资助学术基础扎实、具有创新意识和发展潜力的青年学者。每年评选一次。2022 年经组织申报、专家评审、社会公示，评选出第四批博士论文项目。按照"统一标识、统一封面、统一版式、统一标准"的总体要求，现予出版，以飨读者。

全国哲学社会科学工作办公室

2023 年

前　言

　　社会分层是人类社会中的一个恒久的现象。从古至今，由中及外，在目前已知的所有社会中都存在着某种类型、某种程度的分层。进入 21 世纪以来，人类文明达到了前所未有的高度，物质、文化等资源极大丰富，但是，各类资源在不同社会群体中的多寡不均依旧普遍存在，甚至有愈演愈烈之势。根据美国皮尤中心（Pew Research Center）2014 年的"全球态度调查"，即使在经济社会发展水平较高的美国与欧洲，公众也大多将社会各方面的不平等视为当今全球最严峻的危险（阿特金森，2016：1）。社会分层问题事关社会的和谐、稳定与发展，因此，一直是经济学、政治学、社会学等社会科学中的重点议题。

　　社会分层研究可以简单分为两大领域，一是从静态的角度考察社会分层结构，也即分析收入、财富、受教育程度等有价值的资源在各个社会群体中是如何分配的。二是从动态的角度探究社会分层结构的开放性，也即分析社会阶层结构中各个阶层之间的边界在多大程度上是可渗透的、可跨越的。

　　影响社会分层结构及其开放性程度的因素有很多，在这些因素中，婚姻匹配在近些年备受学者的关注，同时也逐渐成为社会热议的话题。什么是婚姻匹配？简单来说，婚姻匹配就是谁和谁结婚的问题。谁和谁结婚的问题怎么会和社会分层联系到一起呢？下面我举一个事例说明。

　　我在 2017 年的时候到美国普林斯顿大学进行博士生联合培养，

在此期间，我听过这样一件趣事。在某一年的校友返校日，普林斯顿大学的一位校友苏珊·帕顿（Susan Patton）在校报上发表了一封致全体女学生的公开信，这位在当地小有名气的人力资源管理师并没有从专业的角度出发为女学生的职业规划、职业发展提供建议，反而是苦口婆心地劝诫她们要充分利用在校期间寻得一位如意郎君，因为离开学校后便很难找到如普林斯顿学生一般优秀的配偶了。据说，这封公开信如同一石激起千层浪，在美国社会乃至世界范围内掀起轩然大波。短短三天之内，这封信在网络上便收到了上亿条评论，普林斯顿校报网因此瘫痪多日。帕顿一时之间成为众矢之的，受到了来自社会各界尤其是女权主义者和反精英主义者的猛烈攻击。

为什么这件事会引发如此大的轰动呢？我想其中的一个原因就是，它打破了我们关于婚姻的美好想象。从帕顿的信中，我们看不到婚姻所标榜的浪漫，而是看到了功利。也看不到爱情，而是看到了精英们在结婚上对普通人的排斥。基于这种功利的目的和对其他群体的排斥，很多精英们实现了同类成婚，这样一来，就出现了他们在收入、财富等方面的"强强联合"，这无疑会对整个社会的分层产生非常大的影响。

婚姻匹配又会如何影响社会分层结构的开放性呢？让我们继续讲帕顿的故事。帕顿自己毕业于普林斯顿大学，她的两个儿子也全部就读于普林斯顿大学。而根据帕顿的想法，两个儿子还要在普林斯顿大学去找他们的配偶。后来，我看到一些新闻，帕顿确实如愿以偿，得到了一位普林斯顿的儿媳。这个故事如果还有后续的话，可能就是帕顿又有了一个或几个普林斯顿的孙子或孙女。虽说是可能，但是，我想对于帕顿来说，这只是时间的问题罢了。

在帕顿的例子中，我们就可以看到婚姻匹配对社会分层结构开放性的影响。首先，婚姻匹配可以与其他社会分层机制相联合，从而增强（或削弱）分层结构的开放性。帕顿和两个儿子之间经由教育再生产机制实现了优势的代际传递，而这种传递下来的优势又经过儿子的婚姻得到了进一步的强化，由此便会导致社会分层结构变得越来越封闭。其次，婚姻匹配本身对社会分层结构的开放性也有直接的影响。父母都是精英大学毕业的孩子无疑比父母都是小学学历的孩子更可能取得较高的学业成就，由此进一步加剧了阶层的固化。

帕顿的故事基本上就是我在本书中要讲的故事。本书主要聚焦于男女在受教育程度上的婚姻匹配如何影响社会分层结构及其开放性。在静态的社会分层结构上，本书主要考察了教育婚姻匹配如何影响全社会的收入差距。在动态的社会分层结构开放性上，本书探析了三个问题：一是教育婚姻匹配如何与代际再生产机制相联合，换句话说，家庭背景如何影响个人的教育婚姻匹配；二是教育婚姻匹配本身如何直接影响夫妻在婚后的地位流动；三是夫妻的教育婚姻匹配如何影响下一代的地位获得。

本书对以上研究问题的讨论都是基于中国社会的背景。需要强调的是，中国社会的背景在本书中并不是一个无关紧要的"容器"，或者仅仅意味着本书使用的数据是来自中国的。改革开放后，中国在短短几十年间经历了迅猛的现代化、市场转型、高等教育扩张等重大历史社会变迁，这些社会变迁使得中国社会中的教育婚姻匹配对社会分层结构及其开放性的影响具有非常鲜明的特征。本书几乎在对每一个研究环节的讨论中都加入了历史的维度，力图揭示中国的教育婚姻匹配对社会分层的影响是如何随着这些宏观社会变迁的演进而变化的。此外，本书在分析某些问题时，十分注重联系中国独特文化传统，如家庭分工平等意识、社会网络关系等，以此来说明中国背景下教育婚姻匹配对社会分层的影响及其作用机制的特殊性。

摘　　要

近些年来，婚姻对社会分层的影响备受社会分层研究者的关注。本书运用社会排斥和社会结构化两个解释机制，探究了中国社会中的教育婚姻匹配对社会收入差距和社会分层结构开放性的影响。

在收入差距方面，本书认为教育婚姻匹配对收入差距的影响有赖于两大因素：一是教育同类婚在整体教育层级上的分布结构，二是教育婚姻匹配与收入婚姻匹配的同构性程度。

在分析教育同类婚的分布结构时，本书将教育婚姻匹配中的社会排斥进一步区分为行动层面的教育资源排斥和结构层面的教育婚姻市场排斥，分别考察了二者是如何影响教育同类婚在整体受教育层级上的分布的。研究结果表明：其一，就教育资源排斥而言，在市场转型与高等教育扩张的背景下，较高受教育层级与较低受教育层级在婚姻匹配中与其他受教育层级的排斥程度以及由此决定的通婚壁垒强度显著提升；其二，就婚姻市场排斥而言，高等受教育层级中的婚姻市场排斥不断加强，教育同类婚程度也随之加深。由此，在教育资源排斥和婚姻市场排斥的作用下，中国的教育同类婚分布逐渐向高等受教育层级集聚，并呈现出两极化的态势。在分析教育婚姻匹配与收入婚姻匹配的同构性时，本书发现随着市场化改革的逐步深入，中国的教育婚姻匹配与收入婚姻匹配之间的同构性不断增强。

教育同类婚的两极分布结构以及教育婚姻匹配与收入婚姻匹配之间的高度同构性，使得收入等与教育相关的资源与机会在家庭层面出现了优势阶层的"强强联合"与弱势阶层的"劣势累积"。本书发现,自上世纪九十年代以来,根据各类型教育婚姻匹配家庭计算的收入差距不断拉大,表明教育婚姻匹配的变迁显著地提高了社会收入差距水平。

在社会分层结构开放性方面,本书将结构化机制细分为联合型结构化以及代内和代际两类自源型结构化。

在分析联合型结构化时,本书探析了教育婚姻匹配与代际再生产之间的联合结构化效果。研究结果显示,家庭背景越好的个体越可能形成教育同类婚尤其是高等教育同类婚和教育向上婚,并且越不可能出现教育向下婚。这意味着教育婚姻匹配不但可以在代际再生产正常运作时进一步强化其对分层结构的固化效应,而且作为一种可能的向上流动途径,又能在代际再生产出现"失灵"的情况下起到补偿性的作用,从而使得资源与机会占有的不平衡得以维持。并且,二者之间的联合对社会结构开放性的负面影响随着出生世代的推进而不断加剧。

在分析代内自源型结构化时,本书考察了配偶受教育程度对个体婚后社会地位流动的影响。研究结果发现,首先,在中国社会中,夫妻中一方的受教育水平越高,则另一方在婚后越可能实现社会地位的向上流动,即存在"双向配偶正效应",并且这种双向配偶正效应在出生于1980年后的世代中更加明显。其次,配偶受教育程度对于个人代内向上流动的正影响在教育同类婚与教育异类婚中并无明显的程度差别,即不存在"追赶效应"。上述结果意味着较高受教育等级的同类婚夫妻可以凭借配偶所提供的支持,继续在代内向上流动中占据优势,而较低受教育等级的同类婚夫妻则恰好相反。如此一来,由教育婚姻匹配所导致的社会两极分化便会随着时间的推移在代内中愈演愈烈,出现了"优者愈优,劣者愈劣"的马太效应,社会分层结构的固化程度由此不断加深。

在分析代际自源型结构化时,本书讨论了父母的教育婚姻匹配与子女教育成就获得之间的关系问题。结论显示,父亲的受教育水平和母亲的受教育水平对子代的教育成就获得均具有显著的且相对独立的促进作用，并且父系教育再生产在教育同类婚家庭中有显著更高的强度。这意味着较高等级教育同类婚夫妻所具有的社会地位优势将会在下一代中得以维持甚至是强化，而较低层级教育同类婚夫妻的相应劣势也会在下一代中延续。如此一来，由教育婚姻匹配所导致的社会分化便会在代际中再生产出来。

一言蔽之，教育婚姻匹配不仅经由社会排斥机制拉大了社会收入差距，而且借助结构化机制使得社会分层结构趋于固化。

关键词：教育婚姻匹配；社会分层；收入差距；社会排斥；社会结构化

Abstract

In recent years, the impact of marriage on social stratification has received significant attention from social stratification researchers. This study employs two explanatory mechanisms, namely social exclusion and social structurization, to explore the influences of educational assortative mating on incomegap and the openness of social stratification structure in Chinese society.

Regarding income gap, we argue that the impact of educational assortative mating on income gap relies on two major factors. First, it depends on the distribution structure of educational homogamy across the entire educational hierarchy. Second, it depends on the degree of isomorphism between educational assortative mating and income assortative mating.

In analyzing the distribution structure of educational homogamy, this study further distinguishes social exclusion in educational assortative mating into action-level exclusion based on the preference of educational resources (educational resources exclusion, thereafter) and structural-level exclusion based on the educational marriage market (educational marriage market exclusion, thereafter). This study investigates how these two types of social exclusion influence the distribution of educational homogamy across the entire educational hierarchy. The research findings are as following: Firstly, in terms of educational resources exclusion, under the background of market transition and the expansion of higher education, there is a significant increase in the degree of exclusion between tertiary level and other levels of education. Meanwhile, the exclusion between primary level and other levels of education has also strengthened. Secondly, regarding educational marriage market exclusion, there is a continuous strengthening of marriage market exclusion within higher educated strata, leading to a significant increase in educational homogamy. Therefore, under the influence of educational resources exclusion and educational marriage market exclusion, educational homogamy in China gradually concentrates at both higher and lower educational levels, exhibiting a polarized trend. When analyzing the isomorphism between educational assortative mating and income assortative mating, this study finds that with the gradual deepening of market transition, the isomorphism between educational assortative mating and income assortative mating in China has been continuously strengthened.

The polarized distribution structure of educational homogamy and the high degree of isomorphism between educational assortative mating and income assortative mating have led to the emergence of "the rich marrying the rich" in advantaged social classes and "the cumulative disadvantage" in disadvantaged social classes in terms of income as well as other education-related resources and opportunities at the family level. This study reveals that since the 1990s, the income gap calculated based on different types of educational assortative mating families has been widening, indicating that the changes in educational assortative mating have significantly increased the level of income inequality in Chinese society.

In terms of the openness of social stratification structure, this article breaks down the structurization mechanism into coordinated structurization and intragenerational and intergenerational autogenic structurization.

When analyzing cooperative structurization, this study examines the joint structuring effects between educational assortative mating and intergenerational reproduction. The research findings indicate that individuals from better family backgrounds are more likely to form educational homogamy and hypergamy, while less likely to enter hypogamy. This implies that educational assortative mating not only further reinforces the solidifying effect of intergenerational reproduction on social stratification structure when it operates normally, but also serves as a compensatory mechanism and a potential pathway for upward mobility when intergenerational reproduction experiences "dysfunction", and thus maintaining the inequality of resource and opportunity distribution. Moreover, the negative impact of their interaction on the openness of social structure intensifies in recent birth cohorts.

When analyzing intragenerational autogenic structurization, this study examines the influence of spouse's educational attainment on individual's social mobility after marriage. The research findings are as following: Firstly, in Chinese society, the higher the educational level of an individual's spouse, the more likely he or she will experience upward social mobility after marriage, indicating the existence of a "bidirectional spousal positive effect. " This effect is particularly prominent among individuals born after 1980. Secondly, there is no significant difference in the degree of spousal positive effect between educational homogamy and educational heterogamy, suggesting the absence of a "catch-up effect". These results imply that educationally homogamous couples at higher-education level can maintain an advantage in intragenerational upward mobility through the support provided by their spouses, while the opposite is true for educationally homogamous couples at lower-education level. As a result, the social polarization caused by educational assortative mating intensifies over time, leading to the Matthew effect of "the rich get richer and the poor get poorer", and thus deepening the degree of stratification structure solidification.

When analyzing intergenerational autogenic structurization, this study discusses the relationship between educational assortative mating in parental generation and their educational achievement in child's generation. The findings indicate that both the father's and mother's educational level have significant and relatively independent positive effects on the educational attainment of their offspring. Moreover, the strength of paternal educational reproduction is significantly stronger in educationally homogamous families. This means that the social status advantages possessed by educationally homogamous couples at higher-education level will be maintained or even strengthened in the next generation, while the disadvantages of educationally homogamous couples at lower-education level will continue in the next generation. Consequently, social inequality resulting from educational assortative mating is reproduced intergenerationally.

In summary, educational assortative mating not only widens social income gap through the mechanism of social exclusion but also contributes to the solidification of social stratification structure through the mechanism of social structurization.

Key Words: educational assortative mating, social stratification, income gap, social exclusion, social structuralization

目　　录

第一章　导言 ···（1）

第一节　问题的提出 ···································（1）

第二节　研究缘由 ·······································（4）

第三节　研究意义 ·····································（10）

第四节　概念说明 ·····································（13）

第二章　文献综述与分析框架 ·····················（17）

第一节　教育婚姻匹配与收入差距 ···············（17）

一　宏观研究范式 ·······························（17）

二　微观研究范式 ·······························（20）

第二节　教育婚姻匹配与社会分层结构开放性 ·············（26）

一　情感控制理论 ·······························（26）

二　社会认同理论 ·······························（27）

第三节　本书的研究框架 ·····························（29）

一　社会排斥机制 ·······························（33）

二　结构化机制 ·································（36）

三　章节安排及简介 ·····························（39）

第三章　研究方法 ·····································（42）

第一节　数据介绍 ·····································（42）

一　中国综合社会调查（CGSS） ·················（43）

　　二　中国家庭追踪调查（CFPS）……………………（44）

　　三　中国劳动力动态调查（CLDS）…………………（44）

　　四　中国教育追踪调查（CEPS）……………………（45）

第二节　核心变量……………………………………………（46）

第三节　研究模型……………………………………………（48）

　　一　对数线性模型…………………………………………（48）

　　二　事件史分析法…………………………………………（51）

第四章　市场转型、高等教育扩张与教育婚姻匹配…………（52）

第一节　中国的教育资源排斥及变迁………………………（54）

　　一　研究假设：资源偏好强化还是封闭弱化……………（54）

　　二　变量与模型……………………………………………（60）

　　三　研究结果………………………………………………（62）

　　四　小结……………………………………………………（74）

第二节　中国的教育婚姻市场排斥及变迁…………………（76）

　　一　研究假设：更同质还是更异质………………………（78）

　　二　变量与模型……………………………………………（85）

　　三　研究结果………………………………………………（86）

　　四　小结……………………………………………………（100）

第五章　教育婚姻匹配与收入差距…………………………（104）

第一节　教育婚姻匹配与收入婚姻匹配的同构性…………（104）

　　一　研究假设：同构还是交换……………………………（106）

　　二　变量与模型……………………………………………（116）

　　三　研究结果………………………………………………（119）

　　四　小结……………………………………………………（126）

第二节　教育婚姻匹配与收入差距…………………………（128）

　　一　研究假设………………………………………………（130）

　　二　变量与模型 ……………………………………（138）

　　三　研究结果 ………………………………………（140）

　　四　小结 ……………………………………………（149）

第六章　教育婚姻匹配的联合型结构化 ……………（152）

第一节　家庭背景与教育同类婚 …………………（152）

　　一　研究假设：阶层封闭还是选择自由 …………（154）

　　二　变量与模型 ……………………………………（159）

　　三　研究结果 ………………………………………（160）

　　四　小结 ……………………………………………（166）

第二节　家庭背景与教育异类婚 …………………（168）

　　一　研究假设：动机差异还是劣势补偿 …………（171）

　　二　变量、模型与研究结果 ………………………（176）

　　三　小结 ……………………………………………（181）

第三节　联合型结构化的变迁 ……………………（183）

　　一　研究假设 ………………………………………（184）

　　二　变量与模型 ……………………………………（186）

　　三　研究结果 ………………………………………（188）

　　四　小结 ……………………………………………（191）

第七章　教育婚姻匹配的代内自源型结构化 ………（193）

第一节　教育婚姻匹配下的配偶效应 ……………（193）

　　一　研究假设：促进还是抑制 ……………………（195）

　　二　变量与模型 ……………………………………（200）

　　三　研究结果 ………………………………………（202）

　　四　小结 ……………………………………………（208）

第二节　教育婚配类型与追赶效应 ………………（210）

　　一　研究假设：同型支持还是异质优势 …………（212）

　　二　变量、模型与研究结果 ………………………………（218）

　　三　小结 …………………………………………………（226）

第三节　配偶效应的出生世代变迁 …………………………（227）

　　一　研究假设 ……………………………………………（229）

　　二　变量与模型 …………………………………………（230）

　　三　研究结果 ……………………………………………（231）

　　四　小结 …………………………………………………（236）

第八章　教育婚姻匹配的代际自源型结构化 ………………（238）

第一节　父系与母系教育再生产 ……………………………（240）

　　一　研究假设：相互替代还是相得益彰 ………………（240）

　　二　变量与模型 …………………………………………（245）

　　三　数据结果 ……………………………………………（246）

　　四　小结 …………………………………………………（252）

第二节　教育婚姻匹配与代际再生产 ………………………（253）

　　一　研究假设：分工有益还是双亲互补 ………………（253）

　　二　变量、模型与研究结果 ……………………………（256）

　　三　小结 …………………………………………………（260）

第九章　结论与讨论 …………………………………………（263）

第一节　结论 …………………………………………………（264）

　　一　教育婚姻匹配与收入差距 …………………………（264）

　　二　教育婚姻匹配与社会分层结构开放性 ……………（266）

第二节　讨论 …………………………………………………（270）

　　一　"良缘"之外：教育婚姻匹配与社会分层后果 ……（270）

　　二　理论对话 ……………………………………………（276）

　　三　创新与不足 …………………………………………（277）

参考文献 …………………………………………… （280）

附　录 …………………………………………… （299）

索　引 …………………………………………… （305）

后　记 …………………………………………… （307）

Contents

Chapter 1   Introduction ·· (1)

Section I   Description of Research Question ····················· (1)

Section II   Reasons for the Research ···························· (4)

Section III   Significance of the Research ······················ (10)

Section IV   Definition of Concepts ····························· (13)

Chapter 2   Literature Review and Analytical Framework ··· (17)

Section I   Educational Assortative Mating and Income Gap ····· (17)

　I   Macro Research Paradigm ······························· (17)

　II   Micro Research Paradigm ······························ (20)

Section II   Educational Assortative Mating and Openness of

　　　　　Social Stratification Structure ···················· (26)

　I   Emotional Control Theory ····························· (26)

　II   Social Identity Theory ······························· (27)

Section III   Analytical Framework ······························ (29)

　I   Social Exclusion Mechanisms ························· (33)

　II   Social Structurization Mechanisms ···················· (36)

　III   Chapter Arrangement ····························· (39)

Chapter 3   Research Method ································· (42)

Section I   Introduction to the Data ·························· (42)

I　Chinese General Social Survey（CGSS）·················（43）

II　China Family Panle Studies（CFPS）·················（44）

III　China Labor Force Dynamics Survey（CLDS）···········（44）

IV　China Education Panel Survey（CEPS）···············（45）

Section II　Core Variables ·································（46）

Section III　Analytical Model　·······························（48）

I　Log-Linear Model ·································（48）

II　Event History Analysis ·························（51）

Chapter 4　Market Transition, Higher Education Expansion,
and Educational Assortative Mating ················（52）

Section I　Educational Resource Exclusion and Its Changes in
China　···（54）

I　Hypothesis: Enhanced Resource Preference or Exclusion
Attenuation? ·································（54）

II　Variables and Models ·························（60）

III　Results ··································（62）

IV　Summary ·································（74）

Section II　Educational Marriage Market Exclusion and Its
Changes In China ·························（76）

I　Hypothesis: More Homogeneous or More
Heterogeneous? ·····························（78）

II　Variables and Models ·························（85）

III　Results ··································（86）

IV　Summary ·································（100）

Chapter 5　Educational Assortative Mating and Income
Gap ··（104）

Section I　Isomorphism between Educational Assortative Mating
and Income Assortative Mating ·················（104）

   I   Hypothesis: Isomorphism or Exchange ···················· (106)

   II Variables and Models ·· (116)

   III Results ··· (119)

   IV Summary ··· (126)

Section II Educational Assortative Mating and Income

           Gap ·· (128)

   I   Hypothesis ··· (130)

   II Variables and Models ·· (138)

   III Results ··· (140)

   IV Summary ··· (149)

Chapter 6 Coordinated Structurization of Educational

           Assortative Mating ··································· (152)

Section I Family Background and Educational Assortative

           Mating ··· (152)

   I   Hypothesis: Class Closure or Freedom of Choice ········· (154)

   II Variables and Models ·· (159)

   III Results ··· (160)

   IV Summary ··· (166)

Section II Family Background and Education Heterogeneous

           Marriage ·· (168)

   I   Hypothesis: Motivational Differences or Disadvantage

      Compensation ··· (171)

   II Variables, Models and Findings ························· (176)

   III Summary ··· (181)

Section III Changes of Coordinated Structurization of

           Educational Assortative Mating ····················· (183)

   I   Hypothesis ··· (184)

   II Variables and Models ·· (186)

   III Results ··· (188)

IV Summary ··· (191)

**Chapter 7 Intragenerational Autogenous Structurization
of Educational Assortative Mating** ················· (193)

Section I   Spousal Effects under Educational Assortative
Mating ··· (193)

　I Hypothesis: Facilitation or Inhibition ················· (195)

　II Variables and Models ································· (200)

　III Results ··· (202)

　IV Summary ··· (208)

Section II   Educational Assortative Mating and Catch-Up
Effects ··· (210)

　I Hypothesis: Homotypic Support or Heterogeneous
Dominance ··· (212)

　II Variables, Models and Findings ··················· (218)

　III Summary ··· (226)

Section III   Changes of Spousal Effects ··················· (227)

　I Hypothesis ··· (229)

　II Variables and Models ······························· (230)

　III Results ··· (231)

　IV Summary ··· (236)

**Chapter 8 Intergenerational Autogenous Structurization
Educational Assortative Mating** ················· (238)

Section I   Paternal and Maternal Educational
Reproduction ······································· (240)

　I Hypothesis: Alternative or Complementary ············· (240)

　II Variables and Models ······························· (245)

　III Results ··· (246)

　IV Summary ··· (252)

Section II   Educational Assortative mating and Intergenerationally

Educational Reproduction ·························· (253)

I   Hypothesis: Labor Division Benefiting or Mutually

Reinforcing ·································· (253)

II   Variables, Models and Findings ·················· (256)

IV   Summary ································· (260)

Chapter 9   Conclusion and Discussion ·················· (263)

Section I   Conclusion ······························· (264)

I   Educational Assortative Mating and Income Gap ········· (264)

II   Educational Assortative Mating and Openness of Social

Stratification Structure ···················· (266)

Section II   Discussion ······························ (270)

I   Beyond "Good Marriage": Educational Assortative

Mating and the Consequences of Social Stratification ····· (270)

II   Theoretical Discussion ······················· (276)

III   Innovations and Shortcomings ·················· (277)

References ································· (280)

Appendix ································· (299)

Index ································· (305)

Postscript ································· (307)

第 一 章

导　言

第一节　问题的提出

社会分层是一种普遍存在的社会与历史现象，多指社会中个人和群体之间对于稀缺的、有价值的资源和机会在获得、占有和需求满足程度上存在差异（郑杭生等，2013：279）。影响社会分层的因素有很多，如家庭背景、受教育程度、性别、身份、职业等，而婚姻匹配无疑是其中重要的因素之一。

婚姻匹配对社会分层的影响主要在于其匹配过程的非随机性，表现为男女两性通常基于某种相同或相似的社会属性择偶成婚，形成所谓的"同型婚姻"或"同类婚"（Homogamy）。例如，在中国的传统社会中，婚姻的缔结原则是"门当户对"，望族子弟往往仅与豪门千金结婚，而劳苦布衣则多娶穷家贫女。在崇尚平等自主、高度文明的现代社会，虽然"门当户对"多被视为腐朽糟粕而在婚配中遭人摒弃，但是，"当对"依然是婚姻的重要原则，只是其标准逐渐由家庭背景等先赋性因素转变为自致性因素，如职业、收入、受教育程度等。据调查显示，在美国有超过55%的夫妻具有相同的受教育水平（Schwartz & Mare，2005）；在中国，有近56%的夫妻拥有相同或相似的阶层地位，有92%的夫妻在初婚时拥有相同的户口类型（马磊，2015）。上述案例和调查数据表明，同类婚一般是社会中占主导地位的婚姻类型。

以同类婚为主导的婚姻匹配使得社会优势阶层通过婚姻实现优质资源和机会的"强强联合"，而社会下层则会出现劣势的累积，由此便会导致资源与机会的占有量在家庭层面出现严峻的两极分化。例如，有针对美国的研究发现，在几十年间不断拉大的家庭收入差距中，有17%—51%是由美国夫妻在收入上的同类婚所导致的（Gonalons-Pons & Schwartz，2017；Schwartz，2010）。

在诸多类型的婚姻匹配中，教育婚姻匹配及其对社会分层的影响在近些年来颇受关注，主要原因有二：首先，现代社会高度的工业化、信息化和知识化使得教育逐步处于整个社会的中轴地位（Ultee & Luijkx，1990；Lyon，1988），在此背景下，受教育程度成为影响婚姻匹配的最重要因素。究其原因，主要有三点：其一，教育是决定个人社会经济地位的重要变量；其二，通过教育所获得的文化资源，会在很大程度上影响个人的思想观念、生活方式乃至择偶偏好；其三，学校等教育机构不仅是青年人接受教育的场所，同时也为他们提供了一个重要的婚姻市场（Mare，1991；Smits，et al.，1998，2000；Lewis & Oppenheimer，2000；Blossfeld，2009；Han，2010）。由此，在婚姻市场的结构限制、理性选择以及文化吸引等因素的作用下，夫妻往往在受教育程度上表现出很强的同质性。例如，有研究发现，在美国社会中，夫妻受教育年限的相关系数高达0.6（Blau & Ducan，1967；Jepsen & Jepsen，2002；Warren，1966；Kalmijn，1991，1994，1998）。

其次，由于受教育程度往往与职业、权力、收入等社会经济地位要素密切相关，因而教育婚姻匹配对社会分层具有十分深刻的影响。美国国家经济研究所（the National Bureau of Economic Research）于2014年发布的一篇文章显示，从1960年至2005年，美国社会的基尼系数由0.34增长至0.43，但是，在假定夫妻双方在受教育程度上随机婚配后，1960年的基尼系数稍降为0.33，而2005年的基尼系数则骤降至 0.34（Greenwood et al.，2014）。这一反事实计算的数据结果可谓触目惊心，它表明美国在近半个世纪间的贫富分化，几乎可以完全归因于教育婚姻匹配。

基于上述讨论，本书将在中国社会的背景下讨论教育婚姻匹配对社会分层后果的影响。如前言中所说，社会分层研究一般关注两个方面：一是静态的社会分层结构，主要考察不同社会群体在各类资源占有上的差异；二是动态的社会分层结构开放性，主要讨论各个阶层之间的边界在多大程度上是可渗透、可跨越的。本书所关注的社会分层后果即包括这两个方面。

针对静态的社会分层结构，本书主要探究的是收入差距，原因有如下几点：其一，收入差距始终位处社会分层研究领域的核心，而且也是社会公众最关心的社会分层现象；其二，在市场经济社会的背景下，收入分层可以演化为许多其他形式的分层，如教育分层、权力分层、生活方式分层、健康分层等等，在此意义上，收入分层可以说是社会中最为基础的一种分层结构；其三，收入差距在宏观测量上较为简单明晰，有许多明确的指标，如基尼系数、泰尔指数等，为研究教育婚姻匹配对社会分层的影响提供了极大的便利；其四，其他国家和地区的相关研究也多采用收入差距作为分析对象，由此有助于将本书的结论进行跨地区比较。

针对动态的社会分层结构开放性，本书主要探讨的是流动层面的社会分层结构化问题。诸如收入差距一类的分层结果虽能描画出资源在全社会的静态分布形态，但却无法从动态的角度来展现社会分层结构的长期趋势。如果整个社会的机会结构是开放的，那么各个社会群体在收入等资源占有上的不平衡便可能是暂时性的。相反，如果社会分层的固化程度较高，那么资源占有的不平衡便可能持续不断地在代内和代际间实现再生产，导致"优者恒优，劣者恒劣"的状况。正是因为社会流动能够从长期动态的角度来展现社会的基本秩序和机会结构（李路路等，2018），所以，本书在分析教育婚姻匹配如何作用于收入差距之后，拟着重考察它对社会流动的影响。

第二节　研究缘由

　　从 1949 年新中国成立至今的 70 余年间，中国社会在迅速地工业化、现代化、市场化以及世界背景下的全球化等多重变革力量的作用下，发生了亘古未有之变化。在收入差距方面，自改革开放后，随着经济体制由计划经济转向市场经济，国家社会主义时期的平均主义意识形态逐步转向绩效主义。在此背景下，中国社会的基尼系数由 20 世纪 80 年代初的 0.3 快速增长至 21 世纪以来的 0.45 以上（李路路主编，2019）。作为曾经世界上收入最平均的国家之一，中国在 10 年间便跨越了国际收入差距警戒线。

　　对于婚姻匹配而言，中国自古有"门当户对"的文化传统，虽然在工业化和现代化的进程中，婚姻自由、择偶自主的观念深入人心，但是，"般配"依然根深蒂固地存在于中国人的择偶观念中。根据研究显示，中国有 59% 的夫妻拥有相同的受教育程度。此外，市场风险的增加、史无前例的高等教育扩张，加之中国领先世界的高结婚率，都使得在中国社会中研究教育婚姻匹配对社会分层的影响变得迫在眉睫且意义非凡。

　　然而，关于教育婚姻匹配如何影响社会分层的问题无论是在中国社会公众之中还是在关于中国社会分层的学术研究中均长期被忽视。究其原因，主要是由中国某些特殊的历史与现实因素造成的。

　　其一，教育的社会经济意义是教育同类婚形成及其对社会分层产生影响的先决条件之一。然而，在改革开放前的国家社会主义时期，政治身份成为影响资源与机会获取的重要因素，相比之下，个人的受教育程度对其社会经济地位的影响相对较弱。尤其是在"文化大革命"期间，中国的教育现代化发展遭受了重创。一方面，整个教育体系出现了严重的混乱。中小学教育经常被各种革命运动所打断，课程教授内容也多以革命教育为主，而科学知识教育则在很大程度上被忽视。在高等教育层面，高考制度被取消，大学招生所看重的是政治身份与家庭出身，而非知识能力。由此，受教育程度本身的人力资本价值大大降低；另一方面，这一时期知识分子的角色被边缘化，在政治上受到歧视，甚至被批为"反动学术权威"或"右派"而遭到打击，教育的合法性逐步丧失（石磊，2019）。由此，教育对于地位获得的价值被削弱，甚至几近消失。

其二，教育同类婚程度及其影响社会分层的强度在很大程度上依赖于人口在各教育层级上的分布结构。如果大部分人口的受教育程度集中于低教育层次，而高等教育层级的人数较少，那么即使教育同类婚较多，也很难出现资源与机会"强强联合"的情况，这一现象曾长期存在于中国社会中。

在新中国成立初期的1952年，每百万人口中在校的大学生仅为3.3人。当年普通高等学校毕业人数为3.2万人，仅占各级各类学校毕业生总人数的1.34%。"文化大革命"时期，中国高等教育发展遭遇重挫，高考制度被取消，大学在校生和毕业生人数锐减。从1965—1975年的十年间，高校毕业生人数从18.6万下降至11.9万。在高考制度刚恢复的1978年，每百万人口中在校的大学生为8.9人。虽然高校毕业生增长至16.7万人，但是所占当年各级各类学校毕业生总人数的比例仅为0.17%。改革开放后，中国高等教育事业的发展步入正轨，在大学扩招政策正式出台的前一年（1998），每百万人口中在校的大学生为27.3人。当年高校毕业生人数已达83万人，占当年各级各类学校毕业生总人数的1%左右。然而，在15岁及以上的人口中，拥有大专及以上学历的人口仅占3.41%。① 总之，在新中国成立后的半个多世纪中，正是因为受过高等教育的人数相对较少，中国高等教育层级中的同类婚程度较低，教育婚姻匹配对社会分层的影响十分有限。

---

① 数据均来自《中国统计年鉴》1999年、2000年，国家统计局官网，http://www.stats.gov.cn/tjsj/ndsj/。

其三，除了上述因素外，教育同类婚程度及其对社会分层的影响强度还取决于男女两性人口各自在受教育等级上的分布结构。在一个社会中，如果女性的平均受教育程度较低，尤其是当受过高等教育的女性相对较少时，即使拥有高等教育学历的男性较多，但由于在婚姻市场中缺少与其受教育程度相同的女性作为配偶，教育同类婚程度尤其是高等教育等级的同类婚程度也相对较低。有研究表明，许多国家中教育同类婚程度的增强，在很大程度上正是源于女性受教育程度的提高（Blossfeld & Timm，2003：vii；Breen & Salazar，2011）。

就中国而言，新中国成立以后，轰轰烈烈的妇女解放运动使得"性别平等"成为一种国家意识形态，并向社会各领域渗透。然而在教育尤其是高等教育方面，性别上的不平衡仍长期存在。有数据显示，在西方工业化国家中，从出生于20世纪60年代中期的出生世代开始，女性的平均受教育年限便超越了男性。而在中国，直至出生于80年代中期的出生世代，女性的受教育年限才达到与男性同等的水平，较之西方国家滞后近20年（李路路主编，2019：204）。在高等教育方面，即使在新中国成立30多年后的1980年，高等学校中的女学生比例也只有23.4%。在大学扩招政策出台前的1998年，这一比例也仅上升至38.3%。[①] 一言以蔽之，在教育领域特别是高等教育层次上长期存在的性别不平衡，也很可能导致中国教育同类婚尤其是高等教育同类婚相对较少，社会分层受教育婚姻匹配的影响也较弱。

最后，教育婚姻匹配对社会分层的影响之所以容易被忽视，是因为教育同类婚往往身披一层"合理""合法"的外衣。在诸多影响婚姻匹配的因素中，"第三方群体"曾占有十分重要的地位。为了维护群体的利益和整合，国家、种族、宗教团体、家庭等第三方群体通常会对其内部成员的婚姻进行干预，以减少异类婚的出现

---

① 数据来源于国家统计局官网，http://www.stats.gov.cn/yearbook/indexC.htm。

（Kalmijn，1998）。然而，随着工业化与现代化的发展，自致性因素在社会经济地位获得上的重要性不断提升，个人的独立性和自主性大幅增强。在婚姻匹配上表现为第三方群体对个体择偶的控制力式微，以家庭背景为典型代表的先赋性同类婚逐渐减少，而以教育、职业等为标准的自致性同类婚不断增多（Kalmijn，1994）。正因如此，教育同类婚程度的提高，往往被视为是恋爱自由、婚姻自主的表现，而由此导致的社会分层后果，仅仅是一种社会发展的非预期结果（Blossfeld & Timm，2003：vii），而非社会优势阶层为了维护自身利益而推进社会再生产的策略。

前文提及，中国传统社会中的婚姻多以"门当户对"为匹配原则，而在缔结方式上则以"父母包办"为主。只要婚配双方的父母同意，婚姻便缔结成功，当事人的自主决定权较小。新中国成立后，在婚姻制度上，中国于1950年出台了新的婚姻法修正草案，确立了恋爱自由、婚姻自主的原则，而旧社会中的包办婚姻、买卖婚姻、纳妾等陋习则被令行禁止。由此，个人在法律上获得了婚姻的自决权。在改革开放之后，现代化与全球化的迅速发展极大地解放了人们的思想观念，婚姻自主逐渐成为中国人的主流婚姻观。与此同时，受教育程度对社会经济资源与文化资源获得的影响日益增强，成为个人自主择偶中的重要标准。在此背景下，教育同类婚的增加更可能被当作是现代对传统、文明对野蛮、进步对落后的胜利，而其对资源和机会占有不平衡的影响，则在很大程度上被掩盖了。

综上所述，在新中国成立后的半个多世纪中，由于教育的社会经济价值较低（主要是在改革开放之前）、高等教育层级的人数较少且性别分布不平衡，以及民众对教育同类婚的合法性认同等因素的存在，教育婚姻匹配对社会分层的影响在中国社会中长期被忽视。然而，这些因素在进入21世纪以来的20多年间发生了重大的变化。

推动上述因素出现转变的主要力量之一便是市场转型的纵深发展。**市场转型对教育婚姻匹配的影响主要有两点：第一，市场经济**

的发展极大提升了教育的社会经济价值。市场转型理论指出，随着资源分配方式由再分配转向市场，政治资本的回报会逐渐下降，而以受教育程度为代表的人力资本回报会增加（Nee，1989）。虽然部分学者对政治资本回报是否会下降提出了质疑，但是人力资本回报随市场经济的发展而递增却是不可否认的事实。有研究发现，中国城镇居民的教育收益率在经历了新中国成立初期至"文化大革命"时期的下降后，自改革开放初期开始一路走高（郭小弦、张顺，2014）。尤其是在20世纪90年代中的10年间，城市居民教育收益率上涨了3倍，在21世纪初已经超过了10%，基本达到了国际平均水平（李实、丁赛，2003；Zhang et al.，2005）。教育收益率的提升，可能导致两个结果：其一，由于受教育程度成为个体社会经济地位的重要表征，婚姻市场上的男女双方在理性选择的支配下，均倾向于选择受教育程度较高的对象作为配偶，由此导致的结果便是教育同类婚的增加；其二，由于受教育程度与收入高度相关，教育同类婚的增加势必会拉大全社会的收入差距。

第二，市场转型的发展在一定程度上转变了人们对婚姻的认知。随着市场转型的逐步深入，市场风险开始凸显，社会生活的不确定性迅速增加。在此背景下，婚姻市场上的男女，出于经济安全、规避风险的考虑，可能会更加注重婚配对象的经济实力与潜力。2010年，某档相亲节目中的一位女嘉宾语出惊人，称自己"宁可坐在宝马车里哭，也不愿意坐在自行车后笑"[①]。虽然该女嘉宾因此而被痛批为"拜金女"，但是在当今中国社会中，这种看中婚姻的经济价值而非情感价值的人却不在少数。有研究发现，在21世纪初的10年间，中国民众对"女性干得好不如嫁得好"的认同率由34%上升至44%（风笑天、肖洁，2014）。另有关于青年择偶的研究发现，受教育程度越高的青年，在择偶中越看重对方的社会经济地位（李煜、徐安琪，2004：47）。尤其对于女性而言，在择偶上较之男性更强调

---

① 来源于澎湃新闻，https：//www. thepaper. cn/news Detail_forward_10023322。

物质条件，更不浪漫，更加现实（李煜、徐安琪，2004：146）。总之，在市场转型的过程中，人们对婚姻功利性一面的认同显著提升。教育婚姻匹配逐步褪去其"文明的象征""婚姻自主的胜利"的光环，开始成为部分人谋求社会地位和财富的手段。

除了市场转型之外，另一个推动前述因素发生变化的重要力量便是肇始于1999年的大学扩招。在此影响下，中国高等教育的规模在迄今为止的20年间迅速扩大。具体表现为，普通高等学校数量从1995年的1051所增加到2017年的2631所。高中升学率在1998—2016年间，从40%左右迅速增长至90%（李路路主编，2019：157）；高等教育毛入学率从1998年的9.8%急剧增加到2013年的34.5%（杨中超，2016）。2019年2月26日，中国教育部宣称，我国已经建成世界上规模最大的高等教育体系，高等学校毛入学率已经达到了48.1%，中国即将由高等教育大众化阶段进入普及化阶段。①

大学扩招对教育婚姻匹配的影响主要体现在两个方面：首先，大学扩招使得受过高等教育的人口激增。2017年，中国普通本专科学校的招生人数已达到761.5万人，毕业生人数达到735.8万人，分别是1995年招生人数和毕业生人数的8倍与9倍，是1978年招生人数和毕业生人数的19倍和45倍。拥有大专及以上受教育程度的人占15岁及以上人口的15.5%，占25岁及以上人口的18%。其次，大学扩招促进了高等教育层次的性别平衡。2017年，拥有大专及以上学历的女性占所有同等学历总人数的48.1%，比1998年提升了约10%。② 总之，大学扩招所带来的高等学历人口激增以及性别上的大致平衡，为加深高等教育同类婚程度创造了条件。

综上所述，进入21世纪以来，中国市场转型的加深与大学扩招

---

① 来源于教育部官方网站，www. moe. gov. cn/jyb_xwfb/s5147/202301/t2023111_1038961. html。

② 上述未标注文献出处的数据均根据《中国统计年鉴2018》计算，http：//www.stats. gov. cn/tjsj/ndsj/2018/indexch. htm。

政策的推行，极大增强了教育的社会经济价值，促进了高等教育层次人口规模的扩大与性别分布的平衡，并提高了人们对婚姻功利性的认同，由此为高等教育层次同类婚的增加、进而影响社会分层的结构及其开放性提供了温床。在此背景下，探究教育婚姻匹配的规律及其对社会分层的影响不仅理应成为中国社会分层研究中的重点，而且也是深入理解当今中国社会现实的必由之途。

第三节　研究意义

除了时代变迁的要求外，探究教育婚姻匹配的规律及其对社会分层的影响还具有十分重要的意义。首先，可以更加深刻地刻画社会结构的轮廓。中国的社会分层研究多聚焦于资源和机会分配的不平衡，而对聚合的不平衡长期置之弗论。然而，聚合的不平衡较之分配的不平衡在刻画社会结构方面可能更具优势。正如史密茨（Jeroen Smits）等人所说，如果社会群组之间的界限较弱，则整体社会结构便是开放的，反之如果界限较强，则社会结构便是封闭的（Smits et al.，1998：264）。而婚姻匹配作为社会中最基础的社会群组——家庭的形成方式，以及最基本的资源和机会的聚合形式，是反映社会结构封闭性或开放程度的绝好指标。以教育婚姻匹配为例，如果教育异类婚较多，则意味着不同受教育程度群组之间的界限是开放的，与教育相关的资源和机会在各组之间是流通的，社会封闭程度较低；相反，如果教育同类婚较多，意味着不同受教育程度群组之间的界限较强，与教育相关的资源和机会被垄断于某些特定的教育群组内部，社会的封闭程度较高。

其次，可以更清晰地揭示收入差距尤其是家庭收入差距的形成机制。2010年，西南财经大学中国家庭金融调查发布报告，声称中国家庭收入的基尼系数为 0.61，远高于全球平均水平的 0.44。① 无独有偶，2012 年北京大学社会科学调查中心发布的《中国民生报告》显示，中国家庭财富的基尼系数高达 0.73，位于顶端 1% 的家庭，拥有全国 33% 以上的财产，而位于低端 25% 的家庭所拥有的财富量仅占 1%。② 这些数据表明，中国的家庭收入差距已经十分严峻，而婚姻作为家庭的起点，对其匹配形式与过程的研究，必然有助于理解家庭收入差距的形成机制。一方面，如前所述，婚姻匹配本身作为一种资源和机会的聚合，会直接影响家庭层面的资源与机会占有的不平衡。以教育婚姻匹配为例，如果教育同类婚程度较高，那么与教育相关的资源和机会便会在家庭层面出现进一步的两极分化。另一方面，由于夫妻共享对方所拥有的经济、文化、社会网络资源，而这些资源对个体获得更高的社会地位至关重要。也即，从生命历程的角度来看，那些具有优势资源的男女之间的同类婚，如高等教育同类婚，很可能进一步促进夫妻双方彼此后续的代内向上流动，从而在家庭层面出现"强者愈强，弱者愈弱"的马太效应。

最后，可以更全面地展现社会分层结构的再生产过程。如前所述，婚姻匹配会直接影响家庭所占有的资源与机会及其他特征，而家庭又是社会再生产的核心场域。在教育领域，关于社会再生产的研究已臻于成熟，诸如文化再生产、资源转化等理论较为系统地阐述了家庭背景对子代教育机会获得的影响（布尔迪约，2004；布尔迪约、帕斯隆，2002a，2002b；帕特南，2017：204）。然而，在大部分相关研究中，家庭背景仅被操作化为父母一方所具有的资源，如受教育程度、职业、收入等（如：李煜，2006；朱斌，2018 等），而没有考虑夫妻双方的教育婚姻匹配对再生产的作用，由此留余了许多有待解答的问题，未能完整地呈现社会再生产的过程。举例来

---

① 来源于新华网，http：//www.xinhuanet.com//politics/2012 – 12/10/c_124070295. htm。

② 来源于人民网，http：//politics. people. com. cn/n/2014/0730/c70731 – 25368577. html。

说，第一，由不同婚姻匹配模式而形成的家庭，在资源和机会占有量上存在差异。例如，男方为大学学历，女方为初中学历的家庭同男女双方都为大学学历的家庭有很大的不同，然而在那些仅将父亲的受教育程度作为家庭背景的研究中，上述两个家庭并无区别。第二，夫妻双方的教育婚姻匹配对社会再生产可能有超出"资源性"的影响。例如，有研究指出，受教育程度相同的夫妻在培养子代上有更强的共识、更好的合作，由此有利于子代的教育获得（Beck & Gonzalez-Sancho，2009）。

在时代变迁的要求和研究意义之外，以中国社会为对象研究教育婚姻匹配对社会分层的影响还具有一些得天独厚的条件。

其一，相比于西方国家，中国的结婚率相对较高。根据经合组织家庭调查数据库（OECD Family Database）的计算结果，2016 年，中国的粗结婚率（每千人中的结婚人数）高居所有经合组织国家的榜首，接近10‰，而同时期的平均水平仅为4.8‰。[①] 较高的结婚率一方面意味着教育婚姻匹配对社会分层的影响在中国社会可能更为显著；另一方面也可以避免"选择性偏误"（selective bias）的问题，从而使研究结论更具信度。

其二，中国的教育婚姻匹配受其他人口因素的影响相对较弱。教育同类婚程度较高并不仅仅是因为婚配双方在受教育程度方面具有同类偏好，同时也可能是由其他人口过程所附带的结果。例如，在许多西方国家中离婚率较高，而有研究表明，教育异类婚的夫妻离婚的可能性更大，由此便提高了现存婚姻中夫妻双方的教育同质性（Schwartz & Mare，2003）。再如，在一些国家中，婚前同居较为盛行，而许多教育异类的同居者，在进入婚姻前就已经解体，由此也可能会导致教育同类婚程度的提高（Schwartz & Mare，2005）。相比之下，中国的离婚率与婚前同居率较之西方国家均较低，因而教

---

① 数据来源于经合组织网站，https：//www.oecd.org/els/family/SF_3_1_Marriage_and_divorce_rates.pdf。

育婚姻匹配受二者的影响较小。

其三，如上文所述，大学扩招可能会导致高等教育层次同类婚的增加，由此加剧社会中资源与机会占有的不平衡。然而，在西方国家中，高等教育扩张是一个很漫长的过程。例如，美国用了70年的时间才将25岁及以上受过高等教育的人口比例由5%提升至30%（Ryan & Siebens，2012）。相比较而言，中国迅速且规模巨大的高等教育扩张进程，则更有助于分析教育婚姻匹配的变化及其对社会分层的影响。

基于上述讨论，本书的核心研究问题有：中国社会中教育婚姻匹配的变化如何影响收入差距和社会分层结构的开放性？教育婚姻匹配影响上述两个社会分层后果的机制是什么？

第四节　概念说明

在开启正文之前，有必要对几个主要的概念进行说明。

第一是教育婚姻匹配。前文提及，所谓婚姻匹配指的是男女择偶婚配的非随机过程，以此类推，教育婚姻匹配即为男女基于受教育程度进行择偶的非随机过程。对于本书来说，教育婚姻匹配中的"教育"指的是男女双方在结婚时所获得的受教育程度，二者在婚后获得的受教育程度则不予考虑。当然，这里可能涉及择偶时对婚配对象未来受教育程度的期望问题，但是出于简化的目的，本书将此情况暂时搁置。"婚姻"指的是男女双方的初婚，即第一次结婚。目前，已有一些学者开始关注男女再婚时在受教育程度上的匹配过程，并发现了与初婚教育匹配不同的机制和结果，但是本书只聚焦于初婚的匹配。"匹配"一词需要特别强调，它指的是男女择偶成婚的过程而非标准，并非只有夫妻具有相同的受教育程度才称之为教育匹配，也即教育婚姻匹配并不等同于教育同类婚。在本书中，无论是教育同类婚还是教育异类婚均属教育婚姻匹配。

　　第二是收入差距。对于这一概念需要做两点说明：一是收入差距不等同于财富差距。二者之间虽然具有较大的关联，但无论是在定义还是在计算方法上，均具有一定的区别。通常而言，一个社会中的财富差距要大于收入差距。二是关于收入差距的测量层次问题，收入差距可以用个体层次测量，也可以用群体层次测量，如家庭收入差距，本书中的收入差距主要是家庭层次的。但值得注意的是，本书对家庭的划分是依据夫妻的教育婚配类型，具体信息详见第五章第二节。

　　第三是社会排斥。在这个概念上，本书主要借鉴了新韦伯主义的代表人物弗兰克·帕金（Frank Parkin）的观点。帕金以韦伯所提出的"社会封闭"的概念为基础，构建了一套与传统结构主义阶级分析范式相对的行动主义阶级范式。与结构主义范式所强调的结构决定论不同，行动主义范式特别强调社会行动对于社会分层结构的建构作用。帕金认为，经由社会封闭，社会中的一些群体就能够将某些有价值的资源和机会的获得限定在群体的内部，阻塞群体外部人员获取这些资源和机会的渠道。帕金指出，社会封闭主要包含两种策略，一种是自上而下的社会排斥策略，另一种是自下而上的内固策略。其中，社会排斥的策略是主导性的，通过这种策略，实施社会排斥的群体就能够创造出一个地位低于自己的群体。而这个被排斥的群体也可以实施同样的社会排斥，在其之下再创造出一个地位更低的群体，由此社会中的分层就会不断增加。帕金进一步指出，在当代资本主义社会中，最主要的社会排斥工具有两个：一是基于资本财产的排斥，二是基于专业资格证书的排斥。这两大排斥手段使得那些资本财产和专业资格证书的拥有者获得了特权，并且他们的特权受到法律和国家机器的保护。

　　本书所用的社会排斥概念部分借鉴了帕金的观点，又与之不同。首先，本书中所讲的社会排斥指的是各个受教育等级的人在择偶婚配时对来自其他受教育等级者的排斥。这种社会排斥与帕金所说的社会排斥具有目的上的相似性，也即为了维持和保障自身优势和利益的最大化。同时，从方向上来看，这种择偶的排斥也大多是自上而下实施的一种排斥。当然，择偶上的社会排斥与帕金所说的社会排斥也有很大的差别。首先，择偶上的社会排斥并不像专业资格证书制度、财产制度那样明确且受国家强力的保护，择偶上的社会排斥具有更强的隐蔽性，并不是明文规定的制度。但是，虽然择偶上的社会排斥本身不受国家强力的支持，但是择偶婚配通常被视为是个人的自由，而这一点通常是受国家法律保护的。其次，帕金所说的社会排斥主要指主观上的一种向下排斥，虽然这种主观上的排斥会转化为客观的排斥行动，但还是从主观出发而衍生出的。而教育婚姻匹配中的社会排斥既包括了主观上择偶偏好的排斥，后文中称这种排斥为教育资源排斥，同时也包括由婚姻市场结构所导致的客观排斥，后文中称为教育婚姻市场排斥。在这种排斥下，本书重点分析的是学校作为婚姻市场的作用。在学校婚姻市场的影响下，各受教育层级之间形成了通婚壁垒，在客观上导致了他们在择偶婚配上的对外排斥。

第四是社会结构化。在社会分层研究领域中，关于结构化的论述主要见于吉登斯（Anthony Giddens）的阶级结构化理论。吉登斯继承并发展了韦伯的观点，认为阶级是拥有相同市场能力的社会群体。然而，从市场能力到最终的阶级形成要经历一个过程，即阶级关系的结构化。吉登斯进一步将阶级关系结构化划分为"中介结构化"和"临近结构化"两个部分。其中，中介结构化与社会中的流动机会分布有关。如果流动机会（包括代内社会流动和代际社会流动）比较封闭，则意味着共同的生活经历在特定群体中不断地被强化和再生产。由此，正是代内和代际社会流动的类型及其封闭程度决定了社会中的基本阶级结构（Giddens，1973：107）。

与吉登斯的中介结构化类似，本书也拟从代际和代内社会流动的角度来讨论社会分层结构的开放与封闭的问题。然而需要说明的是，本书所谓的结构化与吉登斯的中介结构化有本质上的不同。吉登斯的中介结构化属于阶级分析的范畴，强调的是社会关系的结构化。尽管吉登斯尤为重视流动机会的分布对于阶级结构化的影响，但是，从其论述中可以看出，他所谓的"流动"更多指向的是特定社会关系中的位置在代内和代际中的改变，而不涉及资源的分配及流动的问题。与之相反，本书所要讨论的结构化，主要是分析资源和机会于不同群体间在代内和代际上的流动状态，而较少涉及各群体之间的社会关系问题。一言以蔽之，本书中的结构化指的是资源和机会占有等级的结构化，可以理解为是一个"在资源和机会占有上的优势群体是否会在代内和代际中始终保持该优势"的问题，而不是吉登斯所说的阶级关系的结构化。

第 二 章

文献综述与分析框架

第一节　教育婚姻匹配与收入差距

上文提及，由于一些历史与现实的原因，长期以来教育婚姻匹配对收入差距的影响在中国的社会分层研究领域未获重视。因此，已有关于这一问题的研究主要集中于国外文献中，这些研究可以依据宏观、微观简单划分为两种范式，如图 2.1 所示。①

一　宏观研究范式

在宏观范式下，研究者主要探究的是社会整体的教育婚姻匹配模式对社会收入差距的影响，其解释逻辑较为简单直接，即教育婚姻匹配会影响有价值的资源，主要是经济资源的聚合方式，进而影

---

① 近些年来，中国已有部分学者关注婚姻匹配及其社会分层后果的问题，如李煜、齐亚强等人的研究。但是，这些学者多是将婚姻匹配视为一种分层的结果，即将婚姻匹配作为因变量来讨论。这类研究主要探究的是婚姻缔结本身的分层，例如具有特定社会属性的人相比于其他人更可能获得基于某些标准衡量较为优质的配偶。以婚姻匹配为因变量的研究可以称为"婚姻的社会分层"，而本书则是将婚姻匹配做自变量处理，主要探究的是教育婚姻匹配对收入差距和社会分层结构开放性的影响，而在这一方面，有关中国的研究可谓凤毛麟角。在文献综述中，本书的评述仅限婚姻匹配如何影响社会分层的研究，而未涉及与"婚姻的社会分层"相关的文献。

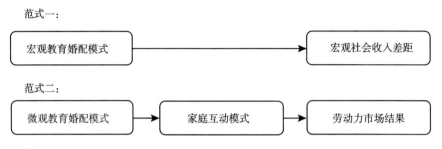

图 2.1   教育婚姻匹配与社会收入差距研究范式

响收入差距。有研究者认为，在现代社会中，教育与收入紧密相关，因此，教育婚姻匹配与收入婚姻匹配在很大程度上是同构的（Schwartz，2006）。而收入同类婚必然会导致全社会收入的两极分化，由此便会拉大收入差距。基于这一逻辑，施瓦茨（Christine Schwartz）经对美国研究发现，如果不存在收入上的婚姻匹配，则 2005 年已婚夫妇之间的收入差距较之 1967 年的增量将下降 25%—30%（Schwartz，2010）。

上述将教育婚姻匹配完全等同于收入婚姻匹配的做法，无疑夸大了受教育程度与收入之间的关联，从而过高估计了教育婚姻匹配对收入差距的影响程度。布林（Richard Breen）和萨拉查（Leire Salazar）根据夫妻双方的受教育程度构建了 35 类家庭，并将总体的收入差距分解为组间收入差距（即不同类别家庭之间的收入差距）和组内收入差距（即同一类别家庭之间的收入差距）。通过对美国 20 世纪 70 年代和 21 世纪初的收入差距进行反事实分析，他们发现，美国收入差距的扩大，部分源于不同类型家庭平均收入水平的变化，更主要的是由于组内收入差距的拉大。若将各类家庭的平均收入和组内收入差距维持在 20 世纪 70 年代的水平，而仅更改教育婚姻匹配模式，则收入差距在所分析的 30 年间变化不大。这一结果表明，在美国社会中，教育婚姻匹配与收入婚姻匹配并不是同构的，收入差距的大小主要取决于其他与收入相关的因素，而非教育。布林和萨拉查在进一步的研究中发现，教育婚姻匹配仅能解释夫妻收入关联的四分之一，并且教育婚姻匹配的变化几乎不影响夫妻之间的收入关联度。正因如此，教育婚姻匹配对社会收入差距的影响十分微弱（Breen & Salazar，2011）。

然而，上述研究结果仅是基于对美国社会的分析，布林和安德森（Signe Hald Andersen）用同样的方法对丹麦 1987 年和 2006 年的数据进行了反事实研究，结果发现若将教育婚姻匹配模式控制在 1987 年不变，而将不同类型家庭的平均收入和组内收入差距变为 2006 年的水平，则全社会的收入差距将会降低 40%。由此可见，与美国不同，在丹麦教育婚姻匹配和收入婚姻匹配的同构程度较高，从而使得教育婚姻匹配对收入差距具有很强的影响（Breen & Andersen，2012）。

总之，宏观范式下的研究表明，教育婚姻匹配对收入差距的影响在很大程度上取决于教育与收入之间关联的强弱，而这一关联水平与该社会中的劳动力市场管制程度、女性的劳动参与率等因素密切相关（Breen & Salazar，2011），教育婚姻匹配与收入婚姻匹配之间并不是必然同构的。

宏观范式下的研究可以较为准确地计算出教育婚姻匹配对收入差距的影响程度，其解释机制也比较简明清晰。然而，这类研究却存在以下几个缺陷：

其一是遗漏变量的问题，教育婚姻匹配对收入差距的影响会受到许多其他变量的干扰，如女性的劳动参与率、不同教育婚配模式下的家庭模式差异、教育收益率等。虽然反事实假设在一定程度上可以分离开某些因素的影响，但是，一方面无法穷尽所有的遗漏变量，另一方面也很难厘清分离变量与教育婚姻匹配的关系。例如，上述布林对美国的研究发现，不同类型家庭平均收入的变化会显著影响收入差距，然而，如果这种组间平均收入的改变是由不同受教育层次的回报差异变化所导致的，那么在聚合机制的逻辑下，将组间平均收入与教育婚配模式分离开便是没有意义的。

其二是教育同类婚分布的问题。由于在宏观范式下，教育婚姻匹配大多被表示为单一的宏观指标，如教育同类婚程度，因此遮掩了许多重要信息，特别是教育同类婚的分布。举例来说，如果教育同类婚主要集中于受教育程度等级的两端，而中等教育层次之间的异类婚较多，那么便可能会从总体上降低教育同类婚程度，由此得出教育同类婚与收入差距无关或关系较弱的结论，而掩盖了教育同类婚导致收入两极分化的事实。

其三是事后判断的问题。如前所示，宏观范式下的研究表明，教育婚姻匹配对收入差距的影响程度取决于其与收入婚姻匹配的同构程度。然而，这一解释却是一种"事后判断"。即一般先计算出某一地区教育婚姻匹配对收入差距的影响程度，然后再判断教育婚姻匹配是否与收入婚姻匹配同构。并且，这种事后判断也多是一种推论，很少有学者利用严谨的经验研究进一步探索两种婚姻匹配在多大程度上是同构的。

二　微观研究范式

与宏观范式不同，微观范式下的研究主要探讨夫妻的教育婚配模式如何影响二者在家庭中的互动，进而影响他们在劳动力市场中的资源和机会获得。家庭互动模式作为中介变量，涉及分工、谈判、成本计算、情感支持、激励等许多方面，由此使得微观范式下的理论和研究较之宏观范式更为纷繁复杂。这里主要介绍家庭分工理论、资源议价理论、机会成本理论、补偿激励理论、资源传递理论、情感支持理论六种观点。其中，前三种理论的观点相似，即教育同类婚夫妻尤其是高等教育同类婚夫妻相比于异类婚夫妻更可能形成双薪家庭（dual-earner family），由此便会影响收入差距。然而，三者在教育同类婚如何导向双薪家庭模式的机制上观点迥异。

（一）家庭分工理论

家庭分工理论源于新家庭经济学。该理论认为，家庭的目的是实现效用的最大化，而效用最大化依赖于夫妻之间有效率的分工。

因为时间是有限的，所以，夫妻双方必须将主要的时间和精力投入到各自最擅长的活动中（Becker，1981）。因为男性普遍被认为更擅长劳动力市场活动，而女性更擅长家庭活动，所以最有效率的家庭分工便是"男主外，女主内"的模式，由此便形成了男性单薪家庭（male-breadwinner family）。

然而，有学者指出，女性之所以被认为不如男性擅长劳动力市场活动，很大程度上是因为女性的受教育程度通常低于男性。尤其是在传统的家庭中，男性向下婚（hypogamy）较为普遍，因此，人力资本相对较高的男性主要承担"养家糊口"的角色。但是，在现代社会中，随着女性受教育程度的提升，教育同类婚逐渐盛行，并成为主要的教育婚配模式。而当夫妻拥有相同水平的受教育程度时，便很难判断谁更擅长劳动力市场活动。尤其是在高等教育层次的同类婚中，夫妻双方均有很强的能力和动机进入劳动力市场，所以更可能形成双薪家庭（Visser & Fasang，2018）。

（二）资源议价理论

与家庭分工理论不同，资源议价理论认为，家庭分工模式是夫妻之间进行"对抗"而非合作的结果。夫妻往往会就家庭分工进行"讨价还价"，以最大化各自的效用，而最终的分工模式则取决于双方在议价能力上的强弱对比。因为议价能力通常来源于劳动力市场上的优势，所以，在传统家庭中，议价能力较弱的女性往往被迫从劳动力市场中退出，投入更多的精力照顾家庭，由此便形成男性单薪家庭（Blossfeld & Drobnic，2001；Cook & Emerson，1978；Lundberg & Pollak，1994）。

同样，对于教育同类婚的夫妇而言，双方在议价能力上难分强弱。特别是在高等教育同类婚的夫妇中，二者的议价能力均较强，导致无人受迫退出劳动力市场。因此，教育同类婚尤其是高等教育同类婚夫妻往往会形成双薪家庭，而单薪家庭则更普遍存在于教育异类婚夫妇中（Visser & Fasang，2018）。

（三）机会成本理论

与上述两种理论不同，机会成本理论认为，家庭分工的形成既不是夫妻合作，也不是双方"讨价还价"的结果，而是基于机会成本计算的产物。对于受教育程度较高的一方来说，一方面，在前期进行了大量的人力资本投资；另一方面，在职业获得与发展上拥有更多良好的机会，因此，退出劳动力市场会面临更高的机会成本。相比之下，受教育程度相对较低的一方辞职照料家庭所面临的机会成本较小。

然而，对于高等教育同类婚夫妻而言，双方退出劳动力市场的机会成本均较大。因此，受教育程度较高的女性比较低的女性在婚后更可能继续从事全职工作，并在因家庭等原因（如生育）中断工作后，有更强的动机重返劳动力市场。所以，高等教育同类婚的夫妻较之其他教育婚配类型的夫妻更可能形成双薪家庭。

上述三种理论从家庭分工模式的角度，探讨了教育婚姻匹配对收入差距的影响，三者对机制的刻画较之宏观范式下的研究更为细致，然而仍存在以下几个问题：其一，经济学色彩过于浓厚，三种理论均是以家庭效益或个人效益最大化为前提预设的，如果这一预设与现实不相符，那么三种理论的解释便是不成立的。例如，有学者指出高等教育同类婚夫妻之所以更可能形成双薪家庭是因为他们有更强的性别平等意识，而非基于精细的经济利益计算。

其二，上述理论由于不能直接测量出教育婚姻匹配对收入差距的影响程度，而按其逻辑我们很难判定社会整体的教育婚姻匹配如何影响全社会的收入差距。举例来说，如果教育同类婚主要分布在受教育层级的两端，那么由高等教育同类婚夫妻组建的双薪家庭自然会拉大与其他教育婚配家庭的收入差距；然而，低层级教育同类婚下的双薪家庭则可能缩小与中等受教育层次异类婚单薪家庭的收入差距。在此情况下，教育同类婚究竟会加剧还是缓解收入差距？

其三，上述理论是基于对西方社会的研究而得出的，在中国的背景下可能并不适用。新中国成立后的妇女解放运动以及"妇女翻身""妇女能顶半边天""男女都一样""走出家门"等政治宣传，使得中国社会的性别平等意识、女性的劳动参与率要高于欧美等西方国家（朱斌、李路路，2015；金一虹，2006；李静之，1999）。因此，双薪家庭在中国社会中十分普遍，可能并不受夫妻之间教育婚姻匹配模式的影响。

相比于家庭分工理论、资源议价理论和机会成本理论，补偿激励理论、资源传递理论和情感支持理论并不讨论教育同类婚夫妻与异类婚夫妻在家庭分工模式上的差别，而是强调在高等教育同类婚中，妻子较高的受教育程度有助于丈夫在劳动力市场上的成功。

（四）补偿激励理论

与机会成本理论相同，补偿激励理论也认为受教育程度较高的女性退出劳动力市场会面临较高的机会成本，然而，这并不能决定她们在婚后会继续留在劳动力市场中。对于所有类型的家庭而言，女性全职照料家庭都会面临机会成本的问题，而这些机会成本将会由男性在劳动力市场上进行补偿。这意味着女性退出劳动力市场的机会成本越大，男性所要提供的补偿就越多。由此，对于高等教育同类婚夫妻而言，丈夫会受到更强的激励来赚取更多的收入或争取更高的职位，以补偿同样受过高等教育的妻子因照料家庭退出劳动力市场而承受的高昂机会成本（Brynin & Schupp，2000）。

（五）资源传递理论

与机会成本理论和补偿激励理论不同，资源传递理论认为，女性所拥有的与劳动力市场相关的资源，并不会随其退出劳动力市场而沉没，而是会向外传递，其中最主要的传递对象便是其配偶。一方面，就交往的频繁性、持续性和亲密性而言，夫妻关系在强度上胜过其他任何关系。因此，出于情感因素的考虑，相较于"外人"，女性更愿意将其有价值的资源传递给丈夫。另一方面，女性将资源传递给配偶，在促进对方获得更高的劳动力市场收益的同时，也意味着整体家庭的地位和利益的提升。由此，出于经济因素的考虑，女性也更有动机将其有价值的资源优先传递给配偶。由于受教育程度较高的女性可以传递更多的知识、技能、社会网络等有价值的资源，所以在高等教育同类婚中，妻子对其配偶在劳动力市场上获取更多的资源和机会有更强的促进作用（Bernasco et al.，1998）。

（六）情感支持理论

情感支持理论的观点与资源传递理论类似，认为女性的受教育程度并不会因其退出劳动力市场而丧失价值，而是会转化为配偶的劳动力市场优势。但是，这一理论强调女性的受教育程度对其配偶职业发展的促进作用，并不仅限于有价值资源的传递，更重要的是提供情感上的支持。受教育程度不仅象征着个体所拥有的社会经济资源，同时也有文化资源。教育同类婚的形成既可能是婚配双方基于理性选择的结果，也可能是基于文化吸引的产物。所以，教育同类婚中的夫妻往往拥有相同的兴趣爱好、生活方式、品位、价值观等，对彼此的行为和观念有更深的理解。由此，在关于男性的职业发展等问题上，受教育程度相同的夫妻通常会有更高的认同、更少的分歧。正是由于来自女性在情感上的理解、支持和鼓励，教育同类婚中的男性往往会在劳动力市场上有更好的表现，并更可能在职业生涯中放弃短期的利益，而追求长期发展的目标（Bernasco et al.，1998）。

补偿激励理论、资源传递理论和情感支持理论主要讨论了妻子的受教育程度对其丈夫职业发展的影响，且大多采用生命历程的视角进行分析，具有一定的创新性，然而其缺陷也是明显的：

其一，严格来说，这三种理论很难解释教育婚姻匹配如何影响收入差距。就前两者来说，如果在一对教育异类婚和一对教育同类婚中，妻子的受教育程度相同，那么他们对各自丈夫的激励和所传递资源的价值是否是相同的？对于情感支持理论来说，教育同类婚对收入差距在高层次的拉大作用和在低层次的弥合作用究竟会给整体社会的收入差距带来怎样的影响？这些问题都是需要讨论的。

其二，上述三种理论都是以"男主外，女主内"的家庭分工模式为前提预设的，因此，只分析了妻子对于男性职业生涯发展的作用。然而，诚如上文所述，双薪家庭在中国社会中比较普遍，由此可能导致以上三种理论出现"水土不服"等问题。

综上所述，无论是宏观范式下的研究还是微观范式下的研究均各具优势，但也不可避免地存在缺陷。宏观范式下的研究可以直接给出教育婚姻匹配影响收入差距的量化程度，结论简单明晰。然而，仅探讨两个宏观指标的关系往往牺牲了对许多重要细节的讨论，由此便可能导致逻辑不清、错判因果等问题，这是宏观范式研究最大的不足。

微观范式下的研究在对教育婚姻匹配如何影响收入差距的机制刻画上可圈可点，但是，其主要的缺陷在于无法像宏观研究范式一样给出教育婚姻匹配对收入差距的影响程度，而按其逻辑，教育同类婚对收入差距的加剧效应与缓和效应同时存在，很难辨别究竟是哪种效应占上风。除此之外，微观范式下的研究大多是以对家庭分工模式的讨论为基础的，这就极大限制了此类理论在双薪家庭较为普遍的社会中的解释力。

最后，宏观范式和微观范式下的研究都没有讨论长期的社会分层结构开放性的问题。家庭背景较好的个体是否会因为其家庭资源优势而较少考虑婚姻的经济价值，由此更可能选择教育异类婚尤其是向下婚？还是更看重婚姻的经济价值，从而通过教育婚姻匹配进一步巩固其父代的优势地位？那些受教育程度较高者之间的同类婚是否会将其结婚时的资源优势在之后的生命历程中一直延续？还是教育异类婚的夫妇会存在"追赶效应"？高等教育同类婚所具有的资源和机会优势是否可以转换为下一代的优势？对上述问题的解答，有助于超出教育婚姻匹配对某一时段收入差距的影响，而从长期、动态的视角下了解教育婚姻匹配对社会分层结构开放性的作用。

第二节 教育婚姻匹配与社会分层
结构开放性

社会分层结构开放性主要指的是不同社会群体之间的边界强弱。如果边界较弱，那么该社会的分层结构便被视为是开放的，反之则是较为封闭的（Parkin，1974；Ultee & Luijkx，1990）。那么如何衡量社会分层结构开放性呢？在社会学研究中主要有两种方式：一是考察不同群体之间人员的流动，如代内和代际间的职业流动等；二是分析不同群体之间的交往关系，其中就包括婚姻关系（李煜，2011）。那么在后一种视角下，婚姻匹配与社会分层结构开放性是如何关联的呢？这里主要介绍情感控制理论和社会认同理论两种观点。

一 情感控制理论

情感控制理论认为，婚姻是建立亲属关系的重要途径，并且诸如财产、权力、荣誉声望等都会随着亲缘脉络在代际间传递，而自由、随机的婚姻势必会对家庭、亲族乃至社会分层结构产生根本性的影响。正因如此，大多数家庭和社会均不会对恋爱和婚姻放任自流，而是会采取各种手段加以控制。例如，父母通常会使用各种显性或隐性的手段来控制子女的非正式社会关系，让他们认识到具有某些特征的人是不适宜交往的。由于社会交往是恋爱和婚姻的前提，父母由此便实现了对子女婚配的控制。而诸如此类的控制所导致的结果，便是婚姻的缔结往往出现在那些具有相同的阶级地位、宗教信仰、种族和受教育水平的个人之间（Goode，1959）。

基于上述观点，情感控制理论进一步指出，在任何等级化的社会中，社会上层一般比社会下层有更强的动机维系既定的亲族关系和社会结构，因而会对其成员的恋爱和婚配对象选择进行更加强有力的控制（Goode，1959），以将婚姻的缔结限定在本阶层之内。

总之，在情感控制理论看来，社会群体尤其是社会上层群体往往会通过对其成员的婚姻匹配进行控制，确保同类成婚，以此来实现对亲缘关系以及既有社会结构的维持。

情感控制理论将同类婚视为是社会群体特别是优势群体维护亲缘关系和既定社会结构的工具，从而促使他们对子代的社会交往与情感进行控制。不可否认的是，该理论具有一定的解释力，例如中国传统的"门当户对"的婚姻即是如此。但这一理论却仍存在以下几个缺陷：首先，在现代社会中，父母对子女的婚恋有多大的控制权是存疑的。如现代化理论所述，随着现代化的纵深发展，父母等第三方群体对个人择偶婚配的影响大幅减弱，婚配自主性显著增强。虽然这一变化并不必然意味着同类婚的减少，但却极大削弱了情感控制理论的解释力。其次，该理论尽管指明了同类婚是社会各阶层尤其是优势阶层借以维系既有社会结构的工具，但是，在很大程度上将他们的动机归结于维护亲缘关系，这在当代社会中无疑是缺乏说服力的。

二　社会认同理论

社会认同理论认为，社会的分层与社会互动过程尤其是亲密社会互动的形式密切相关（Haller，1981）。该理论首先从功能主义的视角出发，将社会分层定义为社会荣誉或声望在全体社会成员中的不平等分配过程或状态，而社会声望的不平等分配与社会互动的特质密切相关。社会认同理论指出，社会互动的特性是个体解释和定义他人与自身行动的基础。社会规范是引导人们确认某一特定社会认同的集体共识，而遵从社会规范则是赋予个人某种社会认同的一个本质机制。

一般而言，社会互动的参与者会通过建立社会边界（social boundaries）而将互动限定于某一特定类别的人群中。社会边界不仅将其他人排斥在互动之外，而且也创造并维持了社会认同。

通过这种方式，个体或群体之间的社会距离随即形成，由此使得高度不连续、间歇的行为特征和地位符号转变为持久的社会结构。

那么婚姻匹配与社会分层结构是什么关系呢？社会认同理论指出，一方面，婚姻模式作为一种主要的隔离和连接机制，会显著影响社会距离和社会封闭的形成。具体而言，同类婚是各阶层发展出不同的家庭生活方式的必要条件，是维持地位结构的重要机制。相比之下，异类婚则很难使得各阶层之间的差异得以延续和制度化。另一方面，婚姻关系作为社会认同形成过程的一部分，也会受到宏观社会分层结构的影响。通过建立互动的边界，社会分层结构会将个人的婚配对象限制在一个与其具有相似社会地位或其他特质的小范围群体中，由此便会导致同类婚的盛行。

总之，在社会认同理论看来，同类婚既是社会分层结构赖以形成和维持的重要条件，同时也受到既定社会分层结构的影响。二者在很大程度上属于彼此交织、相互促进的关系。

社会认同理论从功能主义和互动论的视角出发，阐释了婚姻匹配与社会分层结构开放性的关系，富有一定的洞见。但是仍存在以下几个不足：首先，该理论将社会分层结构视为各社会群体为了互动和认同的需要而建立起社会边界和社会距离的结果，但却没有系统阐释如何确定不同群体间的边界位置和强度，这导致很难对该理论进行检验。其次，该理论面临一些经验解释上的困境。根据社会认同理论的逻辑，不同社会群体间的社会边界强度似乎是没有差别的，然而，多数关于婚姻匹配的研究显示，社会上层相比于其他阶层在婚配上具有更强的排外性。除此之外，该理论也无法为大量存在的异类婚提供合理的解释。

综上所述，情感控制理论和社会认同理论尽管在阐释逻辑上存在差异，但是均认为，同类婚是塑造和维持社会分层结构的必要条件。按此逻辑，同类婚的多寡本身便是社会分层结构开放性高低的反映，这一判断主导了许多学者对于婚姻匹配和社会分层结构开放性之间关系的认识。然而，无论是情感控制理论还是社会认同理论，除了各自本身的不足之外，还有几个共同的缺陷：其一，二者均单纯地从社会交往的角度来看待婚姻匹配与社会分层结构开放性之间的关系，极大弱化或回避了对各群体利益的讨论，由此便掩盖了同类婚可能是各阶层尤其是优势阶层将有价值的资源和机会封闭于其阶层内部的手段。其二，在现代社会中，虽然收入、教育、职业等类型的同类婚也在很大程度上意味着资源分布的固化，但是如前所说，社会分层结构开放性的变化是一个长期的、动态的，并且涉及多群体的复杂过程，而仅凭某个时段内的同类婚程度这一单一的指标来判断社会分层结构开放性程度显然是有以偏概全之嫌的。由此，本书认为，教育婚姻匹配与社会分层结构开放性之间的关系，应该放在一个长时段的框架中去考察。

第三节 本书的研究框架

基于以上对文献的讨论，本书将在中国社会的背景下，考察教育婚姻匹配对社会分层后果的影响。其中，社会分层后果主要包含两个方面：一是静态分层视角下的社会整体收入差距，二是动态流动视角下的社会分层结构开放性的问题。

当谈及教育婚姻匹配对社会分层后果的影响时，大多是在宏观层次来讨论教育婚姻匹配和社会分层这两个概念的。正因如此，上述宏观范式下的研究便直接将教育婚姻匹配操作化为社会整体的教育同类婚程度等宏观变量。然而，婚姻匹配归根结底是一个谁与谁结婚的问题，是以个人的行动为起始点的。所以，对社会整体教育婚姻匹配的讨论不能离开对微观个体婚配行为的分析。因此，教育婚姻匹配如何影响社会分层的问题属于科尔曼所谓的"以个人行动为基础，阐述系统行为"的问题。而根据科尔曼的观点，对此类问题的分析需要经过由宏观到微观、说明微观水平的个人行动与互动，最后再由微观到宏观三个步骤。宏观范式仅将其分析局限于系统层次，而将微观个体的婚配行为置之不顾，使得其相关研究总不免有"空中楼阁"之感，这也是导致其出现逻辑不清、因果错判等缺陷的主要原因。

微观范式下的研究虽然较为细致地分析了个人的行动，但是，一方面，它们大多在由微观向宏观推论的环节出现混乱，即如上文所说，根据某些微观范式研究的逻辑，我们无法判断教育婚姻匹配在整体上究竟是增强还是削弱了全社会的收入差距；另一方面，此类研究在由宏观到微观的过程中亦存在缺陷，主要表现为它们越过了对个人择偶行为的分析，而直接考察婚后各类教育婚配家庭中的互动模式对差距的影响，由此便导致了论证逻辑不完整，也为其后续难以合理地再由微观推到宏观埋下了伏笔。①

综上所述，宏观的教育婚姻匹配概念所对应的微观行动应是个体的婚配行为。若要探究教育婚姻匹配对社会分层结构及其开放性的影响，就需对个人的择偶婚配行为进行讨论。由此，本书认为，在考察教育婚姻匹配对收入差距的影响时，一条可行的分析路径是，首先在特定的社会背景下检视个人的婚配行为，然后根据微观个人婚配行为的规律推出全社会的教育婚配类型分布结构，进而研究其对收入差距的影响。

在考察个体择偶行为的规律时，需要首先明确分析的视角。已有研究将个人的择偶行为视作一个"谁倾向于和谁结婚"的问题，而所得结论大多是个人通常与和自己有相同属性的人结婚。然而，这种视角极易导致研究者忽视不同群体之间的关系，从而仅根据全社会的教育同类婚程度这一指标来判定该社会的不平等程度和固化

---

① 举例来说，微观范式下的研究多认为高等教育同类婚夫妻更容易形成双薪家庭，或者在婚后的地位获得上更具有优势。但是如果受过高等教育的人在教育婚姻匹配中更偏向于异类婚而非同类婚，便会导致高等教育同类婚家庭的数量较少，从而其对社会分层的影响也是极为有限的。

水平，由此便可能导致错误的结论①，许多宏观范式下的研究即是如此。所以，本书认为在分析个人的婚配行为时，更宜采取一种"排斥"的视角，将个体的婚配视为是一个"谁倾向于不和谁结婚"的问题。虽然它在语义上与"谁倾向于和谁结婚"并无二致，但是在这种视角下，同类婚是个体在婚配上排斥其他属性个体的结果，由此便可以避免忽视不同群体之间婚配关系的问题，从而有助于更好地解释个体婚配行为的规律，且更为全面、清晰地展现全社会的婚姻匹配图景。

以个体的婚配行为规律和由此所决定的全社会的婚配情况为背景，便可以进一步考察教育婚姻匹配对社会分层结构化的影响。如前所述，仅分析教育婚姻匹配如何作用于收入差距只能提供一个教育婚姻匹配影响社会分层的剪影，无法展现二者之间长期的、动态的关系。情感控制理论和社会认同理论虽然着重讨论了婚姻匹配对社会分层结构开放性的影响，但是他们所基于的社会交往视角，以及用教育同类婚的多寡来表示社会分层结构开放性程度的分析策略，很难反映出有价值的资源和机会在代内和代际间的动态流动状况。这里涉及的问题主要包括：一是与父代社会分层结构的关系问题，依据情感控制理论和社会认同理论的观点，一个社会中的教育异类婚越少则社会分层结构的固化程度越高，开放性程度越低。然而如果这些异类婚尤其是向下婚多发生在家庭背景较好的个体中，那么便有利于社会分层结构的开放。所以，子代的婚姻匹配模式虽然可能加剧本代的社会分层结构固化，但是，同时也可能导致父代资源与机会的重组，因而从代际的视角来看是削弱了社会分层结构的固化水平。二是优势是否可持续的问题。夫妻双方往往共享各自所拥有的资源，由此，在教育异类婚中，受教育程度较低的一方很可能

_____

① 例如，就教育婚姻匹配而言，当全社会的受教育水平较低，而使得大多数的教育同类婚都集中于低教育层级时，整个社会的教育同类婚程度会很高，但是其与收入差距和社会分层结构的固化并无太大关联。

利用较高一方的优势资源，实现自身的向上流动。所以，如果教育异类婚夫妇在后期的生命历程中存在赶超效应，那么教育异类婚与同类婚之间的差别会逐渐弥合，从而降低社会分层结构的固化水平。再如，假使高等教育同类婚夫妇具有资源聚合下的优势，但是，如果其优势无法传递给下一代，那么便意味着教育婚姻匹配对社会分层结构固化的影响至少在家庭层面是不可持续的。由此，本书的第二大部分将着重对上述两个问题进行研讨。

在具体分析教育婚姻匹配如何作用于收入差距和社会分层结构开放性的过程中，本书同样要借鉴已有理论和经验研究的优势。它们虽然在解释教育婚姻匹配对社会分层的影响中存在缺陷，但是，如上文所述，宏观研究范式在分析教育婚姻匹配如何作用于收入差距时，可以简洁明晰地给出全社会的教育婚配模式对收入差距的量化影响程度。因此，在厘清个人婚配行为的规律及其如何决定社会整体的婚配结构之后，本书便采用宏观范式研究的分析方法，进一步揭示教育婚姻匹配的分布对收入差距的影响水平。

微观范式下的研究虽然主要探究的也是教育婚姻匹配对收入差距的影响问题，但其分析策略对于探究教育婚姻匹配如何作用于社会分层结构开放性大有裨益。与收入差距不同，社会分层结构开放性并不是一个有明确测量指标的变量，在相关研究中，我们一般通过考察微观的代内或代际社会流动模式来检视社会分层结构的开放性程度①。此外，社会分层结构开放性与收入差距之间的第二个不同点在于，社会分层结构开放性本身是一个历时性的概念。因此，如上文所示，本书在分析教育婚姻匹配对社会分层结构开放性的影响时，主要考察的是教育婚配类型与代内和代际社会流动之间的关系，而这种关系正是在家庭中，经由家庭成员之间的互动所形成的。所以，在此有必要借鉴微观范式下的研究，通过考察家庭互动模式来

---

① 例如，如果研究发现父亲的社会地位对子代的社会地位获得之间具有显著的正向关联，则通常认为这个社会的开放程度较低。

透视教育婚姻匹配对社会分层结构开放性的影响。

如上文所述，在分析教育婚姻匹配对收入差距的影响时，采用社会排斥的视角更为合适。因此，本书借鉴帕金的社会分层理论提出了社会排斥机制。在分析教育婚姻匹配对社会分层结构开放性的影响时，本书参照吉登斯的社会分层理论，提出了社会结构化的机制。

一　社会排斥机制

本书认为，教育婚姻匹配之所以是非随机的，是由于各受教育程度者在择偶上均存在着一定程度的对外排斥。这种社会排斥，在各教育层级之间建立起通婚壁垒。不同受教育程度者在择偶上的对外排斥程度不同，导致各受教育层次之间的通婚壁垒在强度上存在差异，由此决定了教育同类婚在整体教育层级上的分布模式，进而在资源聚合的作用下影响全社会的收入差距。

教育婚姻匹配中的社会排斥，主要依赖于两大因素：一是受教育程度所蕴含的资源价值，二是学校等教育机构作为婚姻市场的结构性限制。

（一）教育资源排斥

根据婚姻匹配研究中的理性选择视角，社会经济资源是个人在择偶过程中最关注的因素。因此，婚姻市场上的男女在理性原则的支配下，均倾向于选择受教育程度较高的对象作为配偶，以期进一步提升自身的社会经济地位。然而，与收入等其他社会经济资源不同，受教育程度是有相对明确的上限的。因此，拥有高等学历的个体往往倾向于选择与其受教育水平相同的对象结婚，而次一级受教育水平的个人也因而被迫多与相同学历等级的对象结婚。以此类推，教育婚姻匹配过程便由对高等受教育水平对象的竞争，变为对较低受教育水平对象的排斥，最终使得教育同类婚成为整个社会的主导婚配模式。

不同于理性选择理论，文化资源理论认为，相同的价值观、兴趣爱好、共同语言等才是适婚男女最看重的择偶标准。因此，相同受教育水平个体之间的通婚是源于文化上的吸引而非理性的选择。所以，从文化资源理论的视角来看，教育同类婚是各受教育层次的群体各取所好的产物。然而，从更广义的角度来看，相同受教育水平个体之间的相互吸引，也便意味着他们对其他受教育层次群体的排斥。

(二) 教育婚姻市场排斥

上述社会排斥无论是由于理性选择所导致的竞争，还是源自文化上的吸引，都是基于"教育作为有价值的资源"而在择偶偏好上所形成的排斥。然而，除此之外，教育婚姻匹配模式的形成还受制于另一种来自"教育作为婚姻市场"的排斥。在现代社会中，学校等教育机构日益成为重要的婚姻市场（Kalmijn & Flap，2001）。首先，绝大多数人的青少年时期均是在学校中度过的，而学校是个人建立社会网络尤其是与异性建立社会关系的重要场域；其次，同等教育层级的人在交往频度、连续度和亲密度等方面均较高，因而彼此之间更可能形成情感性较强的社会关系；最后，许多人将离开教育体系作为开始考虑择偶婚配的起点，此时在校时的同学以及同学所拥有的社会网络，往往成为个人重要的婚配对象来源，尤其当离校与结婚之间的时间间隔较短时更是如此。

然而，由教育体系所构成的婚姻市场是具有高度筛选性和分割性的。在每一教育层级中，总有一部分人在进入下一层级时被"淘汰"（或主动放弃）。这些被"淘汰"的人由于离开了教育体系，因而很难在之后的教育层级中建立起关系强度较高的社会网络，由此便在很大程度上被排斥在更高受教育程度者的婚姻市场之外，最终导致了教育同类婚成为最主要的婚姻匹配模式。这便是本书所谓的教育领域中"婚姻市场排斥"的含义。

各受教育程度者在婚姻匹配中的社会排斥程度以及由此所导致的不同教育层级之间的婚姻壁垒强度并不是一定不易的，而是受到诸多社会因素的影响，其中最重要的因素之一便是高等教育扩张。

首先，高等教育扩张会增强婚配双方尤其是男性的资源偏好。上文提及，在传统社会中，女性的受教育程度较低，在劳动力市场上不具优势，因而更多地被赋予照料家庭的角色。在此背景下，女性的受教育程度往往不是男性最看重的择偶标准。然而如前文所述，高等教育扩张会大幅提升女性的受教育水平，甚至大有超越男性之势。由此，一方面女性在劳动力市场上的经济回报显著增加，另一方面其在品位、兴趣爱好、价值观等文化资源层面与男性日益趋同。这就使得男性无论是在理性选择还是文化吸引的作用下，在择偶中都更偏好受教育程度较高的女性（Schwartz，2006），从而导致教育资源排斥的增强。

其次，高等教育扩张同样会提高教育婚姻市场尤其是高等教育层次婚姻市场的排斥性。当较高受教育程度的人口较少且性别分布不平衡时，该受教育层次的婚姻市场便会过于狭窄，因而不得不向其他教育层次开放，排斥性相对较弱。而高等教育扩张一方面增加了较高受教育层次的人数并促进了性别分布的平衡，从而提高了此类受教育程度者在同等级受教育水平中的社会网络规模和社会关系强度，从而增加了配偶的可获得性（availability）；另一方面延长了个人在教育体系中的时间，极大缩短了离校与结婚之间的时间间隔，因而更加使得在校期间构筑的社会网络成为个人主要的婚配对象来源。由此，教育作为婚姻市场的排斥性大幅增强。

总之，在高等教育扩张的背景下，教育婚姻匹配中各受教育层级，尤其是高等受教育层级的社会排斥会极大增强，与此对应的通婚壁垒也会随之强化。然而，社会排斥的增强以及教育通婚壁垒的强化也并不一定意味着收入差距的加剧。尽管在现代社会中，受教育程度被普遍认为是影响收入等社会经济资源获得的重要因素，然而上述布林（Breen & Salazar，2011）等人的研究表明，受教育水平与收入水平之间的关联并不是理所当然的，教育婚姻匹配与收入婚姻匹配是否同构是需要检验的。如果二者的同构性较高，各教育层级之间通婚壁垒的强化便很可能会在夫妻或家庭层面加剧收入上的

"强强联合""劣势累积"，由此才会导致收入差距的扩大。

二　结构化机制

正如前文反复强调的，仅分析教育婚姻匹配如何影响收入差距只能为我们提供一幅二者之间关系的静态图式，而无法展现教育婚姻匹配对社会分层结构的长期效应。因此，本书的第二篇将主要基于结构化的机制来探讨教育婚姻匹配对社会分层结构开放性的影响。

如前所述，教育婚姻匹配对社会分层结构开放性的影响需要在一个长时段的过程中展现。为此，本书拟构建一个包含三代的分析框架，以考察夫妻的教育婚姻匹配如何影响资源和机会在父代与夫妻代之间、夫妻代内以及夫妻与其子代之间流动。在具体的分析策略中，本书将结构化机制进一步划分为"联合型结构化"和"自源型结构化"两部分。

（一）联合型结构化

本书提出联合型结构化的概念，用以分析夫妻双方的教育婚配与父代资源和机会占有不平衡之间的关系。具体而言，所谓联合型结构化指的是教育婚姻匹配与代际再生产之间的联合结构化效应。联合型结构化的强弱主要体现为教育婚姻匹配是加剧还是削弱了由代际再生产所导致的社会分层效果。

许多关于代际社会流动的研究表明，再生产是代际关系的主导模式（Featherman et al.，1975；Michael & Diprete，2006：24；李路路，2002，2006），个人的家庭背景往往与其社会地位之间存在很强的关联。就教育领域而言，文化再生产理论和资源转化理论等均指出，父代所拥有的文化资本、经济资本和社会资本等资源都有利于子代的教育成就获得（布尔迪约，2004；布尔迪约、帕斯隆，2002a）。这一现象在社会中并不隐蔽，例如，美国哈佛大学于2019年3月发布了"2021届新生家庭背景调查报告"，发现有近30%的新生拥有"哈佛血统"（即家庭中至少有一人毕业于哈佛大学），这其中46%的新生来自于年收入超过50万美元的家庭。① 中国亦是如此，有学者对北京大学新生的家庭背景进行调查后发现，进入21世纪后农村家庭的学生比例从20世纪80年代的30%以上，逐渐下降到10%—15%（刘云杉等，2009）。

在代际再生产的作用下，家庭背景越好的人越可能获得较高的教育成就。而按照本书第一篇中的分析逻辑，在教育资源排斥和婚姻市场排斥的作用下，这部分人也更可能与同样具有较高受教育水平的人结婚。由此导致的结果便是，社会上层通过将其资源优势转换为子代的教育成就，又经由子代的教育同类婚而使其优势得以进一步延续并强化。

然而，尽管家庭背景较好的人在教育获得上占有优势，但是他们不可能将所有的高等教育机会均据为己有，特别是在教育扩张的作用下尤为如此（Shavit & Blossfeld，1993；Muller & Karle，1993；Erikson & Jonsson，1996）。有研究指出，那些家庭背景较差但受过良好教育的个体，会更偏好教育同类婚，以此来巩固其实现代际向上流动后的社会地位（Blossfeld & Timm，2003：11）。而那些家庭背景较好者，因为一直占有较多的优质资源与机会，所以，在择偶中并不太看重对方的社会经济地位，由此更可能在教育上向下婚配。在此情形下，教育婚姻匹配便削弱了由代际再生产所导致的分层结构固化，二者的联合型结构化较弱。

但是，仍有部分研究者从文化资源、社会网络等视角出发，坚持认为家庭背景较好的人更偏向于教育同类婚。其一，虽然家庭背景较好的个人在择偶中并不看重对方的社会经济地位，但却可能更加强调相同的生活方式、品位、价值观等，因此仍旧偏向与具有相同教育水平的人结婚；其二，尽管有部分人可以通过教育而实现代际向上流动，然而，他们主要的社会网络仍旧围绕其原生家庭展开，其婚配对象也大多来源于此。因此，这部分人往往会在受教育程度

---

① https：//features. thecrimson. com/2017/freshman-survey/makeup/.

上向下婚配。相比之下，对于那些家庭背景较好者而言，由原生家庭先赋的社会网络与其自致的网络可能高度重合，因而更可能形成教育同类婚（Blossfeld & Timm，2003：11）。

（二）自源型结构化

与联合型结构化不同，本书所提出的自源型结构化概念指的是由教育婚姻匹配直接导致的代内与代际社会流动的后果。对于代内社会流动，本书主要讨论的是教育婚姻匹配对于个人在结婚后资源和机会获得上的影响；对于代际社会流动，着重探究的是夫妻教育婚姻匹配对于子代教育成就获得的作用。

前文的研究综述曾提及，教育婚姻匹配对社会分层的影响主要有两种方式：一是宏观层面资源和机会的聚合，二是微观层面个人配偶对其社会经济地位获得的影响。根据资源传递理论，妻子所拥有的人力资本、文化资本、社会资本等资源会显著促进丈夫在后续职业生涯中的地位获得。虽然这一理论是基于"男主外，女主内"的家庭模式进行讨论的，在双薪家庭较为普遍的中国可能并不适用，但是根据其理论逻辑，我们可以推论这种资源传递的效应可能是双向的。如果这一推论成立，则意味着夫妻各自所拥有的资源都会促进对方在后续职业生涯中的地位获得。由此，高等教育同类婚中的夫妻因为双方均具有相对优质的资源，所以对彼此社会经济地位获得的促进作用可能更强，这就使得他们在婚后的代内向上流动中占据优势。反之，低层级教育同类婚中的夫妻双方均在资源占有上处于劣势，对彼此婚后社会经济地位获得的促进作用也十分有限。如此一来，高等教育同类婚夫妻与低层级教育同类婚夫妻在后续的代内社会流动中会进一步两极分化。

在代内社会流动部分，还需讨论的一个问题是教育异类婚夫妻在婚后的资源与机会获得上是否存在追赶效应。假定存在两对夫妻，其中一对双方均拥有研究生学历，另一对中的一方拥有研究生学历，另一方只拥有高中学历。根据资源双向传递的假设以及微观研究范式中的情感支持理论，前一对夫妻在后续的代内社会流动中更具优势。然而，我们也有理由认为个人配偶对其地位流动的影响，在教育异类婚夫妇中可能更强。首先，从社会网络的视角来看，教育异类婚夫妻在彼此所拥有的社会网络资源上可能更具异质性，因而相比于教育同类婚夫妇更可能实现代内向上流动。其次，也有学者指出，在异类婚夫妇中，处于弱势地位的一方在婚后会更有动力争取向上流动，以达到与优势一方的般配。如果这种追赶效应存在，那么便意味着教育异类婚夫妻与相对应的教育同类婚夫妻在资源和机会占有上的差距有可能会在后续的代内社会流动中弥合。

在自源型结构化的代际传递上，本书主要讨论的问题是在特定教育婚姻匹配模式的影响下，拥有优质资源和机会的夫妻是否会将其优势传递给下一代。首先，如果本书之前所讨论的聚合机制、联合型结构化机制以及代内社会流动中的自源型结构化机制成立，那么便意味着较高受教育层次中的同类婚夫妇会占据更多且优质的文化资本、经济资本、社会资本等先赋性资源和自致性资源，而根据文化再生产理论和资源转化理论，这些资源优势将会极大促进子代的教育成就获得。其次，如前文提及，教育同类婚下的夫妻在培养子代上有更强的共识、更好的合作，因而有利于子代的教育获得（Beck & Gonzalez-Sancho，2009）。由此一来，高等教育同类婚夫妇在促进下一代的资源与机会获得上也会占据绝对的优势。

然而，根据文化流动理论，精英家庭中的父母可能更重视社会经济资本的作用，而忽视文化资本。相反，社会下层的子女由于缺少经济资本，因而会更重视其在学校中习得的文化资本，由此缩小他们与精英家庭子女的差距（DiMaggio，1982；DiMaggio & Mohr，1985；朱斌，2018）。按此逻辑，高等教育同类婚中的夫妻在优势资源的代际传递上也可能是受限的。

三　章节安排及简介

基于以上讨论，本书的分析框架可以具体表示为图 2.2。围绕这一框架，本书的章节安排如下：

　　本书的主体章节可以分为两大部分。第一大部分包括第四章和第五章，主要探究的问题是中国的教育婚姻匹配如何影响收入差距。如前所说，教育同类婚的分布模式和教育婚姻匹配与收入婚姻匹配间的同构性程度是影响教育婚姻匹配如何作用于收入差距的两大主要因素。由此，本书在第四章的两节中分别讨论在高等教育扩张和市场转型的背景下，教育婚姻匹配中的资源排斥和婚姻市场排斥如何影响各受教育层级间的婚姻壁垒强度，进而决定教育同类婚在整体受教育层级上的分布结构。在第五章中，本书首先探析了教育婚姻匹配与收入婚姻匹配的同构性问题，然后结合第四章所展现出的教育同类婚分布模式，进一步分析教育婚姻匹配对收入差距的影响。

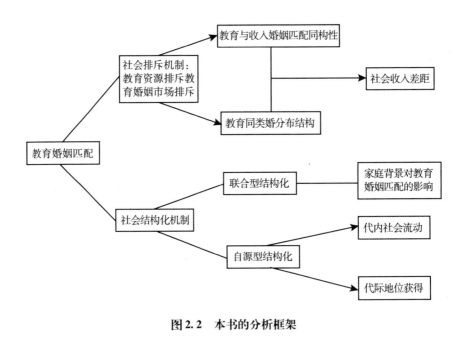

图 2.2　本书的分析框架

　　第二大部分包括第六章至第八章，主要是在从一个三代流动的视角切入，运用前文提出的联合型结构化和代内与代际两类自源型结构化机制，进一步从动态的角度来讨论教育婚姻匹配如何影响社会分层结构的开放性程度。

　　具体而言，第六章主要考察教育婚姻匹配与代际再生产之间的联合型结构化效应，本质上探究的是夫妻的教育婚姻匹配与其父代资源之间是什么关系，主要的研究问题是家庭背景对教育婚姻匹配的影响。第七章主要探究教育婚姻匹配的代内自源型结构化效应，本质上讨论的是夫妻的教育婚姻匹配如何影响二者在自身代内的资源获得，主要的研究问题是夫妻的受教育程度及婚配模式对彼此在婚后代内向上流动的影响。第八章主要探究教育婚姻匹配的代际自源型结构化效应，本质上分析的是夫妻的教育婚姻匹配如何影响第三代的资源获得，主要的研究问题是夫妻的受教育程度及婚配模式对其子代教育成就的作用。如果以上研究显示，教育婚姻匹配与代际再生产之间具有较强的联合型结构化效应，并且其本身具有较强的代内和代际自源型结构化效应，那么便意味着那些家庭背景较好的个体更可能形成较高等级的教育同类婚，由此便进一步强化了其父代的资源优势；同时他们由于具有更好的配偶资源，从而更可能在结婚后实现社会向上流动；最后，他们因为具有较多的文化、经济等资源，所以更有助于子代的教育成就获得。由此，在教育婚姻匹配的作用下，有价值的资源和机会便会在三代间不断向优势阶层集聚，与之相应，社会下层的劣势也会持续加深，社会分层结构因而将不断固化。

　　最后，本书将在第九章中对研究的结论进行总结和讨论，并对研究的创新之处和主要不足进行说明。

第 三 章

研究方法

　　本书主要通过定量分析来探究教育婚姻匹配对于收入差距和社会分层结构开放性的影响。具体来说，本书将依托于具有全国代表性的数据，使用其中的受教育程度、性别、出生年份、结婚时间、收入、个人职业、父代社会经济地位、子代教育成就等变量，运用对数线性模型、反事实分析、事件史分析、多元线性回归等技术，来考察市场转型与高等教育扩张背景下的教育婚姻匹配变迁、教育婚姻匹配与收入婚姻匹配的同构性、教育婚姻匹配与代际再生产之间的关系、教育婚姻匹配对代内和代际社会流动的影响等问题。详细的数据、变量和模型信息如下文所示。

第一节　数据介绍

　　如前文所述，本书在考察教育婚姻匹配对收入差距和社会分层结构开放性的影响时，涉及许多问题，而对于这些问题的研究很难利用现有的某一套数据来完成。由此，本书根据各具体问题的需要选择了不同的调查数据加以研究。为了避免因数据的差异而对结论所可能产生的影响，本书在选择数据时主要依据以下几个原则：其一，当多个问题可以用同一套数据进行分析时，则尽量保持数据一致；其二，数据必须为具有全国代表性的调查数据。由此，本书所使用的数据包括中国综合社会调查、中国家庭追踪调查、中国劳动力动态调查、中国教育追踪调查等，关于各种数据的详细介绍如下：

一　中国综合社会调查（CGSS）

中国综合社会调查（Chinese General Social Survey，CGSS）是中国最早的全国性、综合性的调查项目，由中国人民大学调查与数据中心负责执行。该调查系统收集了社会、社区、家庭和个人多个层次的数据，具有重大的科学和现实意义。

由于本书在考察市场转型和高等教育扩张背景下教育婚姻匹配的变迁及其对收入差距的影响时，涉及对改革开放甚至是新中国成立以来多个时段的分析，为了保证每个时段都有充足的样本量，本书合并了 2003—2015 年所有的 CGSS 调查数据。需要说明的是，CGSS 自 2003 年开始以来共使用了三套不同的抽样方案，分别为 2003—2006 年抽样方案、2008 年实验性抽样方案和 2010 年抽样方案，各抽样方案虽然均使用了 PPS 随机抽样，但是在抽样框、分层变量和抽样阶段上有所不同。其中，2003—2006 年抽样方案和 2008 年实验性抽样方案均采用了分层的四阶段不等概率抽样，2010—2019 年则采用了分层的三阶段抽样，详细信息如表 3.1 所示。[①]

表3.1　　　　　　　　　各年份分阶段抽样单元信息

抽样方案	第一阶段	第二阶段	第三阶段	第四阶段
2003—2006 年抽样方案	区县	街道、乡镇	居（村）委会	个人
2008 年实验性抽样方案	区县	街道、乡镇	居（村）委会	个人

---

　　① 以上关于 CGSS 数据的介绍可参见其官网，http：//cgss. ruc. edu. cn/index. php？r＝index/sample。

续表

抽样方案		第一阶段	第二阶段	第三阶段	第四阶段
2010—2019 年 抽样方案	必选层	街道	居委会	家庭户	
	抽选层	区县	居（村）委会	家庭户	

二 中国家庭追踪调查（CFPS）

中国家庭追踪调查（China Family Panel Studies，CFPS）由北京大学中国社会科学调查中心组织实施，旨在通过跟踪收集个体、家庭、社区三个层次的数据，反映中国社会、经济、人口等方面的变迁。CFPS 样本所在的 25 个省/市/自治区的人口覆盖了中国大陆人口数的 94.5%，目标样本规模为 16000 户，调查对象包含样本家户中的全部家庭成员，是一项全国性、大规模的社会跟踪调查项目。

CFPS 样本采用内隐分层方法的多阶段等概率抽样，每个子样本都是通过三个阶段的抽取得到的。该调查于 2010 年正式开始，经该年份调查界定出来的所有基线家庭成员及今后的子女成为永久追踪对象。[1]

三 中国劳动力动态调查（CLDS）

中国劳动力动态调查（China Labor-force Dynamics Survey，CLDS）。该调查项目由中山大学社会科学调查中心主持实施，聚焦于中国劳动力的现状与变迁，是一项全国性、跨学科的大型追踪调查。CLDS 的样本覆盖了中国 29 个省、自治区、直辖市，调查对象为样本家庭户中年龄为 15—64 岁的全部劳动力。在抽样方法上采用多阶段、多层次与劳动力规模成比例的概率抽样方法（蔡禾主编，2017：1）。

---

[1] 详细信息可参见 CFPS 官网，http：//www. isss. pku. cn/cfps/wdzx/jzbg/index. htm。

四 中国教育追踪调查（CEPS）

中国教育追踪调查（China Education Panel Survey，CEPS）由中国人民大学调查与数据中心设计与实施，是一项具有全国代表性的大型追踪调查项目。本书所使用的数据为中国教育追踪调查的基线调查数据（2013—2014 学年）。

该调查同样采用 PPS 抽样方法，首先在全国区县级行政单位中随机抽取了 28 个全国县级单位，其次在每个所抽区县选取 4 所开设了七年级和（或）九年级的学校，然后在每所抽取的学校中选择 4 个班级，入选班级的所有学生、家长、班主任、主科目教师和学校领导均为被调查对象。通过上述四个阶段的抽样，最终的样本包括 28 个区县、112 所学校、438 个班级、近 2 万名七年级和九年级的学生。①

遵循上述数据选择的原则，本书在第四章中考察市场转型和高等教育扩张下的教育资源排斥变迁，第五章中分析教育婚姻匹配与收入婚姻匹配的同构性及其对收入差距的影响，第六章中分析教育婚姻匹配与代际再生产之间联合结构化的变迁，第七章中分析代内自源型结构化的变迁时，使用 CGSS 数据；在第四章中考察教育婚姻市场排斥以及在第六章中分析联合型结构化，即家庭背景对教育婚姻匹配的影响时，使用 CFPS 数据；在第七章中探究教育婚姻匹配的代内自源型结构化，即夫妻的受教育程度对彼此在婚后代内社会流动的影响时，使用 CLDS 数据；在第八章中分析教育婚姻匹配的代际自源型结构化，即夫妻的教育婚姻匹配对于子代教育成就获得的影响时，使用 CEPS 数据。

---

① 详细信息参见 CEPS 官网，https：//ceps. ruc. edu. cn/index. php？r = index/sample。

第二节　核心变量

本书的核心自变量包括夫妻双方的受教育程度、教育婚姻匹配类型、收入差距、家庭背景、代内与代际社会流动等。其中，夫妻双方的受教育程度分为四个等级，包括小学及以下、初中、高中、本科及以上。在某些章节中，根据模型设定的需要，本书也用夫妻的受教育年限来表示其受教育水平。

就教育婚姻匹配类型而言，在分析中国教育婚姻匹配的变迁及其对收入差距的影响时，本书根据夫妻双方四分类的受教育程度交互而成的方形表，构建出十六类的教育婚配类型。在考察教育婚姻匹配对夫妻代内社会流动和代际社会流动的影响时，本书根据研究需要，将教育婚姻匹配类型操作化为教育同类婚与教育异类婚二分变量。如果夫妻具有相同的受教育程度则为教育同类婚，反之则为教育异类婚。

对于收入差距，有许多测量指标，其中使用较为广泛的是基尼系数、泰尔指数等，本书使用泰尔指数（Theil Index）来测量。相比于基尼系数等其他衡量收入差距的指标，泰尔指数的优势在于可以计算出组内差距和组间差距对总收入差距的贡献。泰尔指数由计量经济学家亨利·泰尔（Henri Theil）基于信息论的资讯熵概念提出，等于资料最大可能的资讯熵减去观测到的资讯熵而得到的资讯冗余。泰尔指数是广义熵指数的特例，可以作为对单样性、冗余度、非随机性和不平等的度量。泰尔指数的优点之一是它可以表示为某个子群体中不平等的加权和，因而具有可分解性。根据这一特性，本书利用十六类教育婚姻匹配家庭的百分比分布、各类家庭的平均收入、各类家庭内部的收入差距，计算了全社会各类家庭之间和内部的收入差距，以及总体的收入差距。

就家庭背景变量而言，本书根据研究需要，采用两种方式测量：

一是父亲的受教育程度，同样分为小学及以下、初中、高中和大学及以上四个等级；二是父亲的社会经济地位指数。社会经济地位指数（socioeconomic index）是社会学中用以测量综合社会地位的重要指标。该指数最初由邓肯提出，他依据各种职业的声望得分、各职业的平均收入水平和平均受教育水平构建出一个回归方程，利用该方程可以为所有的职业计算出一个声望得分，也即社会经济地位指数（李春玲，2005）。本书利用 Stata 软件，将父亲职业所对应的国际标准职业分类代码（isco88）转换为 ISEI，以此来作为被访者家庭社会地位的测量。

代内社会流动可以简单分为向上流动和向下流动两种类型，本书主要讨论的是夫妻的教育婚姻匹配对夫妻在婚后代内向上流动的影响。在具体的分析过程中，本书采用了两种方式来测量夫妻的代内向上流动，一是职业地位的改变，如由蓝领工人变为白领；二是同一个职业中职务或级别的晋升，如由一般工作人员变为管理者、由科员变为科长等。在前文所述的 CLDS2012 数据中，职业有 14 个类别，本书进一步将其合并为 4 类："体力劳动者""一般非体力劳动者""专业技术人员""国家企事业单位负责人"。如果被访者的职业发生了由低到高的转变，则被视为发生了社会地位的向上流动。就职务或级别晋升而言，在 CLDS2012 中，职务被分为干部与一般工作人员，而干部又被分为党务、行政和业务三类，每一类都包含负责人、中层干部、一般干部三个级别。通过将不同类别进行合并，本书将职务限定为一般工作人员、一般干部、中层干部、负责人四个指标。在级别变量上，原有数据将其分为技术级别和行政级别两类，前者包括技术员、助理工程师、工程师、高级工程师，后者包括村负责人、乡镇负责人、副科级及以下、科级、副处级、处级及以上。通过将行政与技术级别对应合并，本书将级别限定为四个等级，一级包括副科级及以下和技术员级，二级包括科级和助理工程师级，三级包括副处级和工程师级，四级包括处级和高级工程师级。如果被访者的职务或级别发生了从低向高的转变，则被视为发生晋升。

在代际社会流动方面，本书主要考察的是夫妻的教育婚姻匹配对子代教育成就获得的影响。就教育成就而言，为了使不同学校、班级的学生具有可比性，本书选择标准较为统一的认知能力测评得分作为对学生教育成就的测量。许多研究显示，认知能力水平会显著影响个人青少年时期的学业成绩和教育成就获得，同时也会影响个体在成年时期的职业选择、收入水平等（Heckman et al，2006；黄国英、谢宇，2013；Glewwe et al.，2017；郑磊等，2019）。因此，对于研究教育婚姻匹配的代际自源型结构化而言，认知能力是一个非常合适的因变量。

除了上述几个主要变量以外，其他诸如出生世代、户口等变量信息，本书会在具体的章节进行介绍，各章节主要变量的描述性结果可以参见附录。

第三节　研究模型

本部分拟对研究中主要使用的两个模型进行介绍。目前在教育婚姻匹配研究领域，大多用对数线性模型和事件史分析法来探究教育婚姻匹配模式的形成、变迁和效应，本书亦是如此。

一　对数线性模型

对数线性模型在研究教育婚姻匹配上的优势在于，它可以控制住男女受教育水平的边际分布在不同时期的变化，因此，多被用于分析一个社会中的教育婚姻匹配模式及变迁。较为常用的模型有下述几种，每一模型的设定都有各自的理论假设。

（一）条件独立模型

条件独立模型的假定是夫妻双方在受教育程度上是相互独立的，不存在关联，多被用为基准模型。该模型的设定如下：

$$log\ F_{ijk} = \mu + \mu_i^W + \mu_j^H + \mu_k^C + \mu_{ik}^{WC} + \mu_{jk}^{HC} \qquad （公式 3.1）$$

式中 W、H、C 分别表示行变量妻子的受教育程度，列变量丈夫的教育程度和时期变量，其取值分别对应下标 i、j、k。F_{ijk} 表示在 k 时期初婚同期群夫妇所形成的方形表中，当妻子给定的受教育程度为 i 时，丈夫的受教育程度相应取值为 j 的期望频数。μ 表示相应方形表完全服从均匀分布，即夫妇的受教育程度相互独立、婚配完全随机时平均预期频数的自然对数。μ_i^W、μ_j^H、μ_k^C 分别表示行变量、列变量与时期变量的主效应。μ_{ik}^{WC} 与 μ_{jk}^{HC} 分别表示行变量、列变量和时期变量的交互效应。

（二）同质模型

同质模型假定夫妻双方在受教育程度上存在着显著的关联，但是不同的出生世代在关联程度上是相同的。该模型的设定为：

$$log\ F_{ijk} = \mu + \mu_i^W + \mu_j^H + \mu_k^C + \mu_{ik}^{WC} + \mu_{jk}^{HC} + \mu_{ij}^{WH} \qquad （公式 3.2）$$

公式中的 μ_{ij}^{WH} 表示行、列变量之间的交互效应。其他元素的含义与条件独立模型公式中的对应元素相同。

（三）条件准独立模型

这一模型假定教育婚姻匹配模式主要表现为同类婚，即方形表中的对角线。在对角线之外，夫妻在受教育程度上并不存在明显的关联。该模型的设定为：

$$log\ F_{ijk} = \mu + \mu_i^W + \mu_j^H + \mu_k^C + \mu_{ik}^{WC} + \mu_{jk}^{HC} + D_{ijk}^{WHC}$$
$$D_{ijk}^{WHC} = 0，当 i \neq j \qquad （公式 3.3）$$

公式中的 D_{ijk}^{WHC} 表示对角线效应，即教育同类婚的强度。其他元素的含义与条件独立模型公式中的对应元素相同。

（四）准对称模型

这一模型也假定教育同类婚是教育婚姻匹配的主导模式，而教育异类婚则在男女之间呈现对称的特征。

$$log\ F_{ijk} = \mu + \mu_i^W + \mu_j^H + \mu_k^C + \mu_{ik}^{WC} + \mu_{jk}^{HC} + D_{ijk}^{WHC} + S_{ijk}^{WHC}$$
$$S_{ijk}^{WHC} = S_{jik}^{WHC}，当 i \neq j；S_{ijk}^{WHC} = 0，当 i = j 时 \qquad （公式 3.4）$$

S_{ijk}^{WHC} 表示行列对称效应，即在对角线之外，丈夫的受教育程度

为 i 而妻子的受教育程度为 j 的发生比与丈夫的受教育程度为 j 而妻子的受教育程度为 i 的发生比相等。其他元素的含义与条件独立模型公式中的对应元素相同。

（五）对数可积层面效应模型

这一模型假定，夫妻之间的受教育水平关联度在不同的出生世代中存在显著的差异，但是其发生模式在各出生世代间是一致的。模型设定为：

$$log\, F_{ijk} = \mu + \mu_i^W + \mu_j^H + \mu_k^C + \mu_{ik}^{WC} + \mu_{jk}^{HC} + \psi_{ij}\varphi_k \qquad （公式 3.5）$$

这一模型将行、列二项交互以及行、列、层面三项交互看成由两个部分对数乘积的结果（谢宇，2006）。其中，ψ_{ij} 反映的是行变量与列变量的相关模式，也即夫妻之间受教育程度关联的一般模式。φ_k 表示的是各层之间不同的相关强度，也即在第 k 个时期内教育同类婚强度相对于平均强度的差异。

（六）跨越模型

$$log\, F_{ijk} = \mu + \mu_i^W + \mu_j^H + \mu_k^C + \mu_{ik}^{WC} + \mu_{jk}^{HC} + \gamma_{ijk}^{HWC} \qquad （公式 3.6）$$

$$\gamma_{ijk}^{HWC} = \begin{cases} \sum_{q=j}^{i-1} \gamma_{qk} & (i>j) \\ \sum_{q=i}^{j-1} \gamma_{qk} & (i<j) \\ 0 & (i=j) \end{cases}$$

模型公式中的 γ_{ijk}^{HWC} 为跨层难度系数，表示各等级受教育群体跨越相邻受教育程度之间障碍的可能性，因此，我们用这一参数来表示教育婚姻壁垒的强度，各阶层间的教育婚姻壁垒强度如表 3.2 所示。

表 3.2　　　　　　　　　　　教育婚姻壁垒强度

妻子受教育程度	丈夫受教育程度			
	本科及以上	高中	初中	小学及以下
本科及以上	0	γ_1	$\gamma_1 + \gamma_2$	$\gamma_1 + \gamma_2 + \gamma_3$
高中	γ_1	0	γ_2	$\gamma_2 + \gamma_3$

续表

妻子受教育程度	丈夫受教育程度			
	本科及以上	高中	初中	小学及以下
初中	$\gamma_1 + \gamma_2$	γ_2	0	γ_3
小学及以下	$\gamma_1 + \gamma_2 + \gamma_3$	$\gamma_2 + \gamma_3$	γ_3	0

本书在第四章中考察中国教育婚姻匹配和教育资源排斥的变迁，在第五章中讨论教育婚姻匹配和收入婚姻匹配的同构性，在第六章和第七章中讨论联合型结构化和代内自源型结构化的变迁时便采用了上述对数线性模型进行分析。

二　事件史分析法

事件史分析法在婚姻匹配研究上相比于对数线性模型具有自身的优势，对数线性模型主要是对已婚群体进行分析，而将未婚者排除在外。事件史分析则可以将未婚和已婚者同时纳入分析，因此能更加完整、详尽地展现哪些因素影响了未婚者进入某一类型的婚姻。

本书在第四章中分析学校婚姻市场对于教育婚姻匹配的影响，在第六章中考察家庭背景对于教育婚姻匹配的作用，以及在第七章中讨论夫妻的教育婚姻匹配模式对于彼此在婚后代内社会流动的影响时，均采用了事件史分析法。由于本书所使用的许多自变量是基于年度测量的，因而将时间作为离散变量处理，采用针对离散事件史的 Logit 模型。（鲍威斯、谢宇，2009；周雪光，2015；李路路等，2016）。模型设定如下：

$$Log\left(\frac{P_{it}}{1 - P_{it}}\right) = \alpha_t + \beta_k X_{ik} \qquad （公式3.7）$$

其中，P_{it} 表示对于个体 i 而言，相应事件在给定时间 t 之前不发生，而在时间 t 发生的条件概率。X_{ik} 为一系列解释变量，β_k 为其系数。

第 四 章

市场转型、高等教育扩张与
教育婚姻匹配

　　前文提及，婚姻匹配主要通过影响有价值的资源与机会的聚合方式，进而作用于社会分层结构。一般而言，社会中的同类婚程度越高，越可能在资源和机会的聚合上导致"马太效应"，进而加剧资源和机会占有上的不平衡，这便是上述宏观研究范式的解释逻辑。然而，就教育婚姻匹配而言，情况要更为复杂。例如，当全社会的平均受教育水平较低时，教育同类婚便可能集中于低教育层级中。在此条件下，即便教育同类婚程度较高，其对收入差距的影响也是极为有限的。再如，如果教育同类婚主要集中于教育层级的两端，而中间教育层级之间的异类婚比较多，那么从总体上看，虽然教育同类婚的程度可能较低，但是它却可能导致收入的两极分化。因此，教育婚姻匹配对于收入差距的影响，不仅取决于教育同类婚的程度高低，还有赖于其在整个教育层级中的分布结构。

　　教育同类婚程度及其分布结构都不是一定不易的，而是随着许多宏观社会过程的演进而变迁。例如，工业化理论指出，随着社会工业化程度的加深，受教育程度会逐渐取缔家庭背景，成为个人当前和未来社会经济地位的主要表征。因此，在理性选择的驱使下，婚姻市场上的男女均倾向于选择受教育水平较高的人作为婚配对象，由此导致教育同类婚程度不断加深（Kalmijin，1991，1994；Kalmijn & Flap，2001；Blossfeld，2009；Schwartz，2013）。与工业化理论相反，现代化理论则认为，工业化与现代化进程会显著降低教育同类婚程度。一方面，由现代化发展所带来的城市化、信息化、网络化、人口流动以及现代通信技术与交通运输的发展，打破了地理上和内群体的限制，极大促进了不同社会群体之间的交往，从而扩大了个人潜在的婚姻市场，增加了异类婚的可能性。另一方面，随着个人工资水平和社会整体保障水平的提升，对社会经济资源的偏好在个体择偶过程中的重要性逐渐式微，而基于"浪漫爱情"的结合将成为婚姻的主要形态，由此便会导致教育同类婚程度的降低（Smits et al.，1998；Smits & Park，2009）。

尽管工业化理论与现代化理论在教育同类婚的变迁趋势上观点迥异，且均没有论及教育同类婚的分布结构在工业化进程中的变化问题。但是，二者在各自的论证逻辑中，较为清晰地指出了诸如工业化等宏观社会进程作用于婚姻匹配的两种主要机制：一是影响个人的择偶偏好（preference），二是影响配偶的可获得性（availability）。

除了工业化、现代化之外，另一个显著影响教育婚姻匹配的宏观性因素便是高等教育扩张。高等教育扩张如何作用于教育婚姻匹配？就对配偶可获得性的影响而言，高等教育扩张无疑会促进高等受教育层级中人口的增长以及性别分布的平衡，由此便增加了受过高等教育的个体在本受教育层级内的配偶可获得性。在择偶上的资源偏好保持一定的情况下，高等教育扩张便很可能导致教育同类婚的分布逐渐向高等受教育层次集中。然而，在高等教育扩张对择偶偏好的影响效应方面，已有理论和经验研究仍旧存在争议。有学者指出，高等教育扩张会增强婚配双方尤其是受教育程度较高的男性在择偶上的资源偏好，从而加深高等教育同类婚程度；另有学者认为，高等教育扩张会贬低受教育程度对于高学历者的价值，由此削弱他们在受教育程度上的择偶偏好，最终导致高等受教育层次中同类婚程度的下降（Smits & Park，2009；Smits，2003）。

　　总之，已有理论和观点在高等教育扩张如何作用于教育婚姻匹配的问题上仍旧呈现出众说纷纭的状态。究其主要缘由，是因为许多研究是基于跨国比较来考察高等教育扩张对教育婚姻匹配的影响的，即通过分析不同国家中受过高等教育的人数对其高等受教育层次同类婚程度的影响，来推断在高等教育扩张的条件下，受教育程度较高者在教育婚姻匹配中的择偶偏好变化。然而，一方面国别差异错综复杂，涉及经济发展水平、历史文化传统、政治制度模式、自然地理环境、价值观念等多重纬度，而诸如此类的因素均可能会扭曲高等受教育层级的人数规模对于教育同类婚程度的真实效应；另一方面，即使这些研究所呈现出的结果是有效的，将其解释为受过高等教育者在择偶偏好上的变化也是十分冒险的，极有可能导致张冠李戴的谬误。

　　本章将基于中国社会，分析在高等教育扩张的背景下，教育婚姻匹配是如何变化的。中国迅速且规模盛大的高等教育扩张为我们在一国之内分析其对教育婚姻匹配的影响提供了得天独厚的条件。此外，中国的高等教育扩张与快速的工业化、现代化进程和深刻的市场转型相伴而行，这可能使其对教育婚姻匹配的影响有异乎寻常之处。本章中的两节分别讨论高等教育扩张、市场转型等宏观社会进程如何影响各受教育层级的人在择偶偏好和婚姻市场上的对外排斥，也即教育资源排斥和教育婚姻市场排斥，进而影响教育同类婚在各个受教育层级上的分布结构。

第一节　中国的教育资源排斥及变迁[①]

一　研究假设：资源偏好强化还是封闭弱化

上文提及，关于高等教育扩张如何影响人们在受教育程度上的

择偶偏好始终存在着莫衷一是的观点。按其各自的理论逻辑，我们可以将这些研究归为两类。为讨论方便起见，本节分别将二者命名为"资源偏好强化观"和"封闭弱化观"。

（一）资源偏好强化观

持资源偏好强化观点的学者认为，婚姻市场上的男女均具有特定的社会经济、文化等资源偏好，并据此选择配偶。同时，通过展现自身所具有的资源优势，来竞争理想的婚配对象（Kamijn，1998）。随着高等教育扩张过程的推进，这两种偏好在受教育程度较高的群体中均会得到增强。

就社会经济资源偏好而言，在传统社会中，女性的受教育水平相对较低，且其主要精力多用于照料子女等家务工作，对家庭的经济贡献相对较小。因此，对于男性来说，婚配对象的受教育程度并不是其最看重的择偶标准。然而，随着高等教育的扩张，女性的受教育水平以及劳动力市场参与率不断提高，对家庭的经济贡献逐渐增大。在此背景下，男性在择偶中的社会经济资源偏好大幅增强。就文化资源而言，高等教育扩张提高了女性在高等教育层级的参与率，共同的学习经历使得女性在价值观、品位、生活方式、思想观念等方面与男性日渐趋同。在文化吸引的作用下，男性在择偶中对女性的文化资源偏好极大增强。由此，根据资源偏好论的观点，随着高等教育的扩张，教育同类婚会逐渐增多，且在分布结构上会向高等教育层次集聚。

（二）封闭弱化观

与资源偏好强化观相反，持封闭弱化观点的学者指出，随着高等教育的扩张，受教育程度作为择偶标准的重要性在高等受教育水平群体中逐渐降低。封闭弱化观认为，高等教育层次同类婚的形成并不仅是基于资源性的偏好，而更多的是一种社会封闭的结果。史密茨借用帕金的社会封闭理论，指出社会上层为了维护自身的优势和特权，往往会设置某些特定的资格，从而将资源和机会的获得局限在其群体内部。而群体内通婚便是实现此类封闭的重要途径之一

（Smits，2003；Parkin，1971）。当受过高等教育的人数较少时，这一群体内部的通婚会相对较多。因为较小的群体规模一方面使他们更容易认识到自身相比于其他人的精英地位，从而增强了其排外意识，另一方面也相对提升了高等受教育程度的价值，由此使得该群体更有动机通过同类婚达到将资源和机会封闭于群体内部的目的（Smits，2003）。

然而，高等教育扩张极大增加了受过高等教育人口的规模，从而不仅降低了高等受教育程度的资源性价值，同时也弱化了它作为优势特权的象征性意义，促使社会精英群体放弃高等受教育程度，转而寻求其他资格作为社会封闭的标准。由此，根据封闭弱化观的观点，随着高等教育的扩张，至少受过高等教育的群体在择偶上的教育同类偏好会减弱。

综上所述，资源偏好强化观与封闭弱化观在关于高等教育扩张如何影响人们的教育择偶偏好上存在着截然相反的观点。两者的主要分歧点有二：其一，教育同类婚的形成是基于由资源偏好所引发的社会吸引，还是精英阶层为了维护特权而制造的社会封闭；其二，高等教育扩张是否会导致高等受教育程度的贬值。除了理论观点上的言人人殊，已有的两个假设及相关研究自身仍旧存在一些缺陷，比如没有区分配偶可获得性和择偶偏好各自的效应、某些推论过于主观武断等，并且二者均主要聚焦于高等教育层次，而忽视了其他教育层次的婚姻匹配在高等教育扩张过程中的变化。根据上述已有理论及研究的分歧与缺陷，本节拟以"社会排斥"为基础构建分析框架，并在中国特殊的社会背景下，探究高等教育扩张对人们教育择偶偏好的影响。一方面，分析各级受教育程度的资源价值在市场转型和高等教育扩张过程中的变化；另一方面，在方法上控制配偶可获得性的影响，剥离出择偶偏好的纯效应，力图为中国的高等教育扩张如何影响教育择偶偏好的问题提供一个相对准确、全面的解释。

（三）教育资源排斥的两极化假设

尽管资源偏好强化和封闭弱化两种观点针锋相对，但是二者却暗含着同一个前置设定，即受教育程度是一种有价值的资源。根据婚姻匹配研究中的理性选择视角，婚姻市场上的男女双方均倾向于选择受教育程度较高的对象作为配偶，以期最大化自身的社会经济利益。然而，由于受教育程度是有明确的上限的，所以受教育程度较高者往往仅与同等受教育水平的对象结婚，而次一级受教育水平的个体在无法获得更高受教育层次的配偶时，也被迫与相同受教育层次的对象结婚。依此类推，教育婚姻匹配过程便由对高等受教育程度者的竞争，转变为对受教育程度较低者的排斥。

受教育程度不仅代表着个人的社会经济地位潜力，同时也象征着其所具有的文化资源。而根据文化资源理论，同等受教育程度者之间的通婚是源自于文化上的相互吸引，而非在理性选择的支配下对优质资源的竞争。因此，在文化资源理论看来，教育婚姻匹配是一个"各取所好"的过程。然而，本书认为，相同受教育水平者之间的社会吸引，广义上同样意味着他们在择偶偏好上对其他受教育程度者的排斥。

综上所述，无论是源于对社会经济资源的竞争还是文化资源上的吸引，拥有某一特定受教育程度的个体与其他受教育程度者，尤其是低于其受教育程度的对象之间，在择偶偏好上均存在着一定的社会排斥。基于这种社会排斥，各受教育层级之间便构筑起了通婚壁垒。

不同受教育层级间通婚壁垒强度的高低在很大程度上依赖于各受教育水平在资源价值上的差距[①]，并且如前所述，各受教育程度的社会经济价值并不是一定不易的，而是会受到高等教育扩张等宏观社会变迁的影响。

---

① 本书虽然指出，教育婚姻匹配上的社会排斥同时包含了文化上的相互吸引，但更主要是在教育作为一种有价值的社会经济资源的含义上来使用这一概念的。因此，本书在此处所谓的资源价值，更多地指向教育的社会经济价值。

　　与西方国家不同,中国的高等教育扩张是在市场转型的大背景下开展的,因此,在具体考察其如何影响教育的社会经济价值,进而作用于不同受教育程度者在择偶偏好上的对外排斥之前,有必要首先分析市场化本身对教育社会经济价值的影响。如前所述,在新中国成立后到改革开放这个时期,由于某些特殊的历史政治原因,教育的社会经济价值始终未得到充分体现。然而,在市场转型之后,随着资源配置方式由中央计划转为市场调控,报酬越来越与个人的生产效率相挂钩,而生产效率又与个体的受教育程度紧密相连,因此,以倪志伟为代表的市场转型论学者提出,随着市场转型的推进,政治资本的回报会逐渐下降,而以受教育程度为标志的人力资本的回报会大幅提升(Nee,1989)。虽然许多学者对市场转型理论提出的政治资本回报降低的论断提出了质疑,但是,人力资本回报的增加确是不争的事实。如前文所提及,有研究表明,中国城镇居民的教育收益率自改革开放以来持续增长,至21世纪初已经基本达到了国际平均水平(郭小弦、张顺,2014;李实、丁赛,2003;Zhang et al.,2005)。正是由于受教育程度在市场转型过程中日益成为个人社会经济地位的重要表征,根据上述社会排斥的分析框架,可以推论各受教育层级在择偶偏好上的对外排斥会逐渐增强,不同受教育层级之间的婚姻壁垒强度会显著提高。

　　除了提升受教育程度的社会经济价值之外,市场转型对教育择偶偏好的另一大影响在于,随着市场化改革进入深水区,许多未曾预料的风险逐步显现,社会生活的不确定性大幅增加。在此背景下,婚姻市场上的适婚男女在择偶中可能会更加注重对方的社会经济实力,以此来规避市场风险,确保经济安全。由此,各受教育层级在择偶偏好上的对外排斥,尤其是向下排斥可能会进一步强化。

　　如前所述,资源偏好强化观与封闭弱化观的主要分歧在于高等受教育程度是否会在高等教育扩张的过程中出现贬值。封闭弱化观给出的答案是肯定的,并认为高等受教育程度的贬值会使其逐渐丧失作为优质资源和机会的意义,进而被精英阶层在社会封闭的策略中所摒弃。虽然目前在中国关于这一问题的讨论不多，但是，确实有研究表明，由于在"文化大革命"时期，受教育程度长期处于贬值的状态，导致在改革开放后的经济快速发展期，高素质的劳动力始终是供不应求的（陈晓宇等，2003）。由此，中国的教育收益率增长与高等教育扩张是相伴而行的。除了教育收益率外，教育机会获得情况也可以从侧面反映出教育的经济价值变化。我们可以通过对诸如最大化不平等维持假设（简称 MMI 假设）的考察①，从侧面来对封闭弱化观进行检验。就中国来说，郝大海的研究发现，自改革开放后，中国开始出现了许多 MMI 假设的特征，表现为较高阶层在高中入学阶段具有显著的优势，专业技术人员阶层在进入大学上具有一定的优势（郝大海，2007）。无独有偶，李春玲经研究也发现，中国的高等教育扩张并没有减少阶层间的教育机会差距，反而导致了城乡教育机会差距的上升（李春玲，2014）。

总之，中国社会中的高等受教育程度并没有在高等教育扩张的过程中出现明显的贬值，此外 MMI 现象的存在，意味着社会优势阶层依然视高等教育为优质的资源和机会，并试图通过对其进行垄断，以维系自身的特权与优势地位。尤其是在前国家社会主义时期，中国曾较为激进地推行"去分层化"的政策，导致较高社会阶层在教育需求上备受压制，被迫向日常生活世界撤退（郝大海、王卫东，2009；李路路等，2018）。高考制度恢复后，社会上层长期被压抑的教育需求得以释放，在此背景下，社会优势阶层利用高等受教育程度来制造社会封闭的动机可能会更加强烈。

高等教育扩张对受教育程度社会经济价值的影响并不仅限于高等教育层级。有学者认为，高等教育扩张所导致的学历膨胀，增加了高素质劳动力的供给，从而提高了许多岗位对学历的要求，由此

---

① 该假设由 Raftery 和 Hout 提出，认为由高等教育扩张所带来的新增机会被优势阶层占据。可参见 Raftery，Adrian E. and Michael Hout，1993，"Maximally Maintained Inequality: Expansion, Reform, and Opportunity in Irish Education, 1921–75", *Sociology of Education*，Vol. 66，No. 1。

使得受教育程度较低者在劳动力市场上的境况不断恶化，不得不接受工资水平较低的工作（Hu & Qian，2015；Collins，1971，2011；Thurow，1975；Von Ours & Ridder，1995）。就中国而言，胡安宁经研究发现，从2003—2008年间，要求大学学历的工作职位急剧增加。相比之下，要求较低学历的工作职位在这一时期内则大幅减少（Hu，2013）。

基于以上讨论，我们可以在中国特殊的背景下提出一个"两极化"的假设。一方面，受改革开放前去分层化政策及市场转型的影响，优势阶层在高等教育扩张中依旧甚至更加有动机通过高等教育同类婚来实现阶层封闭，以维系和扩大自身对优质资源与机会的占有，在教育择偶偏好上对其他受教育层级的排斥会进一步增强。另一方面，由于高等教育扩张所引发的学历膨胀，受教育程度较低者在资源和机会占有上的劣势不断加剧，社会经济地位进一步降低，从而导致其在婚姻匹配上可能遭遇来自其他受教育层级更加强烈的择偶排斥，最终使得他们只能在群体内部择偶成婚。由此我们便可以提出以下假设：

假设4.1：在高等教育扩张下，高等教育层级和低受教育层级在择偶偏好上与其他受教育层级的排斥效应会增强，从而导致教育同类婚在各受教育层级的分布上呈现出两极化的特点。

二　变量与模型

（一）变量

本节所使用的数据来源于生活史与当代中国社会的变迁调查数据（Life Histories and Social Change in Comtemporary China，简称LHSCCC）和中国综合社会调查（CGSS），由于要分析教育同类婚强度及各受教育层级之间的通婚壁垒强度在不同时期的变化，因而需要较大的样本量。为此，本节合并了LHSCCC1996和CGSS2003至

2015 年之间已有的调查数据。① 根据研究目的，本节将研究样本限定为在结婚前已获得最高学历的初婚者，因而删除了未婚、再婚有配偶、婚后获得最高学历的人员，最后本节获得的原始样本量为 69394。

本节主要分析的自变量是婚配双方的受教育程度，依据被访者的性别，进一步区分出丈夫与妻子的受教育水平，分为小学及以下、初中、高中、大学及以上四个等级。根据被访者的出生日期，我们将被访者划分为 1960—1965 年（C1）、1966—1973 年（C2）、1974—1980 年（C3）、1981—1993（C4）年四个出生世代。按照 7/6/3/3/4 学制计算，这四个出生世代是在 1977 年恢复高考后进入大学的，C4 出生世代基本上是在 1999 年及以后进入大学，是受高等教育扩张影响的一代。

此外，考虑到中国的户籍制度性分割可能对婚姻匹配产生影响，因此我们进一步分城乡分析高等教育扩张对教育婚姻匹配的作用。由于大多数年份的问卷中（除了 CGSS2006）均没有询问被访者在结婚时的户口状况，但是给出了户口转换的信息，因此，我们通过将户口转换时间和结婚时间进行比较，将那些当前为城市户口且在婚后发生农转非的被访者仍归为是农村户籍。

（二）模型

由于不同的出生世代在受教育程度边际分布上存在着较大的差异，因此，若要探究教育同类婚程度、各受教育层级之间的婚姻壁垒强度，以及择偶偏好上的教育资源排斥如何变迁，必须对结构性差异进行控制。所以，本节采用对数线性模型来分析教育婚姻匹配的方形表数据。具体的分析可以分为两部分：在第一部分中，我们主要考察教育同类婚程度的变化。如前所述，无论是工业化理论还是本节所述的资源偏好强化观和封闭弱化观，均指明教育择偶偏好以及由此决定的教育同类婚强度不是一定不易的，而是会随着工业

---

① 具体包括 CGSS2003，2005，2006，2008，2010，2011，2012，2013，2015。

化、高等教育扩张等宏观社会过程的推进而变化。因此，本节选择对数可积层面效应模型来考察中国教育同类婚程度的变迁。在第二部分中，我们主要考察不同受教育层级之间婚姻壁垒强度的变化，尤其是高等教育扩张对婚姻壁垒强度的影响。在此，主要使用跨越模型进行分析。

在分析高等教育扩张对教育资源排斥的影响时，为了排除配偶可获得性变化对于婚姻壁垒强度的影响，我们进一步采用迭代比例拟合法（Iterative Proportional Fitting，简称 IPF）进行反事实分析。具体而言，我们可以将不同出生世代的婚姻壁垒强度的公式表示为：$B_k = f(A_K, E_k)$。其中，A_K 表示配偶可获得性的影响，E_k 表示教育资源排斥的作用。由此，不同出生世代间婚姻壁垒强度的变化可以表示为 $f(A_1, E_1) \rightarrow f(A_2, E_2) \rightarrow f(A_3, E_3) \rightarrow f(A_4, E_4)$。而在进行反事实分析时，我们将男女双方的教育边际分布控制在第一个出生世代不变，因而不同出生世代间婚姻壁垒强度的变化可以表示为 $f(A_1, E_1) \rightarrow f(A_1, E_2) \rightarrow f(A_1, E_3) \rightarrow f(A_1, E_4)$。这样一来，婚姻壁垒强度的变化完全可以视作是由教育资源排斥所导致的。如果婚姻匹配强度变强，则意味着教育资源排斥增强。

三　研究结果

（一）描述性分析结果

自新中国成立以来，教育事业的发展尽管在"文化大革命"期间遭遇了重大的挫折，但是，总体上仍呈现出迅速发展的局面。如图 4.1 和图 4.2 所示，就男性而言，在 1960—1965 出生世代中，受教育程度为小学及以下的人数比例约为 21.9%，在 1966—1973 出生世代中有所回升（24.65%），随后开始下降。到了 1981—1993 出生世代，该受教育程度的人数比例已经下降到了 11% 左右；初中受教育程度在第一个出生世代中的人数比例为 39.27% 左右，随后有小幅度的上升，至第三个及以后的出生世代中，该比例逐渐稳定在 41% 左右；高中受教育程度的人数比例在第一个出生世代中为 30% 左右，在第二个出生世代中下降至20%，随后基本上稳定在23%左右；大学及以上受教育程度的人数比例在第一个出生世代中仅为9%左右，在随后开始快速上升，尤其是在第四个出生世代中，已经超越了高中和小学及以下受教育程度的比例，达到了24%左右。

　　女性受教育程度的变化趋势与男性类似。在第一个出生世代中，小学及以下受教育程度的人数比例达到了36%，在第二个出生世代中上升至37.56%，随后开始下降，至第四个出生世代为14%左右；初中受教育程度的人数比例由第一个出生世代中的35%，上升至第四个出生世代中的42%；高中受教育程度人数的比例在第一个出生世代中约为23%，第二个出生世代中下降至17%，随后上升并稳定在22%左右；大学及以上受教育程度的人数比例在第一个出生世代中仅为5%，随后迅速上升，至第四个出生世代已经超过了22%。

　　一言以蔽之，自新中国成立以来，男女的受教育程度均得到了显著提升，低层级受教育程度的比例不断减少，高等受教育程度的比例逐渐增加，而这一过程直接导致了教育同类婚的分布由低层级受教育层次向高等受教育层次的转移。

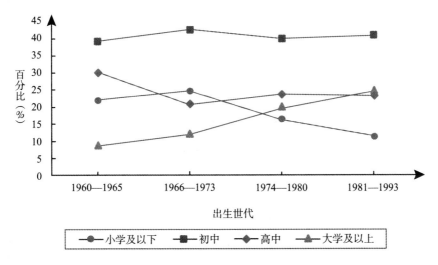

图4.1　男性受教育程度的变化

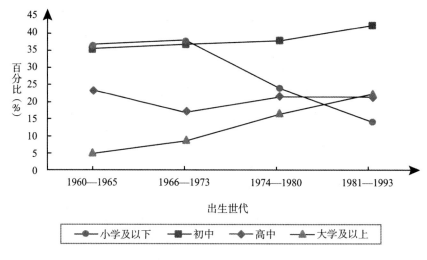

图 4.2　女性受教育程度的变化

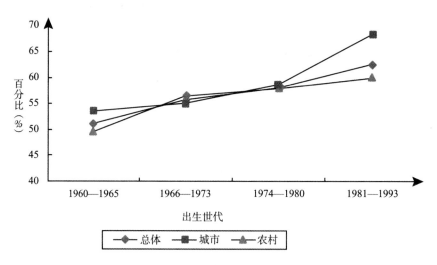

图 4.3　教育同类婚比例

如图 4.3 所示，社会中总体的教育同类婚比例在第一个出生世代中为 50% 左右，随后开始上升，至第四个出生世代达到了 63% 左右。分城乡来看，城市中的教育同类婚比例在前两个出生世代中的变化并不明显，基本上在 54% 左右。第二个出生世代之后开始快速上升，至第四个出生世代则达到了 68%。农村中的变化趋势与总体类似，从第一个出生世代到第四个出生世代，教育同类婚的比例由50%上升至第四个出生世代的60%。更进一步分析可知，在前两个出生世代中，总体教育同类婚比例的变化主要是由农村中的教育婚姻匹配主导的，而在第三个出生世代和第四个出生世代之间，总体教育同类婚比例的上升是由城市中的教育婚姻匹配主导的。鉴于城市居民的受教育程度相对较高，而农村居民的受教育程度相对较低，因此，我们可以大致判断教育同类婚的分布由低级向高级转移。

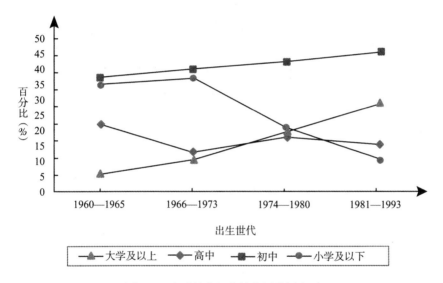

图4.4　分受教育程度教育同类婚变迁

图4.4更直接地展示了总体中不同受教育程度的同类婚占所有教育类型同类婚的比例。在第一个出生世代中，小学及以下的同类婚占总体同类婚的35%左右，这一比例在第二个出生世代中上升至37%，在随后的出生世代中不断下降，到了第四个出生世代仅为10%左右；初中同类婚比例从第一个出生世代中的37%，一直上升至第四个出生世代中的45%，成为所有教育同类婚中占比最大的同类婚类型；高中同类婚所占的比例在第一个出生世代中为22%左右，在第二个出生世代中下降至13%，到了第三个出生世代中升至

18%，第四个出生世代中又下降到15%。大学及以上同类婚所占的比例在第一个出生世代中仅为6%左右，在随后的出生世代中开始迅速提升，至第四个出生世代已经达到29%，成为总体中仅次于初中同类婚的第二大同类婚类型。

图4.5和图4.6进一步展示了城市和农村中各受教育同类婚占所有教育类型同类婚的比例。由图4.5可知，就城市而言，在第一个出生世代中，高中同类婚占据主导地位，占所有类型教育同类婚的46%左右。在随后的出生世代中高中同类婚的比例开始不断下降，至第四个出生世代该比例已经下降至21%左右；初中同类婚在第一个出生世代中所占比例约为33%，在第二个出生世代中上升至35%左右，随后开始下降，至第四个出生世代，该比例为16%左右；小学及以下同类婚在第一个出生世代中的比例约为6%，随后开始下降，至第四个出生世代中该比例仅为1%左右；大学及以上同类婚的比例在第一个出生世代中为15%，随后开始急剧上升。至第四个出生世代，该比例已经达到了62%左右，成为远超其他受教育程度同类婚的主导教育同类婚模式。

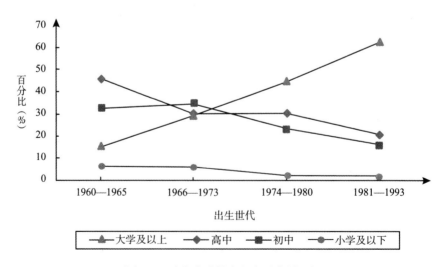

图4.5　城市分受教育程度同类婚比例

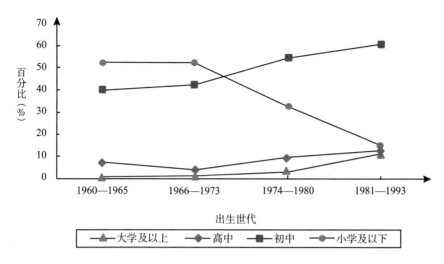

图4.6　农村分受教育程度同类婚比例

　　就农村而言，在第一个出生世代和第二个出生世代中，小学及以下同类婚占所有教育同类婚的比例高达52%左右，是占据主导地位的教育同类婚类型。在随后的出生世代中开始急剧下降，至第四个出生世代，该比例仅为15%；初中同类婚的比例在第一个出生世代中为40%，在随后的出生世代中开始不断上升，至第四个出生世代已经达到了61%，成为农村中占主导地位的教育同类婚类型；高中同类婚在第一个出生世代中所占的比例约为7%，在随后的出生世代中开始有波动地上升，至第四个出生世代该比例达到13%左右；大学及以上同类婚在第一个出生世代中所占的比例仅为0.5%，在随后的出生世代中开始缓慢增加，至第四个出生世代该比例已经达到11%左右。

　　以上描述性统计分析的结果初步展现了教育同类婚分布的变化，即无论在城市还是农村，教育同类婚都有从低层级向高层级转移的趋势。尤其是城市，在受高等教育扩张影响的出生世代中，大学及以上同类婚的比例已经超过60%，成为占主导地位的教育同类婚类型。然而，上述描述性结果没有控制男女受教育程度边际分布的变化，且没有区分出教育资源排斥和配偶可获得性对教育婚姻匹配的影响。在下面的分析中，我们首先控制结构性的变化，分别展现教育同类婚程度在城市和农村中的情况；其次，分析不同受教育程度之间婚姻壁垒的强度及其变迁过程；最后，在控制配偶可获得性的情况下，展现教育资源排斥在不同出生世代之间的变化。

（二）教育同类婚的变迁趋势

如前所述，我们通过估计对数可积层面效应模型来考察教育同类婚程度在不同的出生世代之间的变迁。根据模型的计算，结果如图4.7所示。

图4.7中的数据结果表明，在控制了边际分布的变化后，从第一个出生世代至第四个出生世代，教育同类婚程度基本上呈现上升的趋势。就城市样本而言，在受高等教育扩张影响的出生世代中，教育同类程度的增长最为显著。

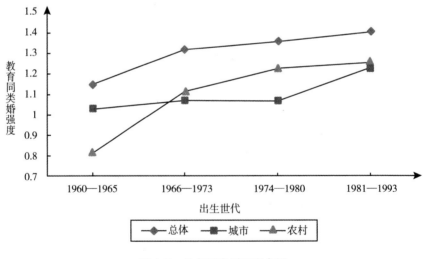

图4.7　教育同类婚程度变迁

（三）教育婚姻壁垒强度的变迁趋势

上述教育同类婚程度持续上升的趋势，意味着各受教育层级之间的通婚壁垒强度可能会不断加深，为了更为细致地展现这一过程，我们用跨越模型进行估计，所得结果如图4.8所示。

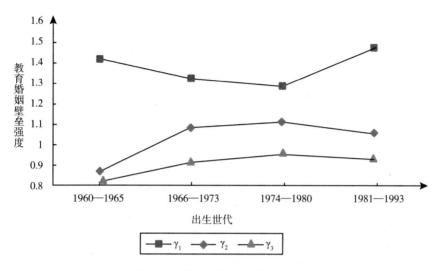

图4.8　教育婚姻壁垒变迁趋势

　　图4.8中的数据结果揭示了不同受教育程度与相邻受教育层级之间的婚姻壁垒强度在不同出生世代之间的变化。由图可知，大学及以上与高中之间的通婚壁垒强度（γ_1）从第一个出生世代到第三个出生世代间出现下降，但是，在第四个出生世代大幅回升，并达到最高值；高中和初中受教育程度之间的婚姻壁垒强度（γ_2）在第一个出生世代和第二个出生世代间快速上升，随后比较稳定；初中和小学及以下两个教育层级之间的婚姻壁垒强度（γ_3）在第一个出生世代到第三个出生世代之间出现了上升，在第四个出生世代出现小幅度下降。

　　图4.9与图4.10进一步分城乡展现了各受教育程度之间的婚姻壁垒强度及其在不同出生世代之间的变化。就城市而言，大学及以上与高中受教育程度之间的通婚壁垒强度在变迁趋势上与总体类似，在受高等教育扩张影响的出生世代中显著增强，并达到峰值；高中和初中之间的教育婚姻壁垒强度在四个出生世代之间不断提升；初中和小学及以下之间的教育婚姻壁垒强度在城市中的变化与总体不同，经历从第二个出生世代到第三个出生世代之间的下降后，于第四个出生世代

开始回升。就农村而言，大学及以上与高中受教育程度之间的婚姻壁垒强度在前三个出生世代中下降，却在第四个出生世代回升。高中与初中受教育程度之间，以及初中与小学及以下受教育程度之间的教育婚姻壁垒强度变化趋势十分类似，在前三个出生世代中不断提升，并在第三个出生世代与第四个出生世代间保持稳定。

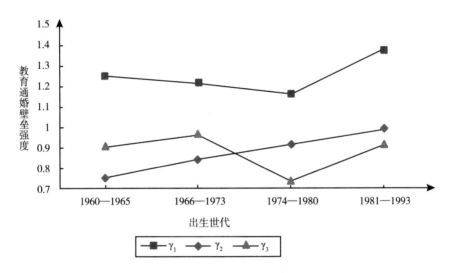

图 4.9　城市教育婚姻壁垒强度变迁

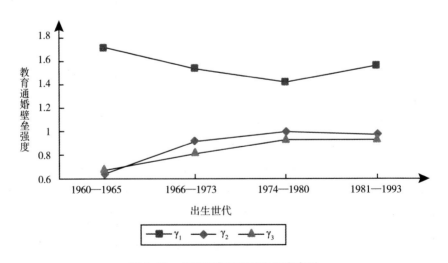

图 4.10　农村教育婚姻壁垒强度变迁

　　上述教育婚姻壁垒强度及其变迁趋势结果表明，无论是在城市还是农村，高等教育扩张均提升了大学及以上与其他受教育程度之间的婚姻壁垒强度。除此之外，在城市中，小学及以下与其他受教育程度之间的婚姻壁垒强度在受高等教育扩张影响的第四个出生世代中明显增强。在农村中，小学及以下与其他受教育程度之间的婚姻壁垒强度虽然不如城市中变化明显，但是也在第四个出生世代中达到了最高值。以上结果在一定程度上支持了本节所提出的两极化假设。

（四）教育资源排斥及其变迁趋势

　　以上分析虽然展示了各教育层级之间的婚姻壁垒强度及变迁趋势，但是却无法区分出择偶偏好上的教育资源排斥与配偶可获得性的影响。为此，本节使用迭代比例拟合法将夫妻双方受教育程度的边际分布控制在第一个出生世代，然后对第二至第四个出生世代中各受教育程度之间的婚姻壁垒强度进行反事实分析，结果如表4.1及图4.11至图4.13所示。

表4.1　　　　　　教育婚姻壁垒强度及其变迁反事实结果

	C1	C2	C3	C4
总体样本				
γ_{cf1}	1.510	1.338	1.353	1.556
γ_{cf2}	0.891	1.079	1.140	1.082
γ_{cf3}	0.818	0.971	1.007	0.992
城市样本				
γ_{cf1}	1.284	1.218	1.214	1.41
γ_{cf2}	0.75	0.803	0.864	0.908
γ_{cf3}	0.918	0.985	0.72	1.057
农村样本				
γ_{cf1}	1.716	1.468	1.531	1.637
γ_{cf2}	0.634	0.877	1.018	0.985
γ_{cf3}	0.672	0.842	0.946	0.940

　　由表4.1和图4.11可知，在控制了配偶可获得性的影响后，大学及以上与高中受教育程度之间的婚姻壁垒强度在前两个出生世代之间下降，在第三个出生世代中出现了微小的回升，在第四个出生世代中出现大幅提升，并达到峰值；高中与初中受教育程度之间的婚姻壁垒强度在前三个出生世代之间迅速上升，在第四个出生世代中下降；初中与小学及以下受教育程度之间的婚姻壁垒强度在前三个出生世代中上升，在第四个出生世代中基本保持稳定。

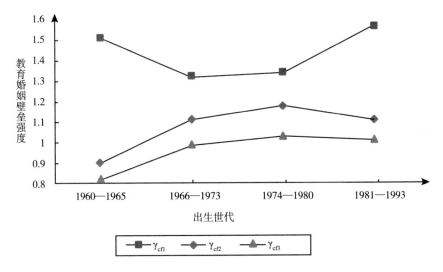

图4.11　教育婚姻壁垒强度反事实结果

　　图4.12和图4.13进一步展现了城市与农村中教育婚姻壁垒强度的反事实结果。就城市而言，在控制了配偶可获得性的影响后，大学及以上与高中受教育程度之间的婚姻壁垒强度在前三个出生世代中下降，在第四个出生世代中回升。高中与初中受教育程度之间的婚姻壁垒强度在四个出生世代中一直在缓慢提升。初中与小学及以下受教育程度之间的婚姻壁垒强度在前两个出生世代中提升，在第三个出生世代中下降，到了第四个出生世代迅速回升。就农村而言，大学及以上与高中受教育程度之间的婚姻壁垒在前两个出生世代中出现下降，随后开始回升。高中与初中受教育程度之间的婚姻

壁垒在前三个出生世代持续提升，在第四个出生世代中出现轻微下降。初中与小学及以下受教育程度之间的婚姻壁垒强度在前三个出生世代中增强，在第四个出生世代中保持稳定，处于最高水平。

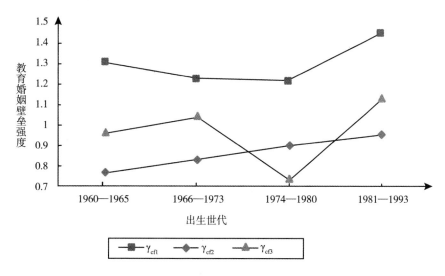

图4.12　城市教育婚姻壁垒强度反事实结果

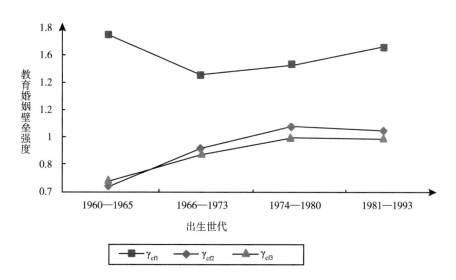

图4.13　农村教育婚姻壁垒强度反事实结果

如前所述，在控制了配偶可获得性的影响后，教育婚姻壁垒强度的变化主要依赖于教育资源排斥。因此，以上反事实结果表明，在高等教育扩张的影响下，大学及以上受教育程度者对其他受教育程度者在择偶偏好上的排斥大幅增强，同时城市中小学及以下受教育程度者与其他受教育程度者之间的教育资源排斥也同样提升。农村中小学及以下受教育程度者与初中受教育程度者之间的教育资源排斥虽然在第四个出生世代中的强度相比于第三个出生世代没有明显变化，但是，在四个出生世代中也基本处于最高水平。由此支持了本节提出的两极化假设。

四　小结

本节基于社会排斥的视角，在中国的背景下考察了自 20 世纪 60—90 年代初期四个主要出生世代中各教育层级之间通婚壁垒强度的变化，并通过对四个出生世代进行反事实分析，着重探究了高等教育扩张对教育资源排斥的影响。主要结论如下：

首先，描述性统计结果显示，随着时间的推移，小学及以下同类婚占所有类型教育同类婚的比例不断缩减，在出生于 1980 年后的出生世代中，已经成为占比最小的教育同类婚类型。相比之下，大学及以上同类婚的占比则不断增加。尤其是在城市中，大学及以上同类婚已经成了占据绝对主导地位的教育同类婚类型。即使在农村，大学及以上同类婚的占比在受高等教育扩张影响的 80—90 出生世代中，亦出现显著的提升。由此可以初步判定，中国社会中的教育同类婚分布正逐渐由低教育层次向高等教育层级转移。

其次，通过运用对数可积层面效应模型，本节发现无论是在农村还是城市，教育同类婚指数均呈现出上升的趋势。尤其就城市而言，在出生于 1980 年后的出生世代中，教育同类婚程度大幅增强。鉴于这一出生世代受高等教育扩张的影响，同时结合描述性统计分析的结果，可以认为这一时期教育同类婚程度的加深主要是由高等教育层次同类婚的增加所导致。

再次，运用跨越模型对不同受教育层级之间婚姻壁垒强度的分析结果进一步支持了上述结论。就总体而言，大学及以上受教育程度与其他受教育程度之间的婚姻壁垒强度在80—90出生世代中显著增强。分城乡来看，在城市中，除了高等受教育层级外，较低受教育层级同其他受教育层级之间的婚姻壁垒强度在80—90出生世代中同样显著提升。同样，在农村中，无论是高等受教育层级还是较低受教育层级，与其相邻受教育层级的婚姻壁垒强度在第四个出生世代中都达到了最高水平。由此便可能会导致教育同类婚在整体教育层级上的分布出现两极化的态势。

最后，通过运用迭代比例匹配方法对配偶可获得性进行控制，所得结论进一步支持了上述两极化的现象。在受高等教育扩张影响的80—90出生世代中，高等受教育层次和较低受教育层次与其他受教育层级之间的婚姻壁垒强度均显著增强，这一现象在城市中尤为明显。这意味着，教育资源排斥在高等教育扩张的背景下呈现出了两极化的趋势。

综上所述，本节的研究结论表明，在强烈的市场转型与急剧的高等教育扩张的影响下，中国社会中的教育择偶偏好并未如封闭弱化观所预测的那样，出现高等受教育层次同类偏好的减弱，进而导致教育同类婚程度的下降。相反，由于在市场转型的过程中，一方面受教育程度的社会经济价值不断增长；另一方面市场风险以及由此带来的社会生活的不确定性显著提升，使得高等受教育层次在择偶偏好上的对外排斥也即教育资源排斥不减反增。除此之外，高等教育扩张所带来的学历膨胀，使得受教育程度较低者的劳动力市场状况不断恶化，其相对的社会经济地位出现下降，在择偶偏好上受到来自其他受教育层级的排斥程度也相应增强。由此，在教育资源排斥机制的作用下，中国社会中教育同类婚的分布结构逐步呈现出两极化的趋势。

针对上述结论，本节拟作以下几点讨论。首先是教育婚姻匹配的变迁问题，目前许多研究主要从教育同类婚程度的变化来讨论教育婚姻匹配变迁的问题，然而，这一做法存在着许多缺陷。比如，教育同类婚程度更多地聚焦于各受教育层级内部的通婚多寡，这就容易忽视不同受教育层级之间的婚配关系。而本节所使用的社会排斥的分析框架则能在很大程度上避免上述两点不足。

其次是立足社会背景的问题。在分析高等教育扩张对教育婚姻匹配的影响时，不应仅局限于对二者关系的考察，而是要同时关注更大的社会背景。尤其是在中国，高等教育扩张与剧烈的市场转型相伴而行，由此可能使得教育婚姻匹配的变化与其他国家的结果相比有较大的差异。

最后是教育资源排斥与社会分层后果的问题。教育资源排斥的两极化趋势是值得警惕的，它可能导致教育同类婚在整体教育层级上出现两极分布，而本节的研究结果显示，这一现象已经出现在中国社会中。在受教育程度本身作为一种有价值的资源，且与收入等其他社会经济资源密切相关的条件下，教育同类婚的两极分布必然会导致全社会中的资源和机会占有在家庭层面出现两极分化，由此进一步加剧资源和机会占有的不平衡。

第二节　中国的教育婚姻市场排斥及变迁

在上一节中，本书考察了中国的高等教育扩张如何影响各受教育层级在择偶偏好上的对外排斥，进而影响了教育同类婚在整体受教育层级上的分布结构。但是纵观全篇，始终存在两个主要的前置条件：其一，教育是一种有价值的资源；其二，微观个体在择偶上的偏好，尤其是资源性的偏好决定了宏观社会整体的教育同类婚强度及其在受教育层级上的分布结构。这两项前置条件悬置了配偶的可获得性及其在高等教育扩张中的变化对于教育婚姻匹配的作用。但是正如前文所述，教育婚姻匹配模式是择偶偏好与配偶获得机会共同作用的结果。因此，配偶可获得性及其变化对于教育婚姻匹配的影响是不容忽视的。

决定配偶可获得性最主要的结构性因素便是婚姻市场。婚姻市场理论认为，婚姻匹配模式不仅受到某些个体性和群体性因素的影响，同时也有赖于一系列结构性的安排，包括人口结构、地理结构以及局部婚姻市场等。人口结构对婚姻匹配的影响主要取决于人口的规模和异质性。通常而言，人口的规模越大、异质性越高则同类婚程度越低（Blau & Schwartz，1984）；地理结构对婚姻匹配模式的影响主要体现为聚集在同一地理区域的群体一般会有较多的同质性婚姻，尤其当该区域在地理上的封闭度较高时更是如此。局部婚姻市场主要指的是一些规模相对较小，但是具有一定社会隔离性的场所，如学校、社区、公司、俱乐部等。

上述结构性因素对婚姻匹配的影响强度不尽相同，并且会随着社会的发展而变化。例如，上一节中提及的现代化理论便认为，由工业化与现代化的深入推进所带来的城市化、信息化、网络化以及发达的交通和通信技术，会打破地理上和内群体的限制，由此便极大削弱了地理结构对婚姻匹配的影响。相反，由于在现代社会中，个人生命历程中的大部分时间主要在学校和职场上度过，且受教育程度和职业成为个人社会经济潜力和实力的主要象征，加之女性在教育和劳动力市场上的参与率大幅提高，局部婚姻市场尤其是学校和工作场所成为影响婚姻匹配的主要结构性因素。

前文曾提及，学校之所以成为个人重要的婚姻市场主要有以下几点原因：首先，越来越多的人在学校度过了青少年时期。因为学生群体通常具有年龄上的近似性和性别上的异质性，所以学校成为个体构筑社会网络，特别是与异性建立社会联系的主要场所；其次，相同教育年级的学生一般会共同参与课堂学习、课外日常娱乐活动等，在社会交往的频繁度、连续度和亲密度等方面均较强，因此同学关系多属情感性较高的强关系；最后，许多人将完成学业作为开始择偶婚配的起点，而在校期间所建立的以同学为主要成员的社会网络，以及同学自身所拥有的社会网络往往是个人主要的婚配对象来源。通常而言，完成学业与结婚的时间间隔越短，同学及由其延伸而出的社会网络在个人择偶上的重要性越高。

学校等教育机构所具有的婚姻市场功能会增加教育同类婚，然而这一影响在不同的教育层级上存在强度差异。一般而言，教育等级越高，学校等作为婚姻市场对教育婚姻匹配的影响越大。尤其对于高等教育层级而言，一方面，在校学生多处于适婚年龄，因而于这一阶段形成的恋爱关系在毕业后更可能发展为婚姻关系；另一方面，大学毕业生的离校时间与结婚时间一般相隔较近，因此，在择偶上更依赖于在校期间建立的社会关系网络。

根据上述逻辑，有学者指出，高等教育扩张会增加高等教育层级的人数并促进性别分布的平衡，由此使得学校作为婚姻市场在高等教育层级的影响范围进一步扩大，最终导致教育同类婚程度的加深并促使其分布向高等教育层级集聚。但是，另有学者从性别区分、教育婚姻市场的开放程度、择偶竞争等角度提出了不同的观点。而这些观点上的差别主要源于研究者所分析的国家和地区在性别文化传统、社会结构形态等方面存在较大的差异。

基于以上讨论，本节将以中国社会为对象，分析学校作为婚姻市场如何作用于教育婚姻匹配，并深入探究该影响效果在高等教育扩张过程中的变化。相比于个人的择偶偏好，学校作为一种客观的婚姻市场结构对高等教育扩张的反应可能更加敏感，加之中国的高等教育扩张不仅规模宏大而且如阪上走丸，进展迅猛，使得我们可以在相对较短的时期内检验其对学校等婚姻市场结构（为论述方便，下文将以学校为代表的婚姻市场简称为教育婚姻市场）的影响，以及由此所带来的教育婚姻匹配模式的变化。

一 研究假设：更同质还是更异质

如上所述，已有研究在关于高等教育扩张如何作用于教育婚姻市场结构，进而影响教育婚姻匹配等问题上仍存在争议。

（一）择偶网络同质观

许多学者认为，随着高等教育的扩张，教育同类婚程度会增强，其在教育层级上的分布会向高等教育层级集聚。之所以如此，有以下几个原因：其一，高等教育扩张一方面使得受过高等教育的人数大幅增加，另一方面促进了性别分布上的平衡，从而扩充了该受教育程度群体在本教育层级内部所拥有的社会网络规模尤其是异性网络成员的数量，由此便增加了高等受教育程度者在相同教育层级择偶婚配的机会；其二，由于年龄的原因，大学生毕业后往往直面婚配的压力，因此其离校与最终结婚之间的时间间隔通常较短，在此条件下，在校期间业已建立的同学关系网及其衍生网络便成为其主要的择偶场域（Blossfeld & Timm，2003）。

总之，在高等教育扩张的背景下，受学校婚姻市场的影响，高等受教育程度者的择偶网络会愈发具有同质性，由此便会导致教育同类婚的增强。

（二）择偶网络异质观

然而，另有学者却提出了与上述同质观相反的观点。他们认为，假定个人只在同等受教育层级上的社会网络中择偶是不符合现实的。事实上，个体的受教育程度越高，表明其所经历的教育层级越多，而在每一个教育层级上都会有相对应的社会关系网络。这些业已建立起来的社会网络并不会因教育分流而消失。所以，对于高等受教育程度者而言，其所拥有的择偶社会网络不但更具规模，而且异质性也更强。由此，在不考虑特定择偶偏好的情况下，个人的受教育程度较高，则越有可能在婚配模式上形成教育异类婚。

此外，高等教育扩张确实使得更多的人推迟了进入劳动力市场和结婚的时间，导致他们更加依赖于在学校中建立的社会网络择偶，但是这不会必然增强教育同类婚的程度。如果一个社会中的职业地位与受教育程度紧密相连，并且职场比学校的封闭性和结构化更强，则意味着依靠职场上的社会网络而结成的婚姻要比依赖学校的社会网络而结成的婚姻具有更高的教育同质性。多米尼克·古（Dominique Goux）与埃里克·莫兰（Eric Maurin）对法国教育婚姻匹配的研究支持了这一观点（Blossfeld & Timm，2003：57-78）。

总之，尽管高等教育扩张使得更多的人在择偶上更加依赖学校婚姻市场，但是，一方面，个人的受教育程度越高则学校择偶网络越具有异质性；另一方面，学校社会网络较之职场社会网络可能也更具有异质性。由此，高等教育扩张将降低教育同类婚并削弱其在高等教育层级的集聚。

除了异质观，还有部分学者从其他视角切入，论证了高等教育扩张下的学校婚姻市场不会必然提高教育同类婚程度。例如，有学者参照代际社会流动研究，指出在分析高等教育扩张对教育婚姻匹配的影响时，应区分出由受教育程度分布结构变动所导致的变化（绝对的变化）和由匹配规则及机会的改变所导致的变化（相对的变化）。而婚姻匹配的规则始终是社会经济资源偏好和理性选择，在此支配下，婚姻市场上的男女（主要是男性）对受教育程度较高的婚配对象展开竞争，这一规则在高等教育扩张中并未发生变化。此外，对于高等教育层级的男性而言，高等教育扩张尽管会增加同一层级中的女性人数，但是，作为同类竞争者的男性人数也会增长，因此在相对的婚配机会上并没有增多。

另有一些研究从性别差异的角度出发指出，虽然高等教育扩张会使得更多人的离校与结婚的时间间隔进一步缩短，从而迫使他们以在校建立的同学社会网络及其衍生网络为主进行择偶，但是，这一情形更多地适用于女性。对于男性而言，一方面，他们尽管在毕业后已步入适婚年龄，但是，所面临的婚姻压力要比女性小；另一方面，虽然个人的受教育程度在很大程度上象征了其所具有的社会经济地位潜力，但是，这对于男性而言是不足够的，尤其是在高等教育扩张导致高等受教育程度相对贬值的背景下更是如此。由于男性主要在家庭中承担"养家糊口"的角色，因此，一般只有在劳动力市场上有所成就之后，才能彰显其真正的社会经济实力。但是，由于男性的社会网络在这一阶段大多已由学校转移至职场，而职场上的教育同质性较之学校较弱，所以此时的婚配多为教育异类婚。

择偶网络同质观下的研究较为充分地探究了学校等教育机构作为一种婚姻市场对个人婚姻匹配的作用，并据其逻辑论证了教育扩张对社会整体教育婚姻匹配的影响。虽然遭致了许多诟病，但不可否认的是，与其向左的诸多观点均是在其基础上，通过强调性别、劳动力市场等因素在不同国家和地区的特殊性与变异性而对其进行修正或重构的。尽管如此，由于同质观下的研究主要将其关注点置于高等受教育层次，而没有对各受教育层级在教育婚姻市场影响下的关系模式进行讨论，导致了其在理论建构上的不完善，从而受到高等受教育程度者的学校择偶网络更具异质性、不同受教育程度者在同一个场域中竞争等观点的质疑。

（三）市场转型、高等教育扩张背景下的教育婚姻市场排斥

就中国社会而言，在市场转型和高等教育扩张的背景下，学校等作为教育婚姻市场会如何影响教育婚姻匹配呢？基于对上述同质性假设和异质性假设等相关研究的讨论，本节一方面从社会排斥的视角出发，提出婚姻市场排斥的观点，讨论不同受教育层级在婚姻市场影响下的关系；另一方面，基于中国社会的特殊性，分性别、城乡对上述几种理论观点进行检验。

本节所谓的教育婚姻市场排斥观是在择偶网络同质观的基础上提出的，同样认为，在现代社会中，学校由于是个体在少年、青年时期构筑社会网络，尤其是与异性建立社会关系的主要场域，因此成为一类重要的婚姻市场。但是，本节强调，教育婚姻市场对于个人婚姻匹配的影响依赖于学校社会网络的异质性和关系强度，此二者在很大程度上决定了各层级教育婚姻市场的对外排斥。就学校网络的异质性而言，教育系统具有高度的删选性和分割性，在每一受教育层级中，总有一部分人在进入下一教育层级前被淘汰（或主动放弃）。这部分人由于离开了教育体系，从而很难在接下来的教育层级中建立起有效的社会网络，也即在其所能拥有的学校社会网络中，很难或仅有少量受教育程度更高的成员，因而在很大程度上被排

斥在更高受教育程度者的婚姻市场之外。

按照上述逻辑，便会出现受教育程度越高者所拥有的学校社会网络越具异质性，然而这并不意味着他们在婚姻匹配上会有更多的异类婚，在此便涉及本节所强调的社会关系的强度问题。以高等受教育程度者为例，虽然在其学校社会网络中包含了初中、高中、大学等各个受教育阶段的成员，但是他们与不同受教育阶段成员之间的关系强度迥然相异，由此导致各类社会关系在人们择偶婚配上的重要性存在较大差异。一般而言，个体离开某一受教育层级的时间越长，与该受教育层级网络成员的交往频率、连续度以及亲密度越低，社会关系强度越弱，在择偶上对该受教育层级网络的依赖性越小。因此，在不考虑择偶偏好的情况下，尽管受教育程度较高者具有异质性较强的学校社会网络，但是，他们仍可能主要依托于关系强度相对更高的同等级受教育层次内的社会网络进行择偶，而位于关系强度较弱的低受教育层级社会网络中的成员，则在很大程度上被排斥在了高等受教育程度者的婚姻市场之外。

综上所述，在教育婚姻市场排斥的影响下，各受教育程度者所处的婚姻市场如同劳动力市场一样，存在着一定的分割性。因此，教育婚姻匹配过程可能并非如择偶竞争论所言，即不同受教育程度者均在同一个婚姻市场中展开竞争，也并不像学校职场比较论所说，受教育程度较高者因具有异质性较强的学校社会网络而更可能形成教育异类婚。如同上一节主要探讨的教育资源排斥一样，教育婚姻市场排斥也可能会使得不同受教育层级之间构筑起婚姻壁垒，从而导致各受教育程度者倾向于选择具有相同受教育水平的对象成婚。

与教育资源排斥类似，不同受教育程度者由于在择偶上对学校社会网络的依赖性不同，从而使得各受教育层级之间因学校婚姻市场排斥而形成的婚姻壁垒在强度上存在较大差异。影响个体在择偶上对学校社会网络依赖程度的主要因素有二：

其一便是教育婚姻市场理论所强调的离校与结婚之间的时间间隔。当这一时间间隔较小时，个体一方面与学校社会网络中的成员

（尤其是位于同等受教育层级的成员）之间的关系强度依然较高，另一方面尚未在劳动力市场中建立起有效的职业社会网络，由此使其主要依赖于学校社会网络进行择偶。反之，如果离校与结婚的时间间隔较长，学校社会网络中诸多关系的强度会显著下降，同时个体在校外亦会建立起新的、强度较高的关系网络，从而使得学校社会网络在个体择偶上的重要性大幅降低。

按照上述逻辑，我们可以进行如下推论。首先，就不同受教育程度的群体而言，受教育程度越低者，越早地离开学校进入劳动力市场，与结婚的时间间隔越长，在择偶上对学校社会网络的依赖较弱，形成教育同类婚的概率便相对较低。相反，高等受教育程度者毕业后便达到了适婚年龄，因此其离校与结婚之间的时间间隔相对较小，在择偶上对学校社会网络的依赖性较强，形成教育同类婚的概率相对较大。其次，对于某一受教育群体而言，结婚时间距离离校时间越近，则对学校社会网络的依赖性越大，形成教育同类婚的概率越高。反之，结婚时间距离离校时间越远，对职场等其他校外社会网络的依赖越大，而对学校社会网络的依赖较小，教育同类婚的概率越低。鉴于多数人尤其是受教育程度较低者不会在离校后马上结婚，因此教育同类婚概率应该随个体年龄的增长呈现出倒 U 形的变化。最后，综合前两点，高等受教育程度者的在校时间较长，因此在结婚时间上相比于受教育程度较低者更晚，但是由于其在择偶上对学校社会网络的依赖较大，因而其教育同类婚概率会在较短的时间内超越其他受教育程度者，并达到顶峰，也即存在着赶超效应。由此，可以提出下述假设：

假设 4.2：在校时间越长，教育同类婚的概率越高。

假设 4.3：受教育程度越高，教育同类婚的概率越高。

假设 4.4：离校与结婚之间的时间间隔与教育同类婚概率呈现倒 U 形变化。

假设 4.5：高等受教育程度者在教育同类婚概率上存在赶超效应。

除了不同受教育层级之间的差别外，某一受教育层级对学校社会网络的依赖性在不同时期也存在较大的差异，由此使其所受教育婚姻市场排斥的约束程度不同，进而影响其与其他受教育层级之间的婚姻壁垒强度。在此便涉及了影响个体在择偶上对学校社会网络依赖程度的第二大因素。

其二是个人所属受教育层级的人数规模特别是性别分布结构。举例来说，如果接受高等教育的女性人数较少，便意味着位于该教育层级的男性在校所建立的社会网络中缺少女性成员，从而导致这一学校社会网络在择偶上所能发挥的作用极为有限，由此便大幅削弱了学校作为婚姻市场的重要性。

如前所述，影响高等受教育层级人数规模及性别分布结构的重要因素之一便是高等教育扩张。在具体分析中国的高等教育扩张如何作用于教育婚姻市场排斥，进而影响教育婚姻匹配之前，有必要再次强调中国高等教育扩张过程的特征。其一，如第一章中提及，中国的高等教育扩张极大扩充了高等受教育群体尤其是女性高等受教育群体的规模，从而不但增加了这一受教育层级的整体人数，而且促进了性别分布结构的平衡。其二，中国的高等教育扩张依托于市场转型过程展开，在此背景下，高等受教育程度所蕴含的社会经济价值并未因高等教育扩张而出现贬值。

鉴于上述两点特征，首先，高等受教育层级人数的增加以及性别分布的平衡，会加深高等受教育程度者在择偶上对这一层次学校社会网络的依赖，提高该受教育层级的教育婚姻市场排斥性，进而增强该层级与其他受教育层级之间的婚姻壁垒强度。其次，女性在高等教育扩张过程中相对获益更多，意味着在教育婚姻市场排斥的作用下，即使在相对机会层面，高等教育同类婚的形成概率亦是不断增长的。并且，由于配偶可获得性的提高，高等受教育同类婚的增长在男性群体中会有更显著的表现。最后，受教育程度在高等教育扩张后仍是个体社会经济地位的重要表征，意味着男性并不需要在劳动力市场上功成名就之后才能进入婚姻，因而学校社会网络仍在其择偶上扮演重要的角色。由此，可以提出以下假设：

假设4.6：在高等教育扩张的影响下，受教育程度越高，则形成教育同类婚的概率越大。

假设4.7：高等教育扩张对高等教育同类婚形成的促进作用在男性群体中更为显著。

二　变量与模型

（一）变量

本节所使用的数据来源于中国家庭追踪调查（China Family Panel Studies，简称CFPS）。根据研究需求，本节仅选用了横截面的样本，包括2010年的基线调查样本，以及2012年与2014年的新增调查样本。这些年份的数据均包含受访者的最高受教育程度、配偶最高受教育程度、各受教育阶段开始或结束的时间、婚姻状态、初婚时间等对于本书至关重要的信息。经变量处理后，共获得38467位受访者，构成了本节的原始分析样本。

在变量方面，本节的因变量为受访者是否与其配偶具有相同的受教育程度，即二者是否是教育同类婚。该变量为二分变量，0表示"否"，1表示"是"。其中，受访者与其配偶的受教育程度均分为"小学及以下""初中""高中""大学及以上"四个等级。

本节所使用的自变量和控制变量可以根据是否随时间而变分为时变变量和非时变变量两部分。时变变量包括受访者的年龄、受教育程度、在校时长、是否离校、离校时长。其中，年龄为每一时段减去受访者出生年份的差值，在校时间将受访者15岁的年份设为0起点，之后每在学校中度过一年，该变量便增加1，直至受访者离开学校后，该变量重新返回0值。是否离校为二分变量，0为"在校"，1为"离校"，以在校为参照。为了更为细致地分析受访者离开学校的时长与教育同类婚之间的关系，以及进一步考察高等受教育程度者的赶超效应，本节进一步将是否离校细化为离校时长变量，"尚未离校"为0，"离校1—2年"为1，"3—4年"为2，"5—6

年"为 3,"7—8 年"为 4,"9—10 年"为 5,"11—12 年"为 6,
"12 年以上"为 7。非时变变量包括受访者性别,"男性"为 1,"女
性"为 2;户口状况,1 为"农业户口",2 为"城市户口"。[①] 出生
世代变量的划分与上一节类似,本节以 1966—1973 年出生世代为起
点,这一出生世代的初高中和大学入学均不受"文化大革命"的影
响;第二个出生世代为 1974—1980 年,这一出生世代在义务教育法
颁布时进入初中。与上一节不同的是,由于本节所使用的数据在
1980 后出生世代中拥有相对较大的样本量,因此将这个出生世代一
分为二,第三个出生世代为 1981—1987 年,第四个出生世代为
1988—1998 年,这两个出生世代受到高等教育扩张的影响。

(二) 模型

本节不但关注个体是否进入了教育同类婚,而且关注婚姻发生
的时间,因此在分析方法上选择了事件史分析。针对已婚的受访者,
本节将其生存时间设定为 15 岁至结婚时;对于未婚的受访者,将其
60 岁或至调查年份设定为删失。

三　研究结果

本节认为,学校在现代社会中作为一类重要的婚姻市场,由其
所导致的教育婚姻市场排斥,使得各受教育程度者位处不同的且相
对分割的婚姻市场中,不同教育层级之间因此而形成婚姻壁垒。教
育婚姻市场排斥对于不同受教育程度者,以及同一受教育程度者在
不同时期内的影响程度是不同的。在高等教育扩张的过程中,较高
教育层级的婚姻市场排斥会逐步增强,教育同类婚的概率不断提升。

(一) 学校作为婚姻市场

在对研究假设进行检验之前,本节首先借助描述性分析来展现

---

①　鉴于许多人在结婚之前可能出现户口类型的转换,因此户口状况本应是时变
变量,但是基于所分析的数据,我们无法得知具体的户口转换的信息,所以只能将目
前的户口状况视为非时变变量。

学校作为婚姻市场的作用。在 CFPS 的问卷中，详细询问了受访者结识配偶的方式，包括学校中结识、工作场所中结识、亲戚介绍、朋友介绍、通过婚姻介绍所结识、在居住地自己结识、在外地自己结识、互联网上结识、父母包办、其他方式结识共 10 个选项，本节通过计算不同出生世代中经由学校结识配偶占所有方式的比例，来考察学校作为婚姻市场的重要性的变化，结果如图 4.14 所示。

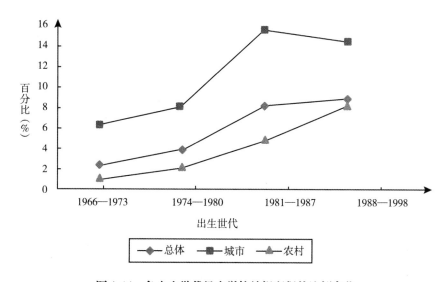

图4.14　各出生世代经由学校结识配偶的比例变化

由图 4.14 可知，就总体而言，在第一个出生世代中通过学校结识配偶的人数占总人数的比例仅为2%左右，在第二个出生世代中这一比例上升至4%左右，然而在受高等教育扩张影响的后两个出生世代中，这一比例迅速增加到了8%和9%左右。在城市中，通过学校结识配偶的比例也由前两个出生世代中的6%、8%，到受高等教育扩张影响的两个出生世代中大幅上升至14%左右。同样，在农村中，这一比例也由前两个出生世代的1%、2%，急剧增长至8%左右。由此，我们可以初步判断，在高等教育扩张影响下，学校作为婚姻市场的作用越来越强。

图 4.15 展示了各教育层级经由学校结识配偶的人数占所有方式

总人数比例的变化。由图可知，从纵向来看，在所有的出生世代中，均是受教育等级越高，经由学校结识配偶所占的比例越大，符合教育婚姻市场理论的观点。从横向来看，在高等受教育程度者中，经由学校结识配偶所占的比例于受高等教育扩张影响的两个出生世代中迅速上升，该现象同样可见于高中受教育程度者中。相比之下，在初中和小学及以下受教育程度者中，经由学校结识配偶所占的比例于受高等教育扩张影响的两个出生世代中则无大幅度的变化。这一结果表明，在高等教育扩张的过程中，较高受教育程度者受婚姻市场排斥的影响更强，初步支持了本节的假设。

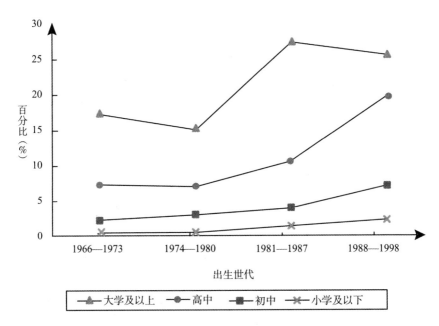

图4.15　各受教育层级经由学校结识配偶比例的变化

（二）高等教育扩张下的婚姻市场排斥与婚姻匹配

在这一部分中，本节根据事件史分析的结果分性别、城乡讨论学校作为婚姻市场如何影响教育婚姻匹配，以及这一影响在高等教育扩张的过程中有何变化。

表4.2　　　　　　　　城市男性教育同类婚估计

变量	模型1.1	模型1.2	模型1.3	模型1.4	模型1.5
年龄	1.301 *	1.138 *	1.317 *	1.370 *	1.176 *
	(0.715)	(0.694)	(0.728)	(0.722)	(0.678)
年龄平方/100	-2.789 *	-2.297 *	-2.800	-2.950 **	-2.394 *
	(1.465)	(1.397)	(1.479)	(1.470)	(1.386)
受教育程度	-4.682	-4.554	-4.144	-3.833	-3.600
	(3.018)	(3.031)	(3.097)	(3.040)	(3.049)
在校时长	0.220 ***	0.207 ***	0.222 ***	0.220 ***	0.210 ***
	(0.058)	(0.060)	(0.059)	(0.059)	(0.061)
是否离校（参照：在校）	3.440 ***	—	3.451 ***	3.422 ***	—
	(0.579)		(0.584)	(0.588)	
离校时长（参照：在校）					
1—2 年	—	3.318 ***	—	—	3.274 ***
		(0.576)			(0.586)
3—4 年	—	3.353 ***	—	—	3.360 ***
		(0.585)			(0.594)
5—6 年	—	3.421 ***	—	—	3.456 ***
		(0.612)			(0.619)
7—8 年	—	3.344 ***	—	—	3.386 ***
		(0.640)			(0.647)
9—10 年	—	3.309 ***	—	—	3.354 ***
		(0.686)			(0.691)
>11 年	—	2.891 ***	—	—	2.886 ***
		(0.803)			(0.808)
年龄#受教育程度	0.278	0.283	0.239	0.195	0.192
	(0.243)	(0.240)	(0.249)	(0.244)	(0.241)
年龄平方#受教育程度	-0.351	-0.399	-0.280	-0.180	-0.220
	(0.486)	(0.397)	(0.495)	(0.487)	(0.470)
出生世代（参照：1966—1973）					
1974—1980	—	—	0.271	-0.250	-0.497
			(0.248)	(0.450)	(0.462)

续表

变量	模型 1.1	模型 1.2	模型 1.3	模型 1.4	模型 1.5
1981—1987	—	—	0.178 (0.408)	-0.743 (0.667)	-1.112 (0.704)
1988—1998	—	—	-0.987 (0.865)	-1.410 (1.311)	-1.782 (1.323)
受教育程度#出生世代					
#1974—1980	—	—	—	0.178 (0.142)	0.242 (0.149)
#1981—1987	—	—	—	0.314 * (0.165)	0.408 ** (0.179)
#1988—1998	—	—	—	3.154 *** (1.172)	3.250 *** (1.176)
常数项	-23.067	-21.762	-23.448	-23.670	-21.823
Wald χ^2	459.96	495.04	446.32	437.44	475.90
Pseudo R^2	0.201	0.205	0.202	0.206	0.211
Number of obs	21554	21306	21554	21544	21306

注：（ ）内为标准误，* p<0.1，** p<0.05，*** p<0.01。#表示两个变量之间的交互。

由表4.2中的模型1.1可知，年龄、在校时长和是否离校通过了显著性检验。具体而言，教育同类婚的概率随年龄的增长呈现倒U形变化。在校时长对教育同类婚具有正影响，在校时间越长，越可能形成教育同类婚，结果支持了本节的假设4.2。是否离校对教育同类婚具有止影响，相比于在校，离校后更可能形成教育同类婚。吊诡的是，受教育程度并未通过显著性检验，这可能是因为在中国尤其是较早的出生世代中，低受教育层级的同类婚较多，也可能是因为受教育程度和其他变量如在校时长存在比较强的共线性。

图4.16是根据模型1.1的估计结果所绘制，从中可以看出更多的信息。如图所示，纵向来看，受教育程度越高，形成教育同类婚的可能性越大，这一结果与本节的假设4.3相符。横向来看，各受教育层级的同类婚受学校的影响十分明显。首先，受教育程度较低

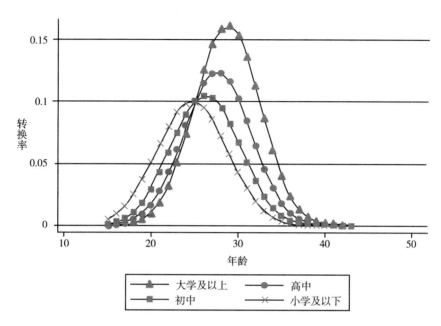

图4.16　城市各受教育程度男性教育同类婚转换率

者由于离校时间较早，因而会更快地进入婚姻。其次，虽然图4.16的横坐标为年龄，但基本可以判断，各受教育程度者的同类婚概率随离校时间的延长呈现倒 U 形变化，初步支持了本节的假设4.4。最后，虽然高等受教育程度者进入婚姻较晚，但是相比于其他受教育层级会更快地到达同类婚转换率的顶峰，存在一定的赶超效应，支持了本节的假设4.5。

　　模型1.2将是否离校变量细化为离校时长，更为直接地检验了离校时间对于教育同类婚概率的影响。由系数的大小可知，个体形成教育同类婚的可能性在离校后的1—6年中持续提升，在6年之后不断下降，进一步支持了本节的假设4.5。

　　模型1.3中加入了出生世代变量，但是其结果并不显著。这意味着各出生世代中的教育同类婚形成概率并无显著差别，然而在不同的出生世代，各受教育层级中的教育同类婚形成概率可能是不同的。模型1.4与1.5中加入了受教育程度与出生世代之间的交互项，由结果可知，在受高等教育扩张影响的两个出生世代中，受教育程度越高，形成教育同类婚的可能性显著更高，支持了本节的假设4.6。

表4.3展示了城市女性样本中的模型估计结果。由模型2.1可知，年龄、在校时长、是否离校通过了显著性检验。因此，与男性类似，城市女性形成教育同类婚的概率随着年龄的增长呈现倒U形趋势变化。在校时间越长，城市女性进入教育同类婚的概率越大。相比于在校，离校后形成教育同类婚的可能性更高。同样，受教育程度并不显著。

表4.3   城市女性教育同类婚估计

变量	模型2.1	模型2.2	模型2.3	模型2.4	模型2.5
年龄	1.685 ***	1.373 ***	1.693 ***	1.472 **	1.150 **
	(0.598)	(0.526)	(0.609)	(0.638)	(0.550)
年龄平方/100	−3.580 ***	−2.671 ***	−3.618 ***	−3.071 **	−2.200 *
	(1.331)	(1.172)	(1.360)	(1.423)	(1.237)
受教育程度	−0.944	−1.525	−1.322	−2.321 **	−3.263
	(2.485)	(2.210)	(2.587)	(2.763)	(2.343)
在校时长	0.249 ***	0.251 ***	0.247 ***	0.250 ***	0.252 ***
	(0.059)	(0.065)	(0.058)	(0.056)	(0.062)
是否离校（参照：在校）	3.333 ***	—	3.320 ***	3.353 ***	—
	(0.508)		(0.502)	(0.489)	
离校时长（参照：在校）					
1—2年	—	3.121 ***	—	—	3.160 ***
		(0.535)			(0.517)
3—4年	—	3.570 ***	—	—	3.566 ***
		(0.556)			(0.537)
5—6年	—	3.800 ***	—	—	3.790 ***
		(0.576)			(0.555)
7—8年	—	3.268 ***	—	—	3.269 ***
		(0.610)			(0.585)

续表

变量	模型2.1	模型2.2	模型2.3	模型2.4	模型2.5
9—10年	—	2.727***	—	—	2.771***
		(0.678)			(0.652)
>11年	—	3.165***	—	—	3.282***
		(0.792)			(0.768)
年龄#受教育程度	0.014	0.102	0.043	0.152	0.261
	(0.214)	(0.187)	(0.222)	(0.237)	(0.201)
年龄平方#受教育程度	0.115	−0.154	0.065	−0.183	−0.479
	(0.457)	(0.403)	(0.474)	(0.506)	(0.431)
出生世代（参照：1966—1973）					
1974—1980	—	—	−0.007	0.180	0.134
			(0.235)	(0.412)	(0.442)
1981—1987	—	—	−0.141	1.475**	1.316**
			(0.397)	(0.601)	(0.613)
1988—1998	—	—	0.246	1.831	1.384
			(0.586)	(1.146)	(1.140)
受教育程度#出生世代					
#1974—1980	—	—	—	−0.036	−0.033
				(0.137)	(0.157)
#1981—1987	—	—	—	−0.508***	−0.470***
				(0.153)	(0.160)
#1988—1998	—	—	—	−0.562	−0.395
				(0.363)	(0.368)
常数项	−25.764	−23.728	−25.777	−24.034	−21.550
Wald χ^2	408.90	450.75	419.26	450.92	478.47
Pseudo R^2	0.196	0.208	0.197	0.201	0.212
Number of obs	17243	17097	17243	17243	17097

注：（　）内为标准误，* $p<0.1$，** $p<0.05$，*** $p<0.01$。#表示两个变量之间的交互。

　　图4.17是依据模型2.1的估计结果所绘制。如图所示，与图4.16城市男性结果类似，从纵向来看，受教育程度越高，形成教育

同类婚的可能性越大。从横向来看，受教育程度越低者越早进入婚姻，教育同类婚转换率随离校时间的延长呈现倒 U 形变化，高等受教育群体在教育同类婚上存在着一定的赶超效应。与男性不同的是，首先女性整体进入婚姻较早，其次教育同类婚的转换率更高，在较低受教育层级中尤为如此。

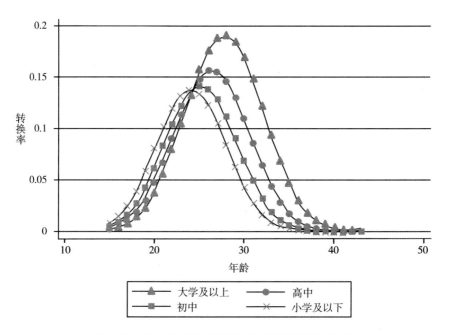

图 4.17 城市各受教育程度女性教育同类婚转换率

　　模型 2.2 的估计结果显示，与男性类似，女性的教育同类婚转换率在离校后 1—6 年中迅速上升，在 7—11 年不断下降。出人意料的是，当离校时间大于 11 年时，教育同类婚转换率再次增长。模型 2.3 中加入了出生世代变量，结果并不显著。模型 2.4 与 2.5 中加入了受教育程度与出生世代的交互项，结果与城市男性截然不同。相比于第一个出生世代，在受高等教育扩张影响的第三个出生世代中，城市女性的受教育程度越高，教育同类婚的转换率反而更低。结果支持了本节的假设 4.7。

　　表4.4展示了农村男性样本的模型估计结果。由表可知，年龄、受教育程度、在校时长、是否在校，以及年龄与受教育程度的交互项均通过了显著性检验。具体而言，农村男性进入教育同类婚的转换率随年龄的增长呈现倒U形趋势变化。在校时间越长，教育同类婚的转换率越高。与在校相比，离校后进入教育同类婚的可能性更大。就受教育程度而言，通过对其进行偏导数计算可知，受教育程度越高，进入教育同类婚的可能性越低。

表4.4 　　　　　　　　　　　　**农村男性教育同类婚估计**

变量	模型 3.1	模型 3.2	模型 3.3	模型 3.4	模型 3.5
年龄	1.346 ***	1.635 ***	1.325 ***	1.340 ***	1.703 ***
	(0.267)	(0.299)	(0.267)	(0.268)	(0.300)
年龄平方/100	− 2.691 ***	− 3.043 ***	− 2.620 ***	− 2.649 ***	− 3.152 ***
	(0.585)	(0.626)	(0.583)	(0.586)	(0.626)
受教育程度	− 5.511 ***	− 1.186	− 5.685 ***	− 5.652 ***	− 0.856
	(1.875)	(1.990)	(1.893)	(1.902)	(2.007)
在校时长	0.350 **	0.369 *	0.353 *	0.354 *	0.376 *
	(0.187)	(0.192)	(0.185)	(0.194)	(0.201)
是否离校（参照：在校）	4.889 ***	—	4.910 ***	4.962 ***	—
	(1.442)		(1.430)	(1.490)	
离校时长（参照：在校）					
1—2 年	—	4.657 ***	—	—	4.731 ***
		(1.460)			(1.525)
3—4 年	—	4.954 ***	—	—	5.073 ***
		(1.465)			(1.531)
5—6 年	—	5.199 ***	—	—	5.321 ***
		(1.472)			(1.538)
7—8 年	—	5.154 ***	—	—	5.259 ***
		(1.480)			(1.545)
9—10 年	—	5.040 ***	—	—	5.123 ***
		(1.490)			(1.554)

续表

变量	模型 3.1	模型 3.2	模型 3.3	模型 3.4	模型 3.5
>11 年	—	4.380 ***	—	—	4.428 ***
		(1.505)			(1.569)
年龄#受教育程度	0.401 **	0.069	0.414 **	0.396 **	0.019
	(0.166)	(0.174)	(0.167)	(0.168)	(0.175)
年龄平方#受教育程度	−0.759 **	−0.153	−0.781 **	−0.742 **	−0.043
	(0.363)	(0.374)	(0.365)	(0.367)	(0.375)
出生世代（参照：1966—1973）					
1974—1980	—	—	0.002	−0.395 *	−0.439 **
			(0.130)	(0.204)	(0.220)
1981—1987	—	—	0.240	−0.131	−0.319
			(0.227)	(0.284)	(0.304)
1988—1998	—	—	0.382	−0.050	−0.192
			(0.328)	(0.463)	(0.491)
受教育程度#出生世代					
#1974—1980	—	—	—	0.275 **	0.272 **
				(0.108)	(0.119)
#1981—1987	—	—	—	0.259 **	0.339 ***
				(0.165)	(0.117)
#1988—1998	—	—	—	0.295 *	0.363 **
				(0.175)	(0.193)
常数项	−24.181	−28.745	−24.432	−24.480	−29.869
Wald χ^2	1075.73	993.37	1104.71	1114.86	1019.65
Pseudo R^2	0.155	0.158	0.155	0.156	0.159
Number of obs	49747	48569	49747	49747	48569

注：（ ）内为标准误，* $p<0.1$，** $p<0.05$，*** $p<0.01$。#表示两个变量之间的交互。

　　图4.18 由表4.4 中模型3.1 的估计结果绘制而成。从纵向来看，与城市男性相反，对于农村男性而言，受教育程度越低，教育同类婚的转换率越高；从横向来看，受教育程度较低者由于离校较早而较快进入婚姻，且各受教育程度者进入教育同类婚的可能性均

随离校时间的延长呈现倒 U 形的趋势变化，由此可以看出学校作为婚姻市场的影响。但是，在农村男性中，高等受教育程度者并不存在赶超效应。

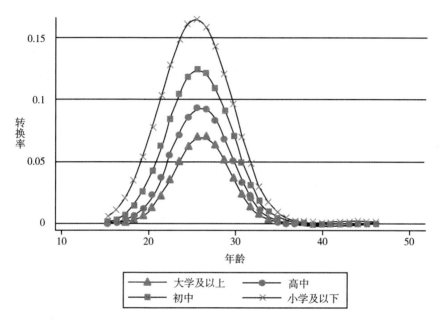

图4.18　农村各受教育程度男性教育同类婚转换率

　　模型 3.2 进一步表明，教育同类婚转换率随离校时长的增加呈现倒 U 形趋势变化。在个体离校的 1—6 年间，进入教育同类婚的可能性不断增加。离校 6 年后，形成教育同类婚的概率持续下降。模型 3.3 中加入了出生世代变量，结果并不显著。模型 3.4 与模型 3.5 中加入了受教育程度与出生世代的交互项，结果显示与第一个出生世代相比，在其余三个出生世代中，受教育程度越高，形成教育同类婚的可能性越大。尤其是在受高等教育扩张影响的第三个和第四个出生世代中，这一现象更为明显。

　　表4.5 展示了农村女性样本的模型结果。同样，教育同类婚转换率随年龄的增长呈现倒 U 形趋势变化；在校时长与是否离校都对教育同类婚的转换具有显著的正向影响。与农村男性相同，农村中

女性的受教育程度对教育同类婚形成具有显著的负面作用，即受教育程度越高，形成教育同类婚的概率反而越低。

表 4.5　　　　　　　　　　农村女性教育同类婚估计

变量	模型 4.1	模型 4.2	模型 4.3	模型 4.4	模型 4.5
年龄	0.989***	1.064***	0.964***	0.927**	1.021***
	(0.321)	(0.333)	(0.318)	(0.326)	(0.340)
年龄平方/100	−2.068***	−2.032***	−1.929***	−1.846**	−1.870**
	(0.759)	(0.785)	(0.752)	(0.769)	(0.798)
受教育程度	−7.484***	−4.369*	−8.120***	−8.278***	−5.204**
	(2.099)	(2.076)	(2.138)	(2.192)	(2.198)
在校时长	0.262*	0.272***	0.276*	0.283**	0.290**
	(0.146)	(0.146)	(1.456)	(0.145)	(0.146)
是否离校（参照：在校）	3.872***	—	3.948***	3.952***	—
	(0.760)		(0.758)	(0.752)	
离校时长（参照：在校）					
1—2 年	—	3.621***	—	—	3.713**
		(0.757)			(0.753)
3—4 年	—	4.037***	—	—	4.114***
		(0.762)			(0.758)
5—6 年	—	4.086***	—	—	4.159***
		(0.771)			(0.767)
7—8 年	—	4.065***	—	—	4.137***
		(0.780)			(0.776)
9—10 年	—	3.975***	—	—	4.054***
		(0.788)			(0.785)
>11 年	—	3.600***	—	—	3.694***
		(0.805)			(0.802)
年龄#受教育程度	0.593***	0.348*	0.645***	0.673***	0.423**
	(0.198)	(0.194)	(0.202)	(0.207)	(0.206)
年龄平方#受教育程度	−1.199***	−0.736	−1.300***	−1.360***	−0.879*
	(0.464)	(0.453)	(0.471)	(0.482)	(0.475)

续表

变量	模型 4.1	模型 4.2	模型 4.3	模型 4.4	模型 4.5
出生世代（参照：1966—1973）					
1974—1980	—	—	0.290 **	0.532 ***	0.465 **
			(0.128)	(0.199)	(0.206)
1981—1987	—	—	0.620 ***	0.938 ***	0.797 ***
			(0.213)	(0.269)	(0.276)
1988—1998	—	—	1.090 ***	1.313 ***	1.195 ***
			(0.290)	(0.393)	(0.401)
受教育程度#出生世代					
#1974—1980	—	—	—	−0.181	−0.142
				(0.117)	(0.123)
#1981—1987	—	—	—	−0.224 **	−0.145
				(0.107)	(0.113)
#1988—1998	—	—	—	−0.176	−0.094
				(0.160)	(0.168)
常数项	−18.200	−19.984	−19.391	−19.165	−21.029
Wald χ^2	1136.48	1142.60	1176.28	1185.58	1194.13
Pseudo R^2	0.144	0.148	0.145	0.146	0.150
Number of obs	40839	40200	40839	40839	40200

注：（ ）内为标准误，* $p<0.1$，** $p<0.05$，*** $p<0.01$。#表示两个变量之间的交互。

图 4.19 根据表 4.5 中模型 4.1 绘制而成。图中结果与农村男性基本相同，受教育程度越高，进入教育同类婚的可能性越小；受教育程度越低者，越早进入婚姻；各受教育程度者的同类婚转换率随离校时间延长呈现倒 U 形趋势变化。

模型 4.2 中的结果进一步表明，农村女性的教育同类婚转换率在离校后的 1—6 年中不断上升，6 年后持续下降，呈现倒 U 形趋势变化。模型 4.3 中加入了出生世代变量，结果显示与城市样本和农村男性不同，对农村女性而言，与第一个出生世代相比，后三个出生世代中的教育同类婚转换率显著更高，尤其是在受高等教育扩张

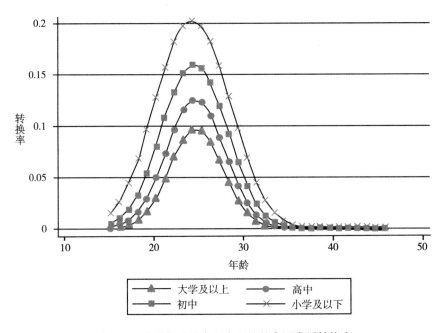

图4.19 农村各受教育程度女性教育同类婚转换率

影响的第四个出生世代。模型4.4和模型4.5中加入了受教育程度
与出生世代的交互项，结果显示与第一个出生世代相比，在第三个
出生世代中，受教育程度越高者，教育同类婚转换率越低。然而这
一现象仅存在于模型4.4中，在模型4.5中则并不显著。

四 小结

本节在这一节中主要讨论了两个问题：一是学校作为婚姻市场
以及由此所引发的教育婚姻市场排斥对于个体教育婚姻匹配的影响，
二是上述影响在高等教育扩张的过程中如何变化。结论如下：

首先，个体在校时间越长进入教育同类婚的概率越大。这可能
说明，一方面个体在校时间越长，则其建立的学校社会网络规模便
越大，且关系强度越高；另一方面个体离校时间越晚，与适婚年龄
的距离便越近，由此使其在择偶上对学校社会网络的依赖性更大，

对其他受教育程度者的排斥性更强，最终提高了其进入教育同类婚的概率。

其次，多数人将离校作为进入婚姻的前提，主要体现为与在校相比，离校后进入教育同类婚的概率更高。具体就离校时间而言，个体进入教育同类婚的可能性随离校时间的延长呈现倒 U 形趋势变化。在离校的 6 年之内，教育同类婚概率不断上升，而之后便持续下降。这进一步反映出，个体的离校与最终结婚之间的时间间隔越短，则在择偶上更依赖于学校社会网络，受教育婚姻市场排斥的影响更大，因而更可能形成教育同类婚。反之，离校与结婚之间的时间间隔越长，则个人在择偶上对学校网络的依赖性较小，对职场等校外建立起的社会网络依赖更大，由此受教育婚姻市场排斥的作用较弱，更容易形成教育异类婚。这一结果也反映出，在中国社会中，学校社会网络在教育同质性上仍要强于职场等社会网络，择偶网络异质观所述的观点并不适用。

再次，根据择偶网络同质观以及本节所提出的教育婚姻市场排斥论，在不考虑择偶偏好的情况下，受教育程度越高，则离校与最终结婚之间的时间间隔越小，在择偶上对学校社会网络的依赖性更强，受到教育婚姻市场排斥的影响越大，因而形成教育同类婚的概率越高。据此，本节进一步提出，高等受教育程度者的教育同类婚转换率会在短期内超越其他受教育层级，即存在赶超效应。上述推论在城市样本中得到了支持，然而在农村样本中结果却截然相反，受教育程度越高，越不可能进入教育同类婚，且高等受教育程度者也并不存在赶超效应，这可能是由农村特殊的居民受教育水平分布所导致的。在中国，绝大多数的高等教育机构均位于城市中，而受过高等教育的人在毕业后也多留在城市。加之农村多以务农为主业，由此使得农村居民的整体受教育水平较低。因此，对于受教育程度较高且返回农村的人而言，一方面城乡之间的分割限制了学校婚姻市场对其婚姻匹配的影响，另一方面在农村中很难寻得与其受教育水平相当的配偶，由此导致他们形成教育同类婚的概率较低。

最后，本节发现，在受高等教育扩张影响的出生世代中，男性的受教育程度越高，则进入教育同类婚的可能性越大，这一结论在城市和农村样本中均成立。这是因为在高等教育扩张的影响下，高等受教育层次人数规模的增加尤其是性别分布的平衡，增强了这一层级的教育婚姻市场排斥，由此便加深了高等教育同类婚程度。由于高等教育扩张大幅提升了女性的高等教育参与率，因而增加了男性高等受教育者在同等受教育层级的配偶可获得性，所以教育同类婚程度的增强应主要体现在男性群体中。然而，对于女性而言，在受高等教育扩张影响的第三个出生世代中，受教育程度越高，进入教育同类婚的可能性反而越低，这一现象可能是结构性变动的结果。由于受过高等教育的女性人数规模迅速扩大，导致了非传统婚姻，即女性教育向下婚（或男性教育向上婚）的增加，由此便降低了教育同类婚的水平。然而，这一现象在受高等教育扩张影响的第五个出生世代中便不显著了。

总之，在中国社会中，学校等教育机构日益成为重要的婚姻市场，而由此所导致的教育婚姻市场排斥使得各受教育程度者尤其是高等受教育程度者在教育婚姻匹配上更可能形成教育同类婚。在中国独特的高等教育扩张的影响下，高等受教育层级中的教育婚姻市场排斥进一步增强，高等教育同类婚程度也随之加深。

针对上述结论，本节拟作如下几点讨论：首先，正如本书在上一节中所指出的，在中国研究教育婚姻匹配不能脱离其某些独特的制度安排和社会背景。例如，中国的城市与乡村在制度、经济、居民文化水平、教育等公共资源等方面存在着巨大的差异，这种分割使得择偶网络同质观的观点只在城市中适用，而在农村中则恰好相反。如果不做这种区分，而将城乡视为一个整体，必然会曲解中国教育婚姻匹配的现实。再如，中国的高等教育扩张依托于市场转型的大背景，并且女性成为相对获益更多的群体，此外，整个高等教育扩张过程规模巨大且速度较快。由此，配偶可获得性的增加以及受教育程度的社会经济价值不降反升，极大提升了受教育水平较高的男性形成教育同类婚的概率。而受过高等教育的女性人数规模迅速扩大，可能导致这一群体中出现较多的非传统型婚姻，从而降低了其进入教育同类婚的可能性。然而，值得注意的是，这一现象在90后出生世代中不再显著，结合上一节的内容，这可能是由于市场风险的加剧和社会不确定性的提升，使得婚姻市场上的男女极力避免向下婚，以保障自身的经济安全。

其次，本节的结论与上一节从教育资源排斥视角出发所得出的结论大致相同，即高等教育扩张使得中国的教育同类婚分布由低等受教育等级向高等受教育等级集聚。这种教育同类婚分布结构的变化，会导致与受教育程度相关的资源与机会在家庭层面形成"强强联合"，从而拉大全社会的收入差距以及其他方面资源和机会占有的不平衡。

最后，需要强调一下本节的不足。虽然事件史分析相比于对数线性模型有其独特的优势，但是，它不能像后者一样控制住边际分布的变动，由此无法剥离开结构性变动的影响，这可能导致本节的某些结论出现一定的偏差。

第 五 章

教育婚姻匹配与收入差距

第一节　教育婚姻匹配与收入婚姻
匹配的同构性

　　在上一章中，本书主要讨论了在市场转型和高等教育扩张的过程中，中国教育婚姻匹配的变迁与现状。经研究发现，在教育资源排斥与教育婚姻市场排斥的影响下，一方面社会整体的教育同类婚程度不断提高，另一方面教育同类婚的分布由低等受教育等级向高等受教育等级集聚，并逐渐呈现出两极化的趋势。这种教育同类婚的分布结构会导致与教育相关的资源和机会在家庭层面出现优势阶层的"强强联合"与弱势阶层的"劣势累积"。按此逻辑，如果收入与受教育程度紧密相关，便意味着教育婚姻匹配与收入婚姻匹配在很大程度上是同构的，而收入同类婚的两极分布，则必然会拉大全社会的收入差距，导致严峻的两极分化。

　　在现代社会中，受教育程度与收入等社会经济地位要素之间的紧密关系似乎是不言自明的。就学术观点而言，经济学下的人力资本理论认为，个体的受教育水平在很大程度上决定了其所具备的生产能力，受教育程度越高，则生产能力越强（Becker，1964）。由此在劳动力市场中，一方面，受教育程度较高者倾向于选择收入较高的工作，以与其受教育水平相匹配；另一方面，企业也愿意支付给受教育程度较高者更高的工资，以期他们能提高企业的生产效率。社会学下的功能理论认为，社会中的某些位置相比于其他位置更为重要，然而能够胜任这些位置的人却相对稀少，个体往往需要耗费许多的时间和精力，经过特定的培训才能具备占据这些地位的资格。由此，社会通常会赋予这些重要位置更高的收入，以激励人们参与相应的培训，同时也作为对受训人时间、精力等投入的补偿（Davis & Moore, 1945）。总之，人力资本论与功能论虽然基于不同的理论逻辑，但是，均认为，受教育程度与收入之间具有很强的正相关关系。

就婚姻匹配而言，如果根据上述人力资本理论和功能理论的观点，则教育婚姻匹配与收入婚姻匹配在很大程度上是同构的，正因如此，有学者甚至在相关研究中完全将二者等价视之（Schwartz, 2006）。然而，也有部分学者对这两类婚姻匹配的同构性提出了一些质疑，其中最主要的有两点：第一，虽然收入与受教育程度之间具有很高的关联，但是，这一关联是需要在劳动力市场中实现的。因此，在一些女性劳动参与率较低的国家和地区，夫妻双方拥有相同的受教育程度并不意味着他们也拥有相同的收入水平（Kalmijn, 1998）。例如，本书在第二章提及的布林与萨拉查的研究便发现，夫妻之间的教育婚姻匹配仅能解释二者收入关联的四分之一左右，并且教育婚姻匹配模式的变化几乎不影响夫妻之间的收入关联度（Breen & Salazar, 2011）。第二，收入与受教育程度之间虽然紧密相关，但本质上仍是两种不同类别的资源，收入是典型的经济资源，教育则更多的属于文化资源。而作为不同类但都具有较高价值的资源，二者在婚姻匹配中存在着一定的替代性关系。由此，教育婚姻匹配与收入婚姻匹配之间可能并不是同构的。

除了上述两点质疑外，工业化、政治制度、高等教育扩张等宏观社会因素亦会影响收入与受教育程度的关联性，进而决定教育婚姻匹配与收入婚姻匹配之间的同构性。例如，在工业化水平较低的国家和地区中，一方面，生产模式多以家庭为中心，在此背景下，家庭背景往往决定了个体的社会经济资源获得；另一方面，绩效原则在劳动力配置中并未受重视，由此使得受教育程度对收入水平的影响是有限的。再如在中国改革开放之前的国家社会主义时期，由于某些特殊的政治制度设置以及意识形态的影响，政治身份而非受教育程度是影响收入水平的主要因素。而当收入的高低主要取决于其他因素而非受教育程度时，教育婚姻匹配与收入婚姻匹配之间的同构性程度必然较弱。

总之，教育婚姻匹配与收入婚姻匹配的同构性并非是理所当然的。基于此，本节将在中国社会的背景下讨论教育婚姻匹配与收入婚姻匹配之间的同构性程度。鉴于教育婚姻匹配与收入婚姻匹配之间的同构性在很大程度决定了教育婚姻匹配对整体社会收入差距所能产生的影响，因而对这一问题的探究，是深入理解当前中国的教育婚姻匹配模式如何作用于收入差距的必由之路。

一　研究假设：同构还是交换

（一）同构观

如前所述，已有研究关于教育婚姻匹配与收入婚姻匹配之间是否是同构的仍存有争论。有学者认为，教育婚姻匹配与收入婚姻匹配之间是同构的，这种同构性是通过一些机制而形成的，其中最主要的是婚姻偏好机制和区隔机制。

就婚姻偏好机制而言，教育婚姻匹配与收入婚姻匹配之间的高度同构性有赖于受教育程度与收入之间的强关系以及男女在择偶婚配上的资源偏好。依据资源偏好的类型，这一机制可以进一步区分为理性选择和文化吸引两部分。在理性选择方面，由于家庭中的夫妻双方往往共享对方所具有的资源，因此，在理性原则的支配下，婚配对象所拥有的社会经济资源的多寡往往是人们在择偶中主要考量的因素。由于在现代社会中，受教育水平会在很大程度上影响个体的社会经济地位获得，因而适婚男女通常均倾向于选择受教育程度较高者作为配偶（Kalmijn，1994，1998）。所以，正是因为受教育程度具有较高的社会经济价值，因而才成为当代人一个主要的择偶标准。在此条件下，教育婚姻匹配与收入婚姻匹配必然是同构的。

在文化吸引方面，个体的受教育程度虽然可以用以判断其所具备的社会经济潜力，但是，更为主要的是，作为一种文化资源的标志。教育同类婚的形成可能是源自双方在文化上的吸引，如相同的价值观、品味、生活方式等，然而，由于受教育程度与收入密切相关，因此，收入同类婚也便作为教育同类婚的一个附带结果大量涌现（Schwartz，2010）。

就区隔机制而言，教育婚姻匹配与收入婚姻匹配的同构性源自各阶层在文化和居住空间上的区隔。在文化区隔方面，教育同类婚是一种阶层再生产的策略，而非源自男女双方在文化上的吸引，或者说所谓文化上的吸引，不过是阶层再生产的伪装。某些社会阶层或群体为了维护自身的地位并实现代际再生产，通常会利用生活方式、互动模式、品位等在他们与其他阶层或群体之间设立一种象征性的界限（Bourdieu，1984；Lamont & Molnar，2002），从而阻碍了异类婚的出现。而对于不同的受教育群体而言，经济资源一方面是他们所维护并力图实现代际传递的对象，另一方面也作为其构建象征性文化界限的支撑，因而各受教育层级之间的文化距离与经济上的差距往往密切相关，由此使得教育婚姻匹配与收入婚姻匹配在很大程度上是同构的（Torche，2010）。

在居住空间分割方面，拥有相似受教育水平的人多集聚于同一地理区域，或者多在相同的学校、工作场所等机构中活动（Kalmijn & Flap，2001；Blossfeld & Timm，2003）。如此一来，不同受教育程度者之间的交往机会被极大降低，从而使得教育同类婚成为主导的婚姻匹配模式。然而，上述地理与社会空间上的分割主要是由经济不平等所导致的（Massey，1996；Lobmayer & Wilkinson，2002；Torche，2010），因此，教育婚姻匹配与收入婚姻匹配之间具有很强的同构性。

同构观下的婚姻偏好机制和区隔机制对理解教育婚姻匹配与收入婚姻匹配之间的高度同构性给出了具有启发意义的解释，但是，这两个机制的解释同时也都存在各自的缺陷。对婚姻偏好机制的解释来说，最主要的不足是理性选择与文化吸引。虽然各自讨论了不同类型的资源偏好，但是，二者均是以两个条件为前提预设的：其一，在受教育程度的经济价值方面，二者都认为受教育程度与收入水平之间是紧密相关的。尤其在理性选择观中，受教育程度完全被视为是收入水平或未来收入水平的表征，在此条件下，教育婚姻匹配与收入婚姻匹配之间的同构性似乎是一个不需要解释的问题。然而，收入与受教育程度之间的关联程度受经济政治制度、教育扩张等诸多因素的影响，二者之间并不必然是强正相关的，需要基于具体的社会历史情景进行探究。其二，在婚姻匹配方面，理性选择和文化吸引都假定男女两性在婚姻市场上具有相同的择偶偏好，这一条件也并不一定成立，同样需要基于具体社会历史情境来做分析。

对区隔机制的解释来说，最重要的一点不足，同样是以受教育程度和收入的高度关联为前提的。以文化区隔为例，一方面，如果教育与收入之间的关联较弱，而各阶层仍旧出于维护文化资源优势的目的而以受教育程度为区隔，那么教育婚姻匹配与收入婚姻匹配之间的同构性程度必然较弱；另一方面，当受教育程度的经济回报较低时，各阶层尤其是优势阶层很可能放弃将其作为区隔的标准。有研究表明，当教育扩张所带来的学历膨胀稀释了受教育程度的经济价值时，那么教育同类婚程度便会大幅降低（Smits，2003；Smits & Park，2009；Hu & Qian，2016）。

（二）交换观

另有研究提出了与同构观截然相反的观点，认为教育婚姻匹配与收入婚姻匹配之间并不是同构的，其原因在于受教育程度和收入作为两种不同类型的资源，在婚姻匹配中是可以进行交换的。与理性选择观点类似，这种观点同样认为，个体择偶成婚是在理性原则的支配下进行的，最终目标是经济回报的最大化。而夫妻双方的利益最大化，是通过交换各自所拥有的资源来实现的。具体而言，首先，只有当结婚后的效益超过保持单身的效益时，个体才会选择进入婚姻，也即婚姻形成的条件是夫妻双方都能在婚姻中获得额外的收益（Becker，1981）；其次，夫妻在婚姻中所获得的效益有赖于双方在不对称资源或特征上的交换，从而实现互惠（Merton，1941）。因而，如果个体在受教育程度上是向下婚，那么在收入方面便可能是向上婚（Schwartz，2010）。总之，持这种交换观的学者不仅强调受教育程度与收入是两种不同的资源，而且认为这两类资源在婚姻匹配中是交换的关系。因此，教育婚姻匹配与收入婚姻匹配之间并不是同构的。

　　此外，也有部分学者从家庭分工的角度对教育婚姻匹配和收入婚姻匹配之间的同构性提出了质疑。在传统社会甚至是当代的某些国家和地区中，"男主外，女主内"的性别家庭分工观念十分盛行。虽然在近几十年来，女性的就业率和劳动参与率不断提升，但是，一方面，她们仍是家务劳动的主要承担者，因而面临着更强的工作家庭冲突；另一方面，女性群体在劳动力市场中可能遭遇性别歧视，职业发展时常因此受阻。诸如此类的原因使得传统的性别分工观念开始回潮，导致许多女性自愿选择退出劳动力市场。然而，女性回归家庭的行为多是以家庭能够为其提供经济安全的庇护、满足其经济需要为前提的，因此这一现象更可能出现在男性收入较高的家庭中（吴愈晓，2010；吴愈晓等，2015；Wu & Zhou，2015）。但是，女性不参与或退出劳动力市场并不代表男性在择偶中不看重对方的受教育程度。如前所述，受教育程度不仅是个体社会经济地位潜力的象征，同时也代表了其所能拥有的文化资本、社会网络等资源，所以在教育婚姻匹配上，男女双方依然是对称的（Torche，2010）。由此，教育婚姻匹配与收入婚姻匹配之间并不是同构的。

　　交换观从交换的角度，指出婚姻偏好主要由个体缺乏的资源决定，婚姻缔结有赖于夫妻双方的资源互补，这一观点具有较强的启发性。但是该观点仍旧存在一些不足，其中最主要的是交换观能较好地解释异类婚，尤其是多重标准下不同类别的异类婚（如教育上的向下婚，收入上的向上婚），然而却很难解释在多数社会中占据主导地位的同类婚，由此便导致用该观点去分析教育婚姻匹配与收入婚姻匹配的同构性问题时，会受到较大的局限。之所以如此，是因为教育和收入之间发生交换的前提是二者之间的关联相对较弱，各自明确代表了不同类别的资源，否则资源交换论的逻辑便很难成立。

综上所述，已有研究虽然从不同的角度切入讨论了教育婚姻匹配与收入婚姻匹配之间的同构性问题，并且在结论上莫衷一是，然而通过分析各理论观点的前提预设和论证逻辑，便可以总结出影响教育婚姻匹配与收入婚姻匹配之间同构性程度的两大主要因素：第一是教育收益率。当教育的收益率较高时，各受教育群体之间的收入差距较大，这一方面导致向下婚会面临更高的经济成本，由此人们在择偶上的经济偏好相对较强，教育同类婚程度较高（Dahan & Gaviria, 2001; Fernandez et al., 2005; Torche, 2010; Schwartz, 2013），符合理性选择的逻辑；另一方面，也可能会使得各受教育群体之间在婚姻市场上的分割与经济差异密切相关，导致教育婚姻匹配与收入婚姻匹配之间具有较高的同构性。然而，当教育的收益率较低时，受教育程度并不是影响收入水平的主要因素，因而更可能被视为是一种文化资源，此时它与收入在婚姻匹配中在很大程度上是可交换的，由此便可能出现资源交换论所述的情形，教育婚姻匹配与收入婚姻匹配之间的同构性较低。

即使收入与受教育程度之间具有很高的关联，这一关联也是需要在劳动力市场中实现的。这里便涉及影响教育婚姻匹配与收入婚姻匹配同构性的第二大因素——女性的劳动力市场参与率。女性的劳动参与率不但直接影响夫妻在收入上的关系，而且会影响男女两性的择偶偏好。当女性的劳动参与率较高时，对家庭的经济贡献较大，在此背景下，男性在择偶中的社会经济资源偏好大幅增强（England & Farkas, 1986; Mare, 1991; Oppenheimer, 1994）。当女性的劳动力市场参与率较低时，其对家庭的经济贡献相对较小，男性在择偶上的社会经济地位偏好较弱。然而，如前所说，女性不参与劳动力市场活动并不代表男性在择偶中不看重对方的受教育程度。受教育程度较高的女性拥有更多的文化资本、社会网络等资源，也可能抚养出高质量的孩子。所以，在教育婚姻匹配上，男女双方依然是对称的（Kalmijn，1998；Torche，2010），而此时教育婚姻匹配与收入婚姻匹配之间的同构性程度相对较低。

基于以上讨论，本节主要聚焦于中国社会中教育婚姻匹配与收入婚姻匹配之间的同构性问题。改革开放以来，中国社会中的教育收益率发生了显著变化，此外中国女性的劳动参与率始终较高，由此本节一方面从动态的视角探究中国的教育婚姻匹配与收入婚姻匹配之间的同构性程度在市场转型过程中的变迁及在不同区域间的变异，另一方面通过跨国比较，借助分析中国和日本社会中两类婚姻匹配同构性程度的差别，来考察女性劳动参与率的作用。

（三）市场转型背景下的教育婚姻匹配与收入婚姻匹配

在中国的背景下，教育婚姻匹配与收入婚姻匹配之间的同构性如何呢？如本书在第一章中所提及，自新中国成立以来，中国社会在迅速地工业化、现代化尤其是改革开放之后的市场化等多重力量的作用下，发生了翻天覆地的变化。就婚姻匹配而言，一方面受教育程度与收入之间的关联不断增强，在择偶中的重要性大幅提升，另一方面中国民众对于婚姻功利性一面的认同显著加深。

在再分配经济下，一方面，生产者所售产品及所获利润均由再分配者占有，生产者自身并不能直接享用，在此条件下，再分配者的经济回报要高于直接生产者；另一方面，如伊万·泽林尼（Ivan Szelenyi）所指出，社会主义再分配经济尽管在形式上强调平均主义，但是，在住房等公共物品的分配上是不均衡的，再分配干部通常在这一方面享有优势。相比之下，由于再分配经济对直接生产者的经济压抑，使得劳动绩效原则在生产过程中并未得到充分的重视，由此导致受教育程度作为人力资本象征所能获得的经济回报是十分有限的。

　　然而，随着经济市场化改革的展开，资源配置的权力由再分配系统转移至市场。劳动力与商品价格由市场契约制定，而非政府的法令规定。更为主要的是，直接生产者拥有了对产品和劳动力的处置权和剩余价值的占有权。在此背景下，劳动绩效成为决定薪酬的主要因素，人力资本的经济回报显著提升。由此，倪志伟在其市场转型理论中提出了两个一般性假设：一是权力贬值假设，即市场转型会降低政治权力的经济回报；二是人力资本增值假设，即市场转型会提升人力资本的经济回报。尽管权力贬值假设遭致了来自权力变型论、权力维续论、政治市场论等诸多理论的质疑，但是，人力资本增值假设已经得到了诸多学术研究以及经验事实的支持，主要体现为受教育程度的收入回报率日益提升（郭小弦、张顺，2014；李实、丁赛，2003；Zhang et al.，2005）。

　　市场转型的背景同样也使得中国的教育收益率在急剧的高等教育扩张下始终保持增长，并未出现明显的贬值。如上一章中所说，有研究指出，由于在"文化大革命"时期中国社会中的教育长期处于低价值的"异常"的状态，导致了高素质劳动力在改革开放后的经济快速发展期始终处于供不应求的状态。正因如此，中国的教育收益率增长与高等教育扩张是相伴而行的（陈晓宇等，2003；岳昌君，2004；Hu，2013；Meng et al.，2013；Zhou，2014）。

　　市场转型对婚姻匹配的另一大影响在于使得人们对于婚姻经济性和功利性的认同极大提升。李煜与徐安琪经研究发现，改革开放后，男女在择偶中十分看重对方的受教育程度、职业、收入等社会经济地位因素，而这些因素在前国家社会主义时期人们的择偶中则较少被强调。他们认为，这是因为在计划经济时代，人们的职业多由国家统一安排，个体之间的薪资收入在平均主义的影响下并无太大差别。此外，在这一时期金钱、物质在意识形态上被污名化，由此极大降低了这些因素在个人择偶中的重要性。然而，随着市场化改革的推行，社会收入差距不断拉大，在此背景下，金钱被视为是婚姻必不可少的基础，从而使得收入等物质条件成为人们重要的择偶标准（李煜、徐安琪，2004：46）。

　　该研究中另有两项结论值得关注：其一，受教育程度越高者在择偶中越看重对方的经济实力。这可能是因为他们在计划经济时期受"禁欲主义"的影响更深，从而在市场化改革后对原有革命化、阶级化婚姻观的纠正更为激进（李煜、徐安琪，2004：40）；其二，男女两性在择偶中均注重对方的经济实力，具有很强的对称性。这一方面是由于自20世纪50年代以来，中国女性的劳动参与率非常高。尤其是在城市中，女性基本上全员就业，与丈夫共同赡养家庭。另一方面是随着市场转型不断深入，市场风险与社会生活不确定性显著增强，从而使得女性收入对于家庭而言更是必不可少。上述两个结论表明，社会交换论与家庭庇护的观点在中国社会中并不适用。

　　总之，中国的市场转型所带来的受教育程度经济价值的提升，以及人们对于婚姻经济性、功利性认同的增强，可能使得中国的教育婚姻匹配与收入婚姻匹配具有很高的同构性，且这一同构性在市场化过程中不断增强。由此我们可以提出以下假设：

　　假设5.1：中国的教育婚姻匹配与收入婚姻匹配的同构性较强。

　　假设5.2：教育婚姻匹配与收入婚姻匹配的同构性在新近的出生世代中更强。

　　在中国特殊的背景下，教育收益率除了随着市场转型的深入明显增强以外，其在不同的地区间也存在着较大的变异。受政策先后、区位、路径依赖等因素的影响，中国各地区在经济发展、市场化进程等方面存在着明显的不平衡，这成为中国经济社会发展的又一大特征。具体而言，东部地区政策推行较早、改革力度较大，且具有区位上的优势，从而市场化程度和经济发展水平较高。相比之下，中西部地区政策启动较晚，改革步伐迟缓，加之区位的限制，市场化进程和经济发展相对较慢（孙晓华、李明珊，2014）。各地区在市场化和经济发展水平上的差距，直接导致了他们在教育收益率上的不同，有研究发现东部地区中的教育收益率要显著高于中西部地区

（邢春冰等，2013）。由此可以提出以下假设：

假设 5.3：东部地区中的教育婚姻匹配与收入婚姻匹配的同构性要高于中西部地区。

（四）基于女性劳动参与率的中日比较

如前所述，女性的劳动参与率亦会影响教育婚姻匹配与收入婚姻匹配的同构性程度。在东亚各国家和地区中，传统父权制、家长制的文化传统深刻影响了社会中的家庭特征，其中最重要的一点便是"男主外，女主内"的性别分工模式，女性的劳动力市场参与率相对较低，在社会经济地位上显著低于男性（Raymo et al.，2015）。

然而，就中国而言，改革开放前的某些政治运动和意识形态宣传，在很大程度上打破了传统婚姻性别文化的影响，使得中国女性的劳动力市场参与率长期高居世界前列。新中国成立以后，一方面，新政府以马克思主义关于妇女解放的思想为指导，开展了轰轰烈烈的妇女解放运动，大力推动女性参与到社会生产中，以实现妇女的真正解放。另一方面，为了迅速恢复和发展遭到战争破坏的国民经济和社会各项事业，国家也需要动员广大女性参与到社会主义建设中去。由此，诸如"时代不同了，男女都一样""妇女走出家门""妇女能顶半边天"等口号在社会各界广泛传播，相比之下，"男主外，女主内"的传统家庭性别分工观念则被视为是落后的，甚至是反革命的（朱斌、李路路，2015；韩启澜，2005：251 - 254）。

妇女解放运动及相应的意识形态宣传除了极大提高了女性的劳动力市场参与率外，还对中国民众的性别意识和择偶偏好产生了深刻的影响。就性别意识而言，与西方社会不同，中国民众对性别平等的认知偏向于"分工的平等"而非"权利的平等"，即更加强调男女可以平等地参与到劳动力市场中去。例如有研究通过中美比较发现，中国人比美国人更加赞成女性应该外出工作，参与社会生产活动（朱斌、李路路，2015）。根据世界银行的数据，

2010 年中国的女性劳动力市场参与率近 64%，高出世界平均水平
约 15%，高出经合组织平均水平约 13%。就择偶偏好而言，正是
由于女性的劳动参与率较高，与丈夫共同赡养家庭，所以男女两
性在择偶中均注重对方的经济实力，具有很强的对称性（李煜、
徐安琪，2004：40）。尤其是随着市场转型不断深入，市场风险与
社会生活不确定性显著增强，导致男女两性在择偶上的经济偏好
进一步加强。

　　与中国相比，同属东亚国家的日本和韩国虽然在社会经济的发
展程度上相对成熟，现代化程度较高，且受西方政治文化的影响相
对较大，但是在家庭分工模式上依然受到传统东亚文化根深蒂固的
影响，女性主要被期望照料家庭，在劳动力市场上处于明显的弱势
地位（Tsuya et al.，2005；Hauser & Xie，2005；Chang & England，
2011；Raymo et al.，2015）。根据世界银行的调查数据，在进入 21
世纪以来，日本和韩国的女性劳动参与率一直在 50% 左右徘徊，而
同期中国的女性劳动参与率则始终在 60% 以上。[①] 由此，本节依托
中国和日本两国在教育婚姻匹配与收入婚姻匹配同构性程度上的差
异，来揭示女性劳动参与率的影响。之所以选择中日两国进行比较，
主要是因为日本社会中的教育收益率与中国差异不大[②]，且同样在高
等教育扩张中并未出现明显贬值（Hannum et al.，2019）[③]，此外，
中日两国在教育系统设置等方面较为相似（Li et al.，2012），所以，
二者之间的对比可以在很大程度上排除教育收益率的影响，分离出
女性劳动参与率的作用。如前所述，当女性劳动参与率较低时，教

---

　　① 参见世界银行网站，https：//data. worldbank. org/indicator/SL. TLF. CACT.
FE. ZS？ locations = CN-JP-KR。

　　② 根据已有研究，中国的教育收益率约为 8.4%，在控制内生性问题后约为 3.8%
（Li et al.，2012）；日本的教育收益率约为 9%，控制内生性后约为 4.9%（Sano & Ya-
sui，2009）。

　　③ 相比之下，韩国的教育收益率在高等教育扩张的作用下出现了明显的贬值，
因而难以区分其与中国之间的差异是由教育收益率还是女性劳动参与率的影响所导致
的。

育婚姻匹配与收入婚姻匹配的同构性相对较弱。此外，女性劳动参与率低意味着各受教育等级中男性的收入可能会更好地反映相对应各受教育等级中的女性在劳动力市场上的应得收入。所以，当用各受教育层级中的男性收入替换女性收入时，教育婚姻匹配与收入婚姻匹配的同构性程度会提高。由此我们可以提出以下假设：

假设5.4：与日本相比，中国社会中教育婚姻匹配与收入婚姻匹配的同构性较高。

假设5.5：当用各受教育层级男性的收入替换女性收入时，日本社会中教育婚姻匹配与收入婚姻匹配的同构性程度会提高，中国则无明显变化。

二　变量与模型

（一）变量

本节所使用的数据来自于中国综合社会调查（CGSS）和生活史与当代中国社会变迁调查（LHSCCC）。与第四章第一节相同，本节也将LHSCCC1996与CGSS2003—2015之间所有的调查数据合并。根据研究需要，本节将研究样本限定为在结婚前已获得最高学历的初婚者，因而删除了未婚、再婚有配偶、婚后获得最高学历的人员。此外，由于要获知各受教育程度者在结婚时的收入信息，本节仅保留初婚时间在1994年之后的被访者[1]。为了保证受访者有劳动收入，本节进一步将样本年龄限定为14—64岁，最后所得样本量为11025。

在进行中国和日本的比较时，本节合并了日本综合社会调查（Japanese General Social Survey，简称JGSS）2000—2012年的调查数据。[2] 同样为了计算各受教育程度者在结婚时的收入信息且保证受访者有劳动收入，本节仅保留了1999年后结婚的被访者，且将样本年

---

① 关于这一限定，本节将在下文变量介绍中详细说明。

② 具体包括JGSS2000、2001、2002、2003、2005、2006、2008、2010、2012。

龄限定为 14—60 岁，最后所得样本量为 2210。为了与日本数据进行比较，本节在中国部分相对应选取了 CGSS2003—2013 年的合并数据，保留结婚时间在 2000 年后的被访者，并限定样本年龄为 14—64 岁，最后进入分析的样本量为 7119。

　　本节主要关注的变量有婚配双方的受教育程度、各受教育层级的收入、出生世代、户口等。在受教育程度方面，本节基于受访者的性别，进一步区分出丈夫与妻子的受教育水平。在中国样本中，将受教育程度分为小学及以下、初中、高中、大学及以上四个等级；在日本样本中，由于小学及以下受教育程度的人较少，并根据日本教育体系的特征，将受教育程度分为初中及以下、高中、两年制大学、四年制大学及以上四个等级。

　　在收入方面，如前所述，本节拟计算各结婚年份中不同受教育群体的收入，因而首先要明确受访者的结婚年份。在 LHSCCC 与 CGSS 数据中，均直接询问了结婚年份。但是 JGSS 在 2010、2008、2005、2003 年的数据中都没有结婚时间的相关信息，对此本节借鉴已有研究的处理方法，用被访者长子的年龄减 1 年来大致估算其结婚年份（Torche，2010）。对于那些没有孩子或者子女年龄信息缺失的样本，根据丈夫年龄 × 丈夫的受教育程度 × 妻子的受教育程度相对应的单元格来估计结婚年份。由于本节无法获知受访者在结婚时的收入信息，此外，本节关注的是社会整体的教育婚姻匹配与收入婚姻匹配之间的同构性，因此将受访者及配偶所属受教育层级在其结婚年份的收入中位数作为对他们收入水平的测量。例如，在 LHSCCC1996 年的调查中，询问的是被访者在 1995 年的收入，本节便将这一年份中各受教育层级的收入中位数作为于 1995 年结婚的各受教育程度者的收入。如果某一结婚年份的收入信息缺失，我们便用时间最相近的调查年份中的收入信息填补。例如，本节在没有信息的 1994 年、1996 年中，均使用 1995 年（调查年份在 1996 年）的收入信息。① 最后，根据各年份中结婚人数的比例，对收入变量进行加权平均处理。由此，本节获得了中国 1994—1996 年、2001—2015 年各年份，② 以及日本 1999—2012 年各年份中，结婚者所属受教育层级的收入水平信息。③

在分析中国教育婚姻匹配与收入婚姻匹配的同构性变迁时，本节将所有被访者按照出生时间分为 1960—1969 年、1970—1979 年、1980—1998 年三个出生世代。在分析地区差异时，本节保留 CGSS2010—2015 年的数据，根据被访者现居住地和迁移情况来确定其结婚时的居住地信息④，进而按照其所在省份划分为东部、中部和西部地区三类。在户口上，由于大多数年份的问卷中（除了 CGSS2006）均没有询问被访者在结婚时的户口状况，但是给出了户口转换的信息，因此我们通过将户口转换时间和结婚时间进行比较，将那些当前为城市户口且在婚后发生农转非的被访者仍归为农村户籍。

（二）模型

本节采用对数线性模型来分析教育婚姻匹配的方形表数据。首先，估计条件独立模型，并将其作为基准模型以比较其他模型的拟合优度；其次，估计准独立模型，以考察教育婚姻匹配是否以同类婚为主；再次，以每一结婚年份各教育层级的收入水平代替受教育

① 本节假定各受教育层级的收入水平在三年中不会发生太大的变化。同时，为了避免某一年份的数据重复次数过多，当某一缺失年份的信息可以用多个相邻年份数据估计补足时，本节选择重复次数最少的相邻年份数据。最终，本节用 CGSS2003 估计 2001 年，CGSS2005 估计 2003 年，CGSS2008 估计 2006 年、2008 年，CGSS2013 估计 2013 年，CGSS2015 估计 2015 年；日本数据中，用 JGSS2005 估计 2003 年，JGSS2006 估计 2006 年，JGSS2010 估计 2008 年。

② 由于在中国数据中，1997—2000 年缺少调查数据以及相应的临近年份数据，因而排除在外。

③ 在 JGSS 中，收入是分组测量的，本节选择每个收入分组的中心点代表该组的收入水平。

④ 由于根据现有数据无法获知被访者每一次的迁移时间和地点，所以只保留了一直居住在现居地，以及在结婚之前迁移至现居地的被访者。

程度的分类，估计线性乘线性模型，以此分析教育婚姻匹配与收入婚姻匹配的同构性；最后，估计行列效应模型。这一模型将行列效应都当作是有待估计的未知量，进而计算出每一个受教育层级的测度得分（scaling scores），因此可以视为夫妻受教育程度之间最佳的线性乘线性关系。通过比较线性乘线性模型与行列效应模型的拟合度，便可以估计出收入婚姻匹配与教育婚姻匹配之间的同构性程度。

在考察女性劳动力市场参与率的影响时，如果女性的劳动力市场参与率较低，那么与其对应的男性各受教育等级的收入可能会更好地反映出女性各受教育等级在劳动力市场上的应得收入。所以在这一部分，我们用各受教育层级男性的收入替换相应女性的收入，重新估计线性乘线性模型，以此来分析女性劳动力市场参与率的作用。

有关条件独立模型、条件准独立模型，本研究在第三章中已有介绍，在此不复赘述。就线性乘线性模型而言，该模型中行列的分类被测得属性替代。本节用收入来代替受教育程度的分类，模型设定如下，模型中的 x_i 与 y_i 分别表示妻子和丈夫所属受教育层级的收入水平，β 表示 x 与 y 之间的关联系数。

$$log\ F_{ij} = \mu + \mu_i^W + \mu_j^H + \beta\ x_i y_i \qquad （公式 5.1）$$

就行列效应模型而言[1]，与线性乘线性模型不同，这一模型将行列效应的测度视为有待估计的未知量，而不是赋予具体的值。该模型设定如下，其中，φ_i 与 φ_j 分别表示妻子与丈夫受教育层级的估计测量得分。

$$log\ F_{ij} = \mu + \mu_i^W + \mu_j^H + j\ \varphi_i + i\ \varphi_j \qquad （公式 5.2）$$

三 研究结果

（一）描述性分析结果

本节首先从历时的角度分析中国教育婚姻匹配与收入婚姻匹配

---

[1] 因为本书的受教育程度分类有十分明确的排序，所以本节中所使用的行列效应模型为行列效应模型 1，而非 Goodman 之后提出的 RC 模型。本节在数据分析时对这两个模型进行了比较，结果确实显示行列效应模型 1 的拟合效果要优于 RC 模型。

之间同构性的变迁。图 5.1 展现了中国社会中受教育程度与收入之间的关系及变化。该图分别计算了三个出生世代中各受教育层级的收入中位数（对数），并以小学及以下层级的收入为参照进行了标准化处理，以此来展现受教育程度与收入之间的关系及变化。由图 5.1可知，从横向上看，受教育程度越高，则收入水平越高；从纵向上看，在越新近的出生世代中，受教育程度与收入之间的关联越强。由此可以初步推测，随着教育收益率的提高，中国社会中教育婚姻匹配与收入婚姻匹配之间的同构性程度不断增强。

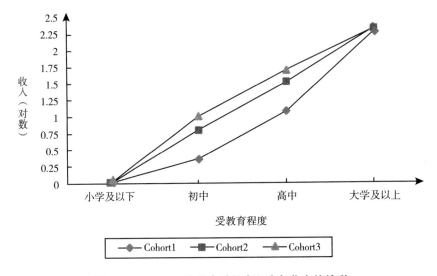

图5.1   三个出生世代中受教育程度与收入的关联

（二）中国教育婚姻匹配与收入婚姻匹配的同构性及变迁

如前所述，本节将通过比较条件独立模型、准独立模型、线性乘线性模型、行列效应模型的拟合优度，以及后两个模型之间的关联度来判断教育婚姻匹配与收入婚姻匹配之间的同构性程度。各模型的拟合结果如表 5.1 所示。

表5.1 　　　　　　　　模型拟合结果（中国的变迁）

模型	Deviance	df	Δ	BIC
出生世代 1（1960—1969）				
独立模型	715.64	9	32.67	653.28
准独立模型	200.06	5	12.13	165.41
线性乘线性模型	557.99	8	28.80	502.56
线性乘线性模型 + D	161.34	4	10.01	133.62
行列效应模型	20.49	4	5.08	−7.23
行列效应模型 + D	5.27	1	1.27	−1.66
出生世代 2（1970—1979）				
独立模型	3916.61	9	34.70	3840.08
准独立模型	854.61	5	10.88	812.10
线性乘线性模型	599.60	8	13.69	531.57
线性乘线性模型 + D	54.88	4	1.74	20.86
行列效应模型	92.22	4	4.22	58.21
行列效应模型 + D	0.37	1	0.15	−8.13
出生世代 3（1980—1998）				
独立模型	4372.91	9	39.77	4296.60
准独立模型	660.70	5	8.69	618.30
线性乘线性模型	202.67	8	7.39	134.84
线性乘线性模型 + D	27.04	4	0.64	−6.88
行列效应模型	112.48	4	4.75	78.56
行列效应模型 + D	1.16	1	0.23	−7.32

　　与第四章第一节相同，本节中仍主要根据 BIC 的大小进行模型选择，BIC 为越小的负值，则模型拟合效果越好。由表5.1 可知，在1960—1969 出生世代中，条件独立模型的拟合效果较差，准独立模型的拟合效果也较差，但是要优于独立模型。线性乘线性模型的拟合效果较差，进一步完全拟合对角线后，线性乘线性模型的拟合优度有所提升，但是就一般标准而言，其拟合效果仍不是十分理想。行列效应模型的拟合程度较好，并且优于完全拟合对角线后的模型。

通过比较线性乘线性模型与行列效应模型可知，在拟合对角线之前，夫妻收入上的关联可以解释行列效应模型中二者受教育程度关联的22.7%（0.2203/0.9714）左右，拟合对角线后可以解释78%（0.7746/0.9926）左右。

在1970—1979出生世代中，独立模型与准独立模型的效果均较差，线性乘线性模型的拟合效果比前两者稍好。然而，在完全拟合对角线后，线性乘线性模型的拟合效果有所提升。行列效应模型尤其是拟合对角线后的行列效应模型具有比较理想的效果。进一步比较完全拟合对角线后的线性乘线性模型与行列效应模型可知，在拟合对角线前，夫妻收入上的关联可以解释行列效应模型中二者受教育程度关联的86.7%，拟合对角线后达到了98.6%。

在1980—1998出生世代中，完全拟合对角线后的线性乘线性模型和行列效应模型都具有较为理想的效果。通过比较这两个模型可知，在拟合对角线之前，夫妻收入上的关联可以解释行列效应模型中二者受教育程度关联的97.9%，拟合对角线后达到了99.4%。上述结果支持了本节的假设5.1和假设5.2。

为了进一步确证教育收益率对教育婚姻匹配与收入婚姻匹配同构性的影响，本节又分别考察东部、中部和西部三个地区中教育婚姻匹配与收入婚姻匹配之间的同构性程度。

表5.2　　　　　　　　　模型拟合结果（地区差异）

模型	Deviance	df	Δ	BIC
东部地区				
独立模型	2356.16	9	39.59	2284.94
准独立模型	295.64	5	7.26	256.07
线性乘线性模型	205.02	8	9.09	141.71
线性乘线性模型 + D	10.98	4	1.32	− 20.67
行列效应模型	57.65	4	4.81	26.00
行列效应模型 + D	0.08	1	0.08	− 7.83

续表

模型	Deviance	df	Δ	BIC
中部地区				
独立模型	1422.25	9	32.79	1354.43
准独立模型	315.42	5	10.28	277.75
线性乘线性模型	204.03	8	13.06	143.75
线性乘线性模型 + D	12.22	4	1.16	− 17.92
行列效应模型	36.56	4	3.90	6.42
行列效应模型 + D	0.91	1	0.37	− 6.62
西部地区				
独立模型	1457.00	9	34.42	1389.52
准独立模型	222.35	5	7.65	184.86
线性乘线性模型	185.90	8	13.28	125.91
线性乘线性模型 + D	37.06	4	2.06	7.07
行列效应模型	73.76	4	6.19	43.77
行列效应模型 + D	0.02	1	0.05	− 7.48

　　根据表5.2中的结果，在东部地区，线性乘线性模型的拟合效果上优于独立和准独立模型，尤其在完全拟合对角线后，成为效果最好的模型。经过计算，在拟合对角线前，夫妻收入上的关联可以解释行列效应模型中二者受教育程度关联的93.5%左右，拟合对角线后可以解释99.5%左右。在中部地区，拟合对角线后的线性乘线性模型同样具有最好的效果，完全拟合对角线之前，夫妻收入上的关联可以解释行列效应模型中二者受教育程度关联的88%左右，拟合对角线后可以解释99.2%左右。在西部地区，线性乘线性模型的效果比准独立模型差，拟合对角线后的行列效应模型具有最好的效果。经计算，在完全拟合对角线前，夫妻收入上的关联可以解释行列效应模型中二者受教育程度关联的91.9%左右，拟合对角线后可以解释97.5%左右。上述结果支持了本节的假设5.3。

（三）教育婚姻匹配与收入婚姻匹配同构性的中日比较

　　在这一部分中，本节将通过比较中国和日本在教育婚姻匹配与收入婚姻匹配同构性上的差别来检验女性劳动力市场参与率的影响，模型拟合结果如表 5.3 所示。

表 5.3　　　　　　　　模型拟合结果（中日比较）

模型	Deviance	df	Δ	BIC
中国样本				
独立模型	4764.41	9	32.87	4685.31
准独立模型	945.09	5	9.83	901.15
线性乘线性模型	590.36	8	12.71	520.04
线性乘线性模型 + D	37.82	4	1.39	2.66
行列效应模型	146.18	4	5.44	111.02
行列效应模型 + D	0.13	1	0.08	− 8.66
线性乘线性模型（替换后）	550.57	8	12.47	480.26
线性乘线性模型 + D（替换后）	37.33	4	1.33	2.17
日本样本				
独立模型	547.13	9	21.94	477.82
准独立模型	50.73	5	3.29	12.22
线性乘线性模型	529.72	9	20.03	460.41
线性乘线性模型 + D	50.00	5	3.31	11.50
行列效应模型	41.69	4	3.07	10.89
行列效应模型 + D	0.47	1	0.16	− 7.23
线性乘线性模型（替换后）	464.11	9	18.94	394.80
线性乘线性模型 + D（替换后）	34.08	5	3.14	− 4.43

由表 5.3 可知，在中国样本中，线性乘线性模型的效果优于条件独立和准独立模型，拟合对角线后其效果极大改善。行列效应模型的效果较好，拟合对角线后进一步优化。通过计算，拟合对角线之前，夫妻收入上的关联可以解释受教育程度关联的 90.4%，拟合对角线后，可以解释 99.2%。在日本样本中，线性乘线性模型的效果比准独立模型差，拟合对角线后有了大幅改善。行列效应模型在拟合对角线后具有最佳的效果。通过计算，在拟合对角线前，夫妻

收入上的关联只能解释受教育程度关联的3.4%，拟合对角线后可以解释90.9%。以上结果支持了本节的假设5.4。

如前所述，当女性的劳动力市场参与率较低时，那么与其对应的男性各受教育等级的收入可能会更好地反映出女性各受教育等级在劳动力市场上的应得收入。为此，本节将女性各受教育等级的收入替换为对应的男性收入，重新估计线性乘线性模型。结果显示，用男性各受教育层级的收入进行替换后，中国样本中的线性乘线性模型并没有明显的优化，而日本样本中对应模型的效果明显改善，尤其是拟合对角线后的线性乘线性模型。经计算，拟合对角线前后，替换后中国夫妻收入上的关联分别可以解释受教育程度关联的91.2%和99.2%，与替换前并无明显变化。就日本而言，拟合对角线前后，替换后夫妻收入上的关联分别可以解释受教育程度关联的16.4%和93.9%，较之替换前分别提高了13%和3%。以上结果支持了本节的假设5.5。

鉴于中国城乡分割的特殊性所可能产生的影响，本节截取城市样本重新估计各模型，以检验结果的稳健性。根据表5.4中的结果计算，在中国城市样本中，拟合对角线前后，夫妻在收入上的关联分别可以解释受教育程度关联的96.5%和99.1%。将各受教育层级的女性收入替换相对应的男性收入后，拟合对角线前后两类婚姻匹配的同构性程度分别约为96.4%和99.3%，仅有十分微小的变化。

表5.4　　　　　　　模型拟合结果（中国城市的结果）

模型	Deviance	df	Δ	BIC
独立模型	1443.56	9	30.28	1372.27
准独立模型	137.65	5	4.07	98.05
线性乘线性模型	92.79	8	6.26	29.42
线性乘线性模型+D	13.87	4	1.48	−17.82
行列效应模型	43.09	4	3.78	11.40

续表

模型	Deviance	df	Δ	BIC
行列效应模型 + D	0.26	1	0.17	−7.66
线性乘线性模型（替换后）	94.13	8	6.29	30.75
线性乘线性模型 + D（替换后）	9.84	4	1.09	−21.84

四　小结

本节依托中国市场转型的背景以及中日两国的比较，探究了中国社会中教育婚姻匹配与收入婚姻匹配的同构性问题。经研究发现，首先，中国的教育婚姻匹配与收入婚姻匹配之间的同构性程度随着市场转型的深入大幅增强，尤其是在1980—1998出生世代中，已经达到了非常高的水平。这在很大程度上是源于市场转型过程中教育收益率的显著提高以及婚姻匹配上的理性和功利性增强。在地区差异方面，东部地区中教育婚姻匹配与收入婚姻匹配间的同构性要高于中西部地区，这进一步确证了教育收益率的作用。其次，中国较高的女性劳动参与率是导致教育婚姻匹配与收入婚姻匹配高度同构的另一个原因。通过中日的比较发现，中国两类婚姻匹配的同构性要明显高于日本，并且将各受教育层级女性的收入替换为相对应的男性收入后，中国两类婚姻匹配的同构性程度并无明显变化，仅保留城市样本后也仅有微小的提升。

如何看待中国社会中教育婚姻匹配与收入婚姻匹配较高的同构性？对此，本节拟作如下三点讨论：首先，随着中国市场转型的逐步深入，市场的机制和原则开始由经济领域向非经济领域扩散，其中便包括婚姻匹配。适婚男女在择偶上不仅越来越看重对方的经济实力，而且对婚姻功利性的认同显著提升。如前所述，在进入21世纪后，中国民众对于"女性干得好不如嫁得好"这一说法的认同率，由34%增加至44%（风笑天、肖洁，2014）。随着受教育程度逐渐成为影响收入的主要因素，人们在择偶上越来越重视对方的受教育程度，由此使得教育同类婚在改革开放后迅猛增长（Han，2010；

石磊，2019；李煜，2008），最终导致教育婚姻匹配与收入婚姻匹配的高度同构。

其次，当代中国社会中教育婚姻匹配与收入婚姻匹配之间的高同构性也可能有其特殊的历史原因。

一方面，在前国家社会主义时期，一系列旨在"去分层化"的政治运动压抑了人们的理性。在婚姻匹配上表现为，青年男女择偶强调"革命情感""阶级情感"，而金钱、物质则被污名化为"万恶之源"。然而，这些运动却同时导致了一个意外后果，即使得人们逐渐向个人日常生活中撤退，个人的生活价值被重新强调（李路路等，2018；郝大海、王卫东，2009），出现"理性"和"人性"的复归。由此，在市场转型开始后，长期被压抑的理性被释放，注重自身经济利益的理性原则开始渗透至社会各个领域，在婚姻匹配上则表现为婚姻市场上的男女越来越注重未来配偶的社会经济地位。

另一方面，新中国成立初期的妇女解放运动和性别平等的国家意识形态使得中国有着很高的女性劳动参与率，这导致了男女在择偶偏好上具有很强的对称性，从而加剧教育同类婚程度，同时也增强了夫妻在收入水平上的关联，进而使得教育婚姻匹配与收入婚姻匹配具有很高的同构性。

随着市场转型的开展与深入，中国社会中受教育程度与收入之间紧密相连，这使得教育婚姻匹配与收入婚姻匹配之间的关系更可能符合同构观下的理性选择的观点，即人们主要基于受教育程度的社会经济价值而进行择偶婚配，由此教育婚姻匹配与收入婚姻匹配的高同构性是不可避免的。

最后，教育婚姻匹配与收入婚姻匹配之间的高同构性是值得警惕的。如本节在开篇所述，根据第四章的结论，在1980—1990出生世代中，中国教育同类婚的分布逐渐呈现出两极化的趋势。而根据本节的研究结论，在这一出生世代中，教育婚姻匹配与收入婚姻匹配之间几乎是完全同构的。在此条件下，当代中国社会中的教育婚姻匹配极有可能导致全社会收入在家庭层面的两极分化。本研究将在下一节中直接检验教育婚姻匹配对收入差距的影响。

　　不可否认的是，本节仍存在许多不足之处。最主要的是由于数据的限制，本节所需要的一些重要数据信息无法直接获得。尤其是在日本数据中，由于收入是分组测量的，因而据此测算出的各受教育层级的收入水平较为粗略，可能会对结论产生一定的影响。随着数据资料的不断丰富，上述未尽之处希望能在后续的研究中有所改进。

第二节　教育婚姻匹配与收入差距[①]

　　在现代社会中，各受教育程度者在社会排斥机制的作用下，形成了以同类婚为主导的教育婚姻匹配模式。而教育同类婚势必会进一步加剧与受教育程度相关的资源和机会在家庭层面的不平衡分配。正因如此，教育婚姻匹配对收入差距的影响，一直备受社会各界的关注。[②]

　　如前一节所述，部分学者认为受教育程度是当代社会中决定个人职业成功与收入水平的主要因素，因此，教育婚姻匹配与收入婚姻匹配在很大程度上是同构的（Blossfeld & Timm，2003：341）。而收入同类婚不可避免地会拉大家庭之间的收入差距。例如，博特雷斯（Gary Burtless）经研究发现，夫妻收入水平关联的提升，可以解释美国从1979—1996年间收入差距增量的10%以上。无独有偶，施瓦茨也同样发现，如果夫妻之间在收入上的关联保持不变，那么美国从1967—2005年近40年间不断扩大的收入差距将下降25%—30%。更有甚者，里德（Deborah Reed）与康西安（Maria Cancian）

---

　　①　本节主要内容已经发表，详见石磊《教育婚姻匹配变迁与家庭收入差距》，《青年研究》2022年第1期。
　　②　美国《纽约时报》曾有近30篇报道提及婚姻匹配对美国社会不平等的影响。

的研究显示，夫妻双方在收入上的匹配可以解释美国自 1967—2005 年间收入差距增量的 50% 以上。

然而，以上观点与研究招致了许多质疑，其中最主要的有三点：首先，上述研究多将同类婚从社会总体的婚姻匹配模式中剥离出来，单独考察其对收入差距的影响，由此便忽略了其他非同类婚模式对收入差距的作用。其次，教育婚姻匹配与收入婚姻匹配并不必然是同构的。在受教育程度与收入之间的关联程度较弱、女性的劳动参与率较低，以及适婚男女基于社会交换的原则择偶等条件下，教育婚姻匹配与收入婚姻匹配之间便不是同构的或者同构性很低，① 如此一来，上述研究完全将二者等同的做法，无疑会过高地估计教育婚姻匹配对于收入差距的影响程度。

最后，即使受教育程度与收入水平紧密相关，教育同类婚的增加也不必然导致全社会收入差距的扩大，这里便涉及组内与组间两种收入差距及二者的关系问题。当从某一分类的角度来探讨差异时，通常可以将总体差异拆分成类别内部的差异（组内差异）与类别之间的差异（组间差异）两部分。然而这两类差异的变化方向可能并不是一致的，如此便决定了二者之间可能会存在相互抵消的情形。例如，格伦·费雷布（Glenn Firebaugh）在研究全球收入差距时便发现，在 1965—1989 年间，尽管许多国家内部的收入差距显著提升，但是，国家之间的收入差距却在缩小，由此使得全球整体的收入差距不升反降。同理，就教育婚姻匹配而言，在受教育程度成为影响收入水平的最主要因素的条件下，教育同类婚的增加虽然会加剧不同类别家庭之间的收入差距，但是却可能会缩小相同类别家庭内部的收入差距。据此思路，许多研究者发现，教育婚姻匹配对社会总体收入差距的影响十分微弱，甚至具有反向的缓和效应（Breen & Salazar，2010，2011；Hu & Qian，2015）。

①　关于教育婚姻匹配与收入婚姻匹配同构性的讨论，可参见上一节，在此不过多赘述。

综上所述，学界关于教育婚姻匹配如何影响收入差距的问题仍旧呈现出莫衷一是的状态，尤其在加入组内与组间收入差距的考虑时，情况更显纷繁复杂。除此之外，已有大部分研究均是针对西方发达国家，而为数不多的基于中国社会的讨论亦是言人人殊。例如，李代的研究发现，如果教育婚姻匹配是随机的，那么中国社会中的收入差距将在 1996 年下降 4%，在 2012 年将会下降 5.1%，这意味着教育同类婚的增加将拉大收入差距（李代，2017）。然而，胡安宁等人的研究却发现，从 1988—2007 年间，教育同类婚的增加虽然提高了组间收入差距，但是却在更大程度上缩小了组内的收入差距，由此降低了总体的收入差距水平（Hu & Qian，2015）。之所以出现如此截然不同的结果，可能是源于两项研究在分析方法与策略上的差异，以及各自本身所具有的缺陷。李代的研究仅聚焦于教育同类婚的变化对收入差距的影响，而忽视了其他教育婚配类型的作用，而胡安宁的研究所使用的数据较早，且对受教育程度类型的划分较为简单。[1]

基于上述讨论，本节拟利用调查数据，将关于教育婚姻匹配如何作用于收入差距的分析置于中国市场转型与高等教育扩张的大背景之下，力图更为全面而细致地展现中国自 20 世纪 90 年代中期至今，教育婚姻匹配模式的变化对收入差距的影响。

一　研究假设

（一）教育婚姻匹配与收入差距

针对已有关于教育婚姻匹配如何影响收入差距的研究，本书在第二章中按照宏观与微观范式的分类，进行了较为详细的回顾，不过多赘述。然而，由于本节拟借鉴"组内—组间"的分析策略，因

---

　　[1]　所谓"缺陷"仅是相对本书的研究问题而言的。李代的研究主要讨论的问题就是教育同型婚姻对于家庭工资性收入差距的影响，因而他所使用的分析策略与方法对于其所研究的问题来说并无不当。

此在提出具体的假设前，有必要在此具体介绍与此相关的三项研究，即布林与萨拉查对于美国的研究（Breen & Salazar，2011），布林与安德森关于丹麦的研究（Breen & Andersen，2012），以及胡安宁与钱震超（Hu & Qian，2015）关于中国的研究。之所以选择这三项研究，不仅是因为它们均采用了"组内—组间"的方法，而且其各自所分析的国家在经济模式、政治制度、文化传统等方面均具有非常强的代表性。[①] 通过对这三项研究的比较，便可以获知影响教育婚姻匹配作用于收入差距的主要因素。三项研究的主要结论如表5.5所示。

表5.5　　　　　　　　　三国教育婚姻匹配与社会收入差距

国家	教育婚姻匹配变化	组内收入差距	组间收入差距	总体收入差距
美国	教育同类婚增多	-	-	- -
丹麦	教育同类婚减少（集中于低等级）	+	+	+ +
中国	教育同类婚增多	- -	+	-

注：＋表示程度增加，－表示程度降低。需要进一步说明的两点是：第一，加减仅表示变化，不表示结果。即表中所示并不意味着丹麦的总体收入差距最高，实际上它是最低的；第二，所谓变化指的是在考察教育婚姻匹配影响时的反事实变化，而非实际变化。事实上，无论是组内、组间还是总体收入差距，三国都是增长的。

在针对美国的研究中，布林和萨拉查将个体的受教育程度划分为五个等级，并根据夫妻双方的受教育程度组合以及单亲家庭者的受教育水平，划分出35类家庭（6×6−1）。他们发现，从20世纪70年代中后期（1976—1980）至21世纪初（2002—2006），美国教育同类婚夫妻占所有婚配类型夫妻（排除单亲家庭）的比例由

①　美国是当今最发达的资本主义国家，丹麦是北欧福利国家的代表，中国则是最大的发展中国家、社会主义国家，并从20世纪70年代末至今经历了深刻的市场转型。

48.92%提升至52.65%，而这一阶段根据教育婚配家庭类型计算出的泰尔指数（Theil Index）由0.28增长至0.34，即收入差距有所扩大。这是否意味着教育同类婚的增加会拉大收入差距呢？布林和萨拉查通过反事实分析发现，如果保持其他因素不变，而仅将70年代中后期的家庭类型分布结构换为2002—2006年的情形，那么无论是不同类别家庭之间的还是同类别内部的收入差距均出现下降，从而使得总体收入差距缩小。这一结果表明，教育婚姻匹配非但不会拉大，反而会缩小收入差距。而他们所分析时段中收入差距的扩大，主要是源于各教育婚配家庭类型内部收入差距的上升，以及各类家庭平均收入水平的变化。

　　针对上述研究结果，布林和萨拉查指出，美国的教育婚姻匹配之所以对收入差距的影响十分微弱，甚至具有缓和效应。这主要是因为在美国社会中，教育婚姻匹配与收入婚姻匹配的同构性很弱，从而导致收入差距的扩大主要有赖于其他与收入相关的因素，而非教育婚姻匹配。这一点体现为各类家庭内部收入差距水平的提升是拉大社会总体收入差距的主要动力。

　　与对美国的研究类似，布林与安德森在分析丹麦的教育婚姻匹配对收入差距的影响时，将个人的受教育程度划分为7个等级，并同样依据夫妻双方以及单亲家庭者的受教育程度划分出了63类家庭（8×8−1）。他们发现，作为北欧福利国家之一的丹麦虽然社会收入差距较小，但是在1987—2006年间仍呈现扩大的趋势。就教育婚姻匹配而言，丹麦教育同类婚夫妻占所有教育婚配类型夫妻的比例由1987年的49.42%下降至2006年的41.47%。然而，通过将教育同类婚按受教育等级进行细分，布林与安德森发现，丹麦教育同类婚的下降主要出现在小学层级，而其他受教育层级尤其是职业教育和高等教育层级的同类婚均显著增加。在具体的分析中，他们同样利用反事实分析法，在控制其他因素不变的情况下，将1987年各类家庭的分布结构转换为2006年的情形，所得结果与美国完全相反，即无论是组内收入差距还是组间收入差距均有所提升，从而也使得总体收入差距扩大。这表明在丹麦，教育婚姻匹配会显著地拉大社会收入差距。通过将教育婚姻匹配的效应进一步分解，布林与安德森发现，丹麦教育婚姻匹配对收入差距的拉大效应主要是由于教育扩张提升了受教育程度较高者的配偶可获得性。

　　为什么教育婚姻匹配对收入差距的影响在丹麦会与在美国截然相反呢？这是因为教育同类婚的增多对收入差距的影响有赖于教育收益率和女性劳动力市场参与率等因素，如上一节所说，这两个方面决定了教育婚姻匹配与收入婚姻匹配之间所能达到的同构性程度。如果教育收益率较低，各受教育等级之间的收入差别就不会太大，由此教育同类婚增加对家庭收入差距的影响也较弱。如果女性的劳动力市场参与率较低，那么即使夫妻都具有大学学历，因为女性不工作，这类家庭与其他类型家庭的收入差距也不会太大。而教育同类婚的增加之所以在丹麦提高了收入差距，主要是因为丹麦的劳动力市场比较规范，教育的收益率较高。此外，由于丹麦政府对家庭中的子女抚养给予大力的支持与保障，丹麦女性的劳动参与率高达87%，且很少因照顾家庭而退出劳动力市场。这就使得丹麦社会的教育同类婚在很大程度上可以等同于收入同类婚。相比之下，美国的教育收益率和女性劳动力市场参与率则相对较低。除此之外，受教育程度与收入紧密相关，使得丹麦社会中同类家庭内部的收入变异较小，从而更加增强了教育婚姻匹配与收入婚姻匹配之间的同构性程度。①

　　胡安宁和钱震超在对中国的研究中采用了与布林等类似的分析方法，通过将个体的受教育程度划分为三个等级，并根据夫妻双方的受教育水平组合构筑了 9 类家庭（3×3）。他们发现，从 1988—2007 年间，教育同类婚比例由 59.83% 上升至 65.93%。而这一时期根据教育婚配家庭类型而计算的泰尔指数由 0.066 增长至 0.214。通

---

　　①　这一点是值得商榷的。根据他们的研究结果，教育同类婚的增加其实是提高了而非降低了组内收入的差距。

过进一步的反事实分析，他们得出了与美国和丹麦均不同的结果，即中国教育同类婚的增加一方面提升了不同教育婚配类别家庭之间的收入差距，另一方面却显著降低了同类别家庭内部的收入差距。由于组内收入差距在总体收入差距的构成中占据相对主要的地位，由此总体的收入差距得以缩小。

　　针对上述结果，胡安宁和钱震超指出：首先，中国教育同类婚的增加之所以会带来组间收入差距水平的上升，主要是因为高等教育扩张导致了低受教育程度者的工资水平下降，由此使得高等受教育层级与较低受教育层级之间的收入水平出现两极分化；其次，就组内收入差距而言，由于在改革开放后，个体的收入水平越来越取决于其受教育水平，由此便会提升相同受教育程度者在工资收入上的同质性，最终导致同类型教育婚配家庭内部收入差距的缩小；最后，由于在改革初期，劳动力市场发育不成熟，受教育程度与收入水平的关联依旧较弱，这使得组内收入差距在总体收入差距的构成中占据主导地位，因此组内收入差距水平的下降会超越组间收入水平的上升，从而导致总体收入差距的缩小。[①]

　　通过对以上三个国家比较可以得到几点启示：首先，教育婚姻匹配对不同教育婚配类型家庭之间收入差距（组间收入差距）的影响主要依赖于两点：一是教育同类婚的分布结构，二是受教育程度的收入回报。而这两点又与该社会所处的经济制度、劳动力市场状况、社会文化传统以及教育扩张等宏观社会因素或过程密切相关。其次，在单独分析教育婚姻匹配的变迁对收入差距的影响时，一个

---

　　① 这一解释也是需要商榷的。胡安宁和钱震超指出，从 1988—2007 年间，组间收入差距所占总体收入差距的比例在 1988—2007 年中大幅上升，可以作为对这一解释的佐证。但是，首先，根据他们的计算结果，即使在 2007 年组间收入差距所占的比例也仅为 14%。根据布林等人的研究结果，在市场制度比较成熟的美国和丹麦，相同时期这一比例也仅为 25% 和 24%。因此，将组内收入差距占据主导地位归结于市场制度的不完善可能并不合适；其次，在胡与钱的文章结果中，2002 年组间收入差距所占的比例为 17%，高于 2007 年的 14%，与此对应组内收入差距所占的比例则低于 2007 年。这便更进一步质疑了他们的解释。

假定是各家庭类型的平均收入水平和各家庭类型内部的收入差异保持不变,[①] 而这可能与现实不符。例如当教育收益率较低时,虽然各类型家庭比例的变化对收入差距的影响有限,但是教育的低收益率意味着人们收入的高低主要受家庭背景、年龄等其他非教育因素的影响,这会导致根据教育婚姻匹配区分的家庭类型内部的收入差异扩大,由此提高组内收入差距。正因如此,布林和萨拉查发现,虽然美国教育婚姻匹配变化本身对收入差距没有影响,但是实际上收入差距却在扩大,而这正是源于各家庭类型内部收入差异的扩大提高了全社会的组内收入差距(Breen & Salazar, 2011)。因此,若要理解收入差距的真实变化,除了分析各家庭类型的比例之外,还需要考虑各家庭类型的平均收入和各家庭类型内部收入差异的变化对收入差距的影响。

综上所述,教育婚姻匹配对家庭收入的影响依赖于教育收益率、女性劳动力市场参与率等因素。然而教育收益率是不断变化的,高等教育扩张等社会变迁会给教育收益率带来不同的影响。由此,本节在中国高等教育扩张的背景下,采用组内—组间视角,聚焦中国教育婚姻匹配的变迁如何影响收入差距。同时,考察各家庭类型的平均收入、各家庭类型内部的收入差异如何在高等教育扩张的影响下作用于收入差距的变化。

(二)市场转型背景下的教育婚姻匹配与收入差距

如前所述,就受教育程度与收入之间的关系而言,一方面,中国的市场化改革极大提升了人力资本在劳动力市场中的回报,受教育程度与收入之间的关联显著增强;另一方面,由于中国特殊的历史社会背景,高等教育扩张对教育收益率的影响具有独特性。主要表现在高素质劳动力在改革开放后的经济快速发展期始终处于供不

① 这里需要注意各家庭类型内部收入差异和家庭组内收入差距的区别。前者指的是某一家庭类型中的内部差距,而后者是所有家庭类型内部差距的一个综合。各家庭类型内部收入差异的变化会影响家庭组内收入差距。

应求的状态，因此，中国的教育收益率增长与高等教育扩张是相伴而行的（陈晓宇等，2003；岳昌君，2004；Hu，2013），并没有出现明显的教育贬值。然而，高等教育扩张确实导致了学历的膨胀，提高了许多岗位对任职者受教育水平的要求，由此使得受教育程度较低者不得不从事工资相对较少的工作，从而导致了高等受教育等级与较低受教育等级在收入水平上的两极分化。就教育同类婚的分布结构而言，在高等教育扩张的过程中，受教育资源排斥和教育婚姻市场排斥的影响，教育同类婚分布逐渐向高等教育层次集聚，并逐渐呈现出两极化的态势。

就女性劳动力市场参与率而言，中国虽然不如丹麦有非常高的国家社会福利来为女性参与劳动力市场提供支持和保障，但是受新中国成立初期妇女解放运动以及其他意识形态的影响，女性的劳动参与率始终较高，双薪家庭十分普遍。

在高等教育收益率和女性劳动力市场参与率都较高的条件下，高等教育同类婚家庭意味着夫妻之间会出现收入上的"强强联合"。在高等教育同类婚较少时，大学毕业生虽然收入较高，但是可能与高中或其他学历的人结婚，此时家庭类型之间的收入差别并不会很大。而随着高等教育同类婚家庭的增加，夫妻收入"强强联合"的情形增多，家庭组间收入差距会扩大。由此，可以提出以下假设。

假设5.6：高等教育扩张所导致的高等教育同类婚的增加，会扩大家庭组间收入差距。

虽然中国的高等教育收益率较高且没有明显贬值，但是高等教育层次内部的收入差别却较大。中国的高等教育层次包括大专、本科、硕士和博士等学历层次，不同学历层次的收入明显不同。此外，同一学历层次中不同专业、学校类型和等级层次也会对收入产生较大的影响。而这种现象在高中、初中等其他教育层次基本没有。这意味着高等教育同类婚家庭在内部收入差距上要高于其他类型的家庭，当其数量迅速增加并在所有家庭类型中占比最大时，全社会的家庭组内收入差距便会扩大。在组间和组内差距都扩大的情况下，家庭总体的收入差距也会随之扩大。由此，本节提出以下假设。

假设5.7：高等教育同类婚的增加，会扩大家庭组内收入差距；

假设5.8：高等教育同类婚的增加，会扩大家庭总体收入差距。

（三）各家庭类型平均收入、各家庭类型内部收入差异变化与收入差距

各家庭类型平均收入水平的变化主要影响的是家庭组间收入差距，而各家庭类型内部收入差异的变化则主要影响的是家庭组内收入差距。在高等教育扩张的背景下，有研究发现，高等教育扩张所带来的学历膨胀，提高了许多岗位对任职者受教育水平的要求，由此使得受教育程度较低者不得不从事工资相对较少的工作，从而导致高等受教育者与非高等受教育者尤其是较低受教育者在收入水平上的两极分化（Hu，2013）。这意味着由高等受教育程度夫妻组成的同类婚家庭与由较低受教育程度夫妻组成的同类婚家庭在平均收入水平上的差距可能进一步拉大。在这种情况下，即使高等教育同类婚家庭数量没有增多，家庭类型之间的收入差距也会扩大。由此，本节提出以下假设。

假设5.9：高等教育扩张所导致的高等教育层级与非高等教育层级收入差距的扩大，会提高家庭组内收入差距，进而扩大总体收入差距。

在家庭类型内部收入差异的变化上，高等教育扩张所导致的非高等教育收益率的下降，可能会使得非高等受教育者的收入水平更易受其他非教育因素（如家庭背景、年龄、性别等）的影响，这会导致非高等教育同类婚家庭内部的收入差异变大。对高等教育同类婚家庭来说，有研究发现，高等教育扩张重塑了精英大学和普通大学的机会结构，导致重点大学和非重点大学在收入回报上的差别显著拉大（周扬、谢宇，2020）。这意味着高等教育同类婚家庭内部的收入差异随着高等教育的扩张也会不断扩大。由此，本节提出以下假设：

假设 5.10：高等教育扩张可能导致各家庭类型内部的收入差异扩大，进而拉大家庭组内收入差距和总体收入差距。

二　变量与模型

（一）变量

本节所使用的数据为生活史与当代中国社会变迁（LHSCCC）1996 年与中国综合社会调查（CGSS）2006 年、2013 年和 2015 年的数据。之所以选择这四年的数据主要是基于以下几点原因：首先，本节拟用反事实分析法来考察教育婚配的变化对收入差距的影响。1996 年、2006 年与 2015 年三个年份之间相隔两个 10 年，由此更为有助于本节考察近 20 年间教育婚姻匹配的变迁与收入差距之间的关系；其次，由于农民家庭的收入构成较为复杂，因此本节的研究对象仅限于城市中有工资收入的受访者。然而，2015 年的数据在城乡样本分布上很不平衡，[①] 因此本节将时间最接近的 2013 年数据与 2015 年数据合并，作为第三阶段的分析数据。为了确保分析样本为活跃于劳动力市场上的受访者，本节按照中国劳动人口的年龄标准，将样本年龄限定为 16—59 岁。在变量清理后，本节获得的分析样本量为 4725。

本节主要的自变量即为受访者和配偶的受教育程度和年收入。其中，受教育程度分为"小学及以下""初中""高中""大学及以上" 4 个等级。根据受访者性别区分出丈夫与妻子的受教育程度后，本节构建了 16 个家庭类型。年收入为受访者和配偶在一年中所获得的工资性收入（包括基本工资、福利津贴、奖金等），通过将夫妻双方的收入取均值，计算出家庭平均年收入。

---

① 在 CGSS2015 中，农村户口人数近 7000 人，而城市户口人数仅为 4000 人左右，按照本节的分析要求进行限定后，城市样本仅剩 871 人，这对于 16 类教育婚配家庭的分析来说，显然是不足够的。

（二）模型

根据研究惯例，本节使用泰尔指数（Theil Index）来测量收入差距水平。相比于基尼系数等其他衡量收入差距的指标，泰尔指数的优势在于可以计算出组内差距和组间差距对总收入差距的贡献。泰尔指数的计算公式可以表示为：

$$T = \frac{1}{n} \sum_{i=1}^{n} \frac{x_i}{\bar{x}} ln\left(\frac{x_i}{\bar{x}}\right) \qquad （公式 5.3）$$

其中，x_i 为观测对象收入，本节中为家庭的年收入。$\bar{x}$ 为样本平均收入，n 为观测对象的数量。如前所述，泰尔指数可以拆分为组内收入差距和组间收入差距，公式可以表示为：

$$T = \sum_j p_j \frac{\bar{x}_j}{\bar{x}} ln\left(\frac{\bar{x}_j}{\bar{x}}\right) + \sum_j p_j \frac{\bar{x}_j}{\bar{x}} T_j \qquad （公式 5.4）$$

其中，j 为分组，本节中为 16 类教育婚姻匹配家庭，$\bar{x}_j$ 为第 j 类家庭的平均收入，p_j 是第 j 类家庭占所有类型家庭的比例，T_j 第 j 类家庭内部的泰尔指数，$\bar{x}$ 为总平均收入。由于总平均收入又可以表示为各组平均收入的加权和，所以该公式也可以表示为：

$$T = \sum_j p_j \frac{\bar{x}_j}{\sum_j \bar{x}_j p_j} ln\left(\frac{\bar{x}_j}{\sum_j \bar{x}_j p_j}\right) + \sum_j p_j \frac{\bar{x}_j}{\sum_j \bar{x}_j p_j} T_j \qquad （公式 5.5）$$

由公式可知，泰尔指数的大小主要取决于三个因素，即各类家庭内部的泰尔指数，各类家庭所占的比例，以及各类家庭的平均收入水平。通过分时间段的计算，便可以对上述三个因素进行反事实分析，从而可以获知每一个因素对于组间、组内以及总体收入差距的影响。

$$T_a = \sum_j p_{2015j} \frac{\bar{x}_{2015j}}{\sum_j \bar{x}_{2015j} p_{2015j}} ln\left(\frac{\bar{x}_{2015j}}{\sum_j \bar{x}_{2015j} p_{2015j}}\right) + \sum_j p_{2015j} \frac{\bar{x}_{2015j}}{\sum_j \bar{x}_{2015j} p_{2015j}} T_{2015j}$$

$$（公式 5.6）$$

$$T_b = \sum_j p_{1996j} \frac{\bar{x}_{2015j}}{\sum_j \bar{x}_{2015j} p_{1996j}} ln\left(\frac{\bar{x}_{2015j}}{\sum_j \bar{x}_{2015j} p_{1996j}}\right) + \sum_j p_{1996j} \frac{\bar{x}_{1996j}}{\sum_j \bar{x}_{2015j} p_{1996j}} T_{2015j}$$

$$（公式 5.7）$$

例如，本节主要关注教育婚姻匹配的变迁对于收入差距的影响，便可以通过以下步骤实现：首先，计算 2015 年（包括 2013 年）泰尔指数的数值，即公式 5.6 中的 T_a；其次，将各家庭类型所占的比例替换为 1996 年的情形，其他元素保持在 2015 年不变，然后重新计算泰尔指数，即为公式 5.7 中的 T_b。通过比较两次计算的泰尔指数值，以及对应组内与组间收入差距的数值，便可以得出教育婚姻匹配的变迁对于总体、组内和组间收入差距的影响。对于各类家庭内部的泰尔指数，以及各类家庭平均收入的分析策略与此相同，不在此过多赘述。

三　研究结果

（一）描述性分析结果

本节首先利用描述性分析来展现各类教育婚配家庭的分布在 1996 年、2006 年和 2015 年近 20 年间的变化。结果如图 5.2 至图 5.4 所示。由图 5.2 可知，在 1996 年的城市样本中，初中同类婚家庭的比例最大（23.84%），其次是高中同类婚家庭（15.86%）。大学及以上同类婚家庭和小学及以下同类婚家庭的占比大致相同，分别为 6.9% 和 6.8%。

由图 5.3 可知，在 2006 年的城市样本中，高中同类婚家庭所占的比例（22.47%）已经超过初中同类婚家庭（17.83%），成为占主导地位的教育婚配家庭类型。与 1996 年相比，2006 年中大学及以上同类婚家庭所占的比例迅速上升至 12.68%，成为仅次于高中同类婚和初中同类婚的第三大教育婚配家庭类型。相比之下，小学及以下同类婚家庭所占的比例则大幅缩减，在 2006 年中仅为 3%。

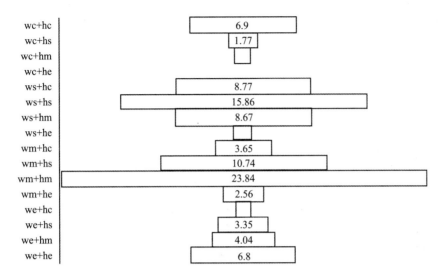

图 5.2　1996 年各教育婚配类型家庭分布

注：w 表示妻子，h 表示丈夫；e、m、s、c 分别表示小学及以下、初中、高中、大学及以上；＋表示家庭组合，例如 wc＋hc 即表示夫妻双方均具有大学及以上学历，wc＋hs 表示妻子是大学及以上，丈夫为高中学历的家庭。图中的数值表示各类家庭所占的百分比。下同。

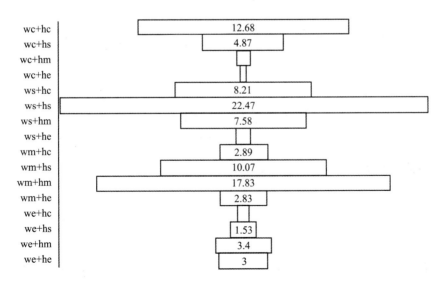

图 5.3　2006 年各教育婚配类型家庭分布

如图 5.4 所示，在 2015 年左右的城市样本中，大学及以上同类婚家庭占所有类型家庭的比例已经达到了 33.35%，成为占绝对主导地位的教育婚配家庭类型。高中同类婚家庭的占比退居其次，初中同类婚家庭的占比更是跌至百分之十以下。

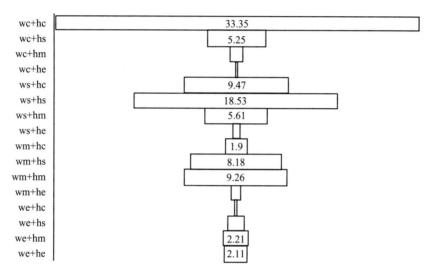

图 5.4   2015 年各教育婚配类型家庭分布

综上所述，根据描述性的结果可知，在 1996—2015 年的近 20 年间，高等教育同类婚家庭所占比例急剧膨胀，并在 2015 年左右成为中国城市中占比最大的教育婚配家庭类型。相比之下，较低受教育层级的教育同类婚家庭所占的比例则不断缩减。

在高等教育扩张背景下，高等受教育程度者和非高等受教育程度者之间的收入差距扩大，这可能导致高等教育同类婚家庭与其他教育婚配家庭类型，尤其是与较低受教育层级同类婚家庭之间的平均收入差距提高。图 5.5 分别展示了大学及以上和小学及以下同类婚家庭的平均收入与总平均收入的比值在 20 年间的变化。由图 5.5 可知，高等教育同类婚家庭的平均收入与总平均收入的比值在过去 20 年间呈直线上升的趋势，由 1.1 倍增长至 2.1 倍。相比之下，小

学及以下同类婚家庭的平均收入与总平均收入的比值则由 0.7 下降
至 0.5 左右。由此可以看出，高等教育同类婚与低层级教育同类婚
家庭在平均收入的差距上确有愈来愈大的趋势。

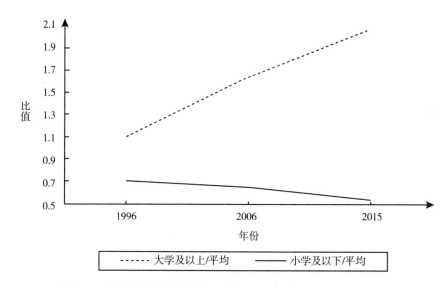

图 5.5　大学及以上同类婚与小学及以下同类婚收入差距的变化

各受教育等级同类婚家庭类型内部的收入差距如何变化呢？图
5.6 展示了各教育层级同类婚内部的泰尔指数在 20 年中的变化。由
图可知，从纵向来看，在 1996 年，组内收入差距最高的是高中同类
婚，而大学及以上同类婚家庭的组内收入差距最低；在 10 年后的
2006 年，小学及以下同类婚家庭的组内收入差距更高，大学及以上
同类婚家庭的组内收入差距已经跃升至第二位；在 20 年后的 2015
年，大学及以上同类婚组内的泰尔指数已经接近 0.39，远高于其他
类型的教育婚配家庭类型。从横向来看，大学及以上同类婚家庭的
组内收入差距在过去 20 年中急剧攀升，高中和小学及以下同类婚家
庭的组内收入差距在近 10 年中的增加较为缓慢，甚至出现轻微的下
降，初中同类婚家庭的组内收入差距同样在持续提升，但是其增长
速率要远低于大学及以上同类婚家庭。上述结果，在很大程度上支

持了本节的假设5.9。

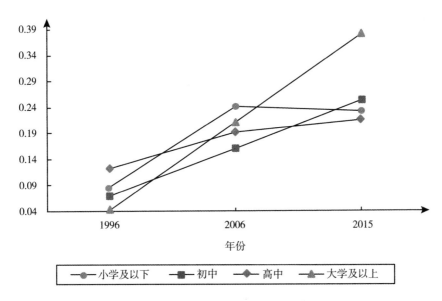

图5.6　各受教育等级同类婚的组内收入差距变迁

（二）教育婚姻匹配与收入差距反事实分析结果

上文提及，本节将通过考察1996年、2006年和2015年三个阶段的收入差距情况，利用反事实分析法来考察教育婚姻匹配对于收入差距的影响。在进行反事实分析之前，本节首先计算了三年的实际收入差距情况，如表5.6所示。

表5.6　　　　　　　　　三个年份的泰尔指数

年份	泰尔指数	组内	组间
1996	0.1014204	0.088818	0.0126024
2006	0.2527782	0.2033869	0.0493913
2015	0.3874492	0.3071036	0.0803456

由表5.6可知，从1996—2015年，无论是组内收入差距还是组间收入差距都在不断提升。其中，总体收入差距上升了2.82倍，组

间收入差距上升了 2.46 倍，组内收入差距则上升了 5.38 倍。

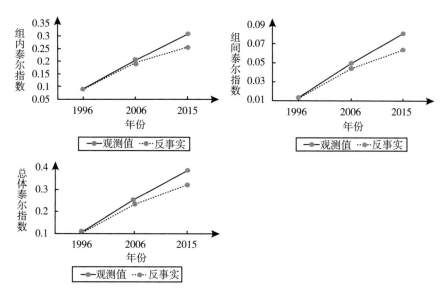

图 5.7　教育婚姻匹配类型反事实

　　为了分析教育婚姻匹配对收入差距的影响，本节首先在控制其他因素不变的情况下，分别将 2006 年与 2015 年的教育婚配家庭类型分布（p_j）换为 1996 年的情形，而后重新计算泰尔指数，结果如图 5.7 所示。由图可知，无论是就组内收入差距、组间收入差距还是总体收入差距而言，实际计算的泰尔指数在 2006 年和 2015 年间均高于反事实计算的泰尔指数，并且二者的差值在 2015 年要显著高于 2006 年。这表明在高等教育扩张的背景下，高等教育同类婚的增长扩大了收入差距，结果支持本节的假设 5.6 至假设 5.8。

　　如本书在第四章所述，高等教育同类婚的增加，在一定程度上是由于高等教育扩张极大提升了高等受教育程度者在相同受教育层级的配偶可获得性。为了分析这一因素对于收入差距的影响，本节运用在第四章第一节介绍的迭代比例拟合法（iterative proportional fitting），分别将 2006 年和 2015 年丈夫与妻子受教育程度的边际分布设定为 1996 年的情形，而后重新计算各类型教育婚配家庭所占的比例（即p_j），最后计算这一反事实情况下的组内、组间和总体泰尔指数，结果如图5.8所示。由图可知，组内、组间和总体的实际计算结果均高于反事实计算的结果，表明由高等教育扩张所导致的高等教育层级配偶可获得性的提高，会在一定程度上拉大社会的收入差距。

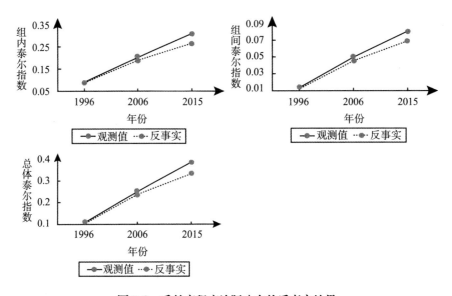

图5.8   受教育程度边际分布的反事实结果

其次，依据同样的方法，本节在保持其他要素不变的情况下，分别将2006年和2015年各教育婚配类型家庭内部的泰尔指数（T_j）换为1996年的数值，结果如图5.9所示。根据上文给出的泰尔指数的计算公式，T_j的变化只会改变组内收入差距和总体收入差距，而不会影响组间收入差距。由图5.9可知，组内收入差距与总体收入差距的实际计算结果在2006年和2015年均远高于反事实计算值。这一结果表明，从1996—2015年间组内收入差距和社会总体收入差距的提升，很大一部分是由各受教育层级尤其是高等教育同类婚家庭内部收入差距的扩大所导致的，支持了本节的假设5.10。

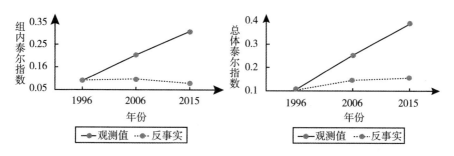

图5.9　各教育婚配类型家庭内部收入差距的反事实结果

再次，本节同样对各类教育婚配家庭类型的平均收入水平进行了反事实分析，结果如图5.10所示。由图可知，就组内收入差距而言，实际计算值在2006年和2015年仅稍稍高于反事实计算结果。然而在组间收入差距方面，反事实计算结果在2006年和2015年要远低于实际观测值，这也直接导致了总体泰尔指数的实际计算值在这两年中高于反事实计算值。

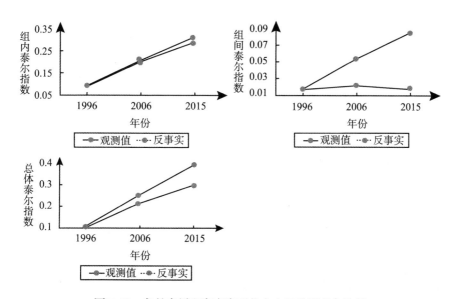

图5.10　各教育婚配家庭类型收入水平的反事实结果

（三）稳健性检验结果

为验证上述结果的可靠性，本节进行两种稳健性检验。首先，由于本节选取的年龄段跨度较大，而可能导致相同教育婚姻匹配类型家庭内的收入差距可能在不同年份间具有比较大的差异，进而影响最后的结果。为此，本节将所研究的年龄范围进一步缩小到18—45岁，重新计算实际和反事实结果。根据表5.7，缩小年龄范围后所得出的结论并未发生变化。

表5.7　　　　　　　　稳健性检验结果（缩小年龄范围）

年份	泰尔指数	组内	组间
1996（观测值）	0.111006	0.0963476	0.0146584
2006（观测值）	0.2630693	0.2172697	0.0457996
p_j反事实结果	0.2407572	0.199529	0.0412282
T_j反事实结果	0.1556093	0.1098097	0.0457996
$\bar{x}_j$反事实结果	0.2381407	0.2137115	0.0244292
边际反事实结果	0.2452793	0.2008334	0.044446
2015（观测值）	0.3902872	0.3268493	0.0634379
p_j反事实结果	0.3095606	0.2585814	0.0509792
T_j反事实结果	0.139293	0.0758551	0.0634379
$\bar{x}_j$反事实结果	0.3133283	0.2984036	0.0149247
边际反事实结果	0.3188156	0.2651025	0.053713

其次，本节再运用"中国家庭收入调查"（Chinese Household Income Project，CHIP）1988—2007年的数据进行稳健性检验。针对这一数据，本节做了与上文所使用数据完全相同的条件限定，最后获得的样本量为17656个。通过使用相同的分析策略与方法，分析结果如表5.8所示。

表 5.8　　　　　　　　　　**稳健性检验结果（CHIP 数据）**

年份	泰尔指数	组内	组间
1988（观测值）	0.0596992	0.0581914	0.0015078
1995（观测值）	0.1144517	0.1074391	0.0070126
p_j 反事实结果	0.1123859	0.1058962	0.0064897
T_j 反事实结果	0.0586153	0.0516027	0.007012
$\bar{x}_j$ 反事实结果	0.1084898	0.1070953	0.0013945
边际反事实结果	0.1121766	0.1058609	0.0063157
2002（观测值）	0.149923	0.1230611	0.0268619
p_j 反事实结果	0.1467134	0.1200822	0.0266312
T_j 反事实结果	0.0760534	0.0491915	0.0268619
$\bar{x}_j$ 反事实结果	0.1241424	0.1226854	0.001457
边际反事实结果	0.1466123	0.1201258	0.0264865
2007（观测值）	0.15101	0.120405	0.030605
p_j 反事实结果	0.138202	0.1170106	0.0211914
T_j 反事实结果	0.0788625	0.0482575	0.030605
$\bar{x}_j$ 反事实结果	0.1185541	0.1168597	0.0016944
边际反事实结果	0.140578	0.1198611	0.0207169

由 5.8 可知，利用 CHIP 数据计算的结果与 CGSS 数据计算的结果基本一致。就实际观测值而言，1998—2007 年，社会总收入差距不断加剧，组内收入差距在 2002 年前持续上升，在 2007 年出现小幅度下降，组间收入差距则始终在扩大。就反事实结果而言，在所有年份中，当分别将各教育婚配家庭类型的分布情况、内部收入差距水平、平均收入水平，以及夫妻双方受教育程度的边际分布保持在 1988 年不变时，组内收入差距、组间收入差距和总体收入差距均出现不同程度的下降，与本节所提出的假设相符。

四　小结

本节基于中国市场转型和高等教育扩张的背景，直接讨论并检验了与教育婚姻匹配相关的各项因素对于收入差距的影响。主要结论如下：第一，自 20 世纪 90 年代以来，根据各类型教育婚姻匹配家庭计算的收入差距不断拉大，各教育婚配家庭类型内部与类型之间的收入差距均持续提升。这表明随着市场化改革和高等教育扩张的推进，教育婚姻匹配的变迁会显著地提高收入差距。

第二，1996—2015 年间，教育婚姻匹配分布变迁的特点主要表现为教育同类婚逐渐由较低层级向高等教育层级转移。而这一变化直接导致了各教育婚配家庭类型内部、各类型家庭之间以及社会总体收入差距水平的提升。

第三，各类教育婚配家庭类型内部的收入差距对社会总体收入差距具有十分强烈的影响，主要表现为从 1996—2015 年间，组内收入差距以及总体收入差距增长的很大一部分是由各家庭类型内部的收入差距尤其是高等教育同类婚家庭内部收入差距的急剧扩大所导致的。

第四，在本节所研究时段的 20 年中，虽然所有教育婚配家庭类型的绝对收入均呈现增长的态势，但是各家庭类型之间的收入差距却在逐渐拉大，主要表现为高等教育同类婚家庭与低层级教育同类婚家庭在收入水平上的两极分化。这一现象使得近 20 年中组间收入差距增长的较大一部分是由各家庭类型收入水平的变化所导致的。因此，各类家庭收入水平的变化虽然对各教育婚配家庭类型内部的收入差距的影响相对较弱，但是却大幅提高了各家庭类型之间的收入差距，进而拉大了社会总体的收入差距。

第五，鉴于中国教育婚姻匹配的变迁尤其是高等教育同类婚的增加与高等教育扩张提高了高等受教育者特别是男性的配偶可获得性密切相关，因此本节单独考察了这一因素对收入差距的影响。结果显示，随着男女平均受教育水平的提升，各教育婚配家庭类型的组内、组间与总体收入差距程度均有所增强。这表明由教育同类婚分布变迁所带来的收入差距的扩大，在一定程度上是由教育扩张提高了较高教育层级的配偶可获得性所导致的。

针对上述结论，本节拟作两点讨论：首先，尽管本节运用反事实分析考察了教育婚配家庭类型的分布、各教育婚配家庭类型的收入水平与内部的收入差距，以及男女受教育程度的边际分布等因素对收入差距的各自独立的影响，但毋庸置疑的是，上述因素之间通常是紧密相连的。举例来说，就各教育婚姻家庭类型的分布与各类家庭的收入水平而言，恰如本书在第四章中所述，正是由于各受教育层级在社会经济地位上的差异，尤其是高等受教育层级与低受教育层级在收入水平与其他受教育层级的差距不断拉大，从而使得这两个受教育层级的教育资源排斥程度更高，与其他受教育层级之间的婚姻壁垒更强，由此导致了教育同类婚的分布逐渐向高等教育层级集聚，并出现两极化的倾向。所以，可以认为，各教育婚配家庭类型的收入水平与其分布的变迁共同引致了"强强联合"与"劣势累积"的情形，从而极大加剧了各类家庭之间以及社会总体的收入差距水平。

其次，与布林和萨拉查对美国的研究类似，本节也同样发现在近 20 年间，社会总体收入差距的扩大有很大一部分是由各教育婚配家庭类型内部收入差距的拉大所导致的。然而，本节认为，这一现象并不代表教育婚姻匹配对于收入差距的影响相对较弱，更不意味着教育婚姻匹配与收入婚姻匹配之间的同构性较低。一方面，如上文所述，在市场转型和高等教育扩张的背景下，高等教育层级内部在社会经济资源获得上出现了进一步的分化，不同学历、专业、学校出身均可能导致高等受教育程度者在收入水平上存在较大的差异。另一方面，在此背景下，高等教育层级内部的教育同类婚可能会沿着更高级别、更高质量的教育因素升级，由此导致了这一家庭类型内部收入差距水平大幅上升。然而，这一结果正是教育同类婚尤其是更高级别的教育同类婚增加所导致的，而非源于布林和萨拉查所说的与收入相关的非教育因素。

第 六 章

教育婚姻匹配的联合型结构化

第一节　家庭背景与教育同类婚

在第四、五两章中，本书主要从宏观的角度探究了中国教育婚姻匹配的变迁及其对收入差距的影响。结论表明，在市场转型和高等教育扩张两大社会变革力量的主导下，中国的教育同类婚分布受教育资源排斥和教育婚姻市场排斥的影响，迅速由较低受教育层级向高等受教育层级转移，并呈现出两极化集聚的态势。在教育婚姻匹配与收入婚姻匹配高度同构的条件下，这一教育同类婚分布结构拉大了收入差距。

首先，如前所说，收入差距只是社会分层结构的一种表现，是一幅描绘资源不平衡分布的静态图示。这便意味着仅考察教育婚姻匹配对收入差距的影响，并不足以完整地展现其对社会分层的作用。

其次，收入的变化往往仅能描绘出短期内的社会分层趋势，却难以反映社会分层结构的长期变迁与内在本质。如本书在第二章中所述，虽然高等教育同类婚夫妻在资源和机会的获得上占据优势，但是如果高等教育同类婚的形成不受夫妻各自家庭背景的影响，或者家庭背景较好的个体更偏向于向下婚配，那么从代际的视角来看，教育婚姻匹配反而可能起到缓和社会阶层结构固化的作用。再如，如果高等教育夫妻各自所拥有的资源对彼此婚后的向上流动不具影响，或者二者所具有的优质资源不能转换为子代的社会地位优势，那么由教育婚姻匹配所引致的资源和机会占有的不平衡便可能是暂时性的、不可持续的。

以上便是本书在第六至第八章中拟主要讨论的内容，即从一个微观的、长期动态的视角来展现教育婚姻匹配对于社会分层结构开放性的影响。对此，本书在第二章中提出了结构化机制的分析工具，包括联合型结构化与自源型结构化两部分，本章将主要讨论与联合型结构化相关的问题。所谓联合型结构化主要指的是教育婚姻匹配与其他社会分层机制联合起来对社会分层结构开放性的影响。联合型结构化的强弱主要体现为教育婚姻匹配是强化抑或是削弱了已有社会分层机制对于社会分层结构开放性的作用。

本章主要探究的是教育婚姻匹配与代际再生产之间的联合结构化效应，该问题可以具体化为家庭背景如何影响教育婚姻匹配。按照联合型结构化的逻辑，如果教育同类婚尤其是高等教育同类婚更多地出现在家庭背景较好的群体中，那么便意味着由上一代传递而来的资源优势在第二代又通过教育婚姻匹配得到进一步的强化，代际再生产与教育婚姻匹配对社会分层结构开放性具有较强的联合结构化效应。相反，如前所述，如果家庭背景较好者更偏向于向下婚，那么由上一代传递而来的资源优势在第二代中的婚姻匹配上便得以削弱，由此表明代际再生产与教育婚姻匹配的联合结构化效应较弱，从而有利于社会分层结构的开放。

家庭背景究竟会如何影响个体的教育婚姻匹配？有学者认为，由于社会上层的社会网络通常具有非常强的排斥性、封闭性，因此优势家庭的子女更可能形成教育同类婚（Blossfeld & Timm，2003：10）。然而，另有研究指出，高等教育扩张为那些家庭背景相对较差的个体提供了接受高等教育的机会，由此便增进了高等受教育层级中不同家庭背景个体之间的社会交往，从而削弱了家庭背景对于教育同类婚的作用（Erikson & Jonsson，1996）。

　　总之，关于家庭背景如何影响教育婚姻匹配的问题，已有研究仍呈现出众说纷纭的状态，且大部分研究多是基于西方发达社会的讨论。就中国而言，一方面，随着市场转型的纵深发展，家庭背景在个体教育、职业等社会经济要素的获得上扮演越来越重要的角色，由代际再生产所导致的社会结构化程度在经历了改革初期的下降后，于近十几年中开始回升（李路路等，2018）；另一方面，规模宏大且迅速推进的高等教育扩张，确实为许多家庭背景相对较差者提供了通过接受高等教育而实现向上流动的途径。在此背景下，基于中国社会来考察家庭背景对于教育婚姻匹配的影响，进而以此来探析中国社会分层结构的开放性程度，具有十分重要的意义和价值。

一　研究假设：阶层封闭还是选择自由

（一）阶层封闭观

　　如上文所说，已有研究关于家庭背景如何影响个体教育婚姻匹配的问题，仍旧存在着较大的分歧。有学者认为在阶层封闭的影响下，家庭背景越好者越有可能形成教育同类婚。这种阶层封闭主要来源于两点：社会网络封闭和社会化的影响。

　　就社会网络封闭而言，不同家庭在财富、收入水平、教育、社会地位与声望等资源占有量上存在着较大的差异，而这些差异在各阶层之间构筑起了有形的或无形的壁垒，使得社会成员之间的交往多局限于各阶层内部。如此一来，首先，父母所拥有的社会网络不仅是子女配偶的潜在来源，而且由于父母的交往对象一般也为子女所熟知，因此也是子女自身社会网络的重要组成部分；其次，各阶层往往在日常社会生活上也存在一定的隔离。例如，社会上层通常居住在特定的社区，出入较为高档的休闲娱乐场所，送子女去精英学校，由此便为其子女与同样出生于优势家庭的个体交往创造了机会（Blau，1994；Mollenhorst et al，2008；Mare，2011）。因此，这一理论认为，在文化再生产的前提下，[1] 由于社会网络的封闭作用，家庭背景越好的个体越有可能形成教育同类婚，尤其是高等教育同类婚。

就社会化的影响而言，如前所述，有研究指出婚姻的缔结需要基于共同的价值观、品位、兴趣爱好、生活习性等，而根据布尔迪约的阶级观点，这些因素的形成在很大程度上有赖于各阶层特定的惯习和场域。布尔迪约将惯习定义为一系列社会性情倾向，是个体将特定团体的规则和价值内化的产物，而场域则是惯习赖以形成和应用时的社会条件。惯习和场域的相互作用，使得社会成员形成了差异化的生活方式，由此表明了各阶级之间的关系和社会距离（李春玲、吕鹏，2008：196）。除此之外，布尔迪约进一步指出，由于各阶级在经济条件上存有较大的差异，由此产生了不同的阶级惯习，进而形成了不同的品位。支配阶级的品位有一种"审美倾向"，而劳动阶级追求的则是生存的需要（李春玲、吕鹏，2008：197）。正是由于社会上层的子女具有相同的生活方式、品位，因此彼此之间更可能发展出爱情，在文化再生产的条件下，也更可能形成教育同类婚（Rozer & Brashears，2018）。

（二）选择自由观

另有部分学者提出了与上述阶层封闭观截然相反的观点，认为家庭背景越好的人越可能形成教育向下婚，其原因主要是这些人在择偶上有相对更大的选择自由。这种选择自由主要源于教育的资本价值以及地位强化动机在各阶层间的差异。

在教育的资本价值方面，首先，受教育程度所具备的社会经济价值和文化资源价值对于不同的阶层而言是不同的。精英家庭子女的财富、职业、声望等社会经济资源的获得可能更主要来自于代际继承，其生活方式、品位、价值观的形成也更主要受出身阶级的惯习和场域的影响，而非受教育程度；其次，由于高等教育扩张极大

---

[1]　即父母所拥有的文化资源可以转化为子代的教育成就。

增加了受过高等教育的人口规模，从而一方面降低了高等受教育程度的资源性价值，另一方面也弱化了它作为优势特权的象征性意义，由此促使社会精英群体放弃高等受教育程度，转而寻求其他资格作为社会封闭的标准。基于上述观点，家庭背景较好的个体在婚姻匹配上会更加重视对其更有价值的非教育因素（如家庭背景），因而更不可能形成教育同类婚（Musick et al.，2012）。

在地位强化动机方面，虽然精英家庭的子女在优质的教育机会和资源的获取上具有优势，但是高等教育扩张仍然为那些家庭背景相对较差的人提供了通过自身努力来获得较高学历，并以此实现向上流动的机会（Shavit & Blossfeld，1993；Muller & Karle，1993；Erikson & Jonsson，1996）。而这些家庭背景相对较差但受过良好教育的个体，往往会更偏好教育同类婚，以图巩固其实现代际向上流动后的社会地位（Blossfeld & Timm，2003：11）。相比之下，那些家庭背景较好者始终占据较多的优质资源和机会，并可以通过代际继承来获得较高的社会地位，因而并不需要凭借教育同类婚来巩固自身的地位优势，由此更可能在受教育程度上向下婚配。

虽然阶层封闭观、选择自由观在关于家庭背景如何影响个人的教育婚姻匹配模式这一问题上给出了截然相反的判断，但是二者均指明个人的家庭背景对教育婚姻匹配模式有独立于个体受教育程度的直接影响。这种直接影响可能来源于社交网络的封闭、阶层惯习的养成、家庭资源的支持等。如果如阶层封闭观所说，那些优势家庭不仅可以通过代际再生产使得子女获得更高的受教育程度，同时还能够在此之外有助于子代获得具有相同受教育程度的配偶，那么代际再生产和教育婚姻匹配两个机制的联合就会进一步强化代际优势的传递。由此，本节将基于中国社会的背景，探究家庭背景对于个体教育婚姻匹配的影响，主要关注个人的家庭背景对个人教育婚姻匹配模式的直接影响效果，进而揭示了中国的代际再生产与教育婚姻匹配对社会分层结构开放性的联合效应。

（三）中国的家庭背景与教育同类婚

在中国的背景下，家庭背景会如何影响个体的教育婚姻匹配呢？换言之，教育婚姻匹配与代际再生产之间是什么关系呢？欲探究这一问题，首先要明晰中国社会中的代际再生产尤其是文化再生产的状况。文化再生产理论认为，精英阶层的子女可以从家庭中继承更多的文化资本，从而有利于其教育获得（布尔迪约，2004）。这一理论在许多国家和地区中得到验证，然而一些研究发现，中国社会中的文化再生产受政策干预和体制转型的影响较大，并不是径情直遂的。

文化再生产正常运作的基本前提之一便是整个教育领域以绩效主义为主要原则。然而，在前国家社会主义时期尤其是"文化大革命"期间，一方面，在非基础教育领域，绩效原则被废止，转为"政治挂帅"；另一方面，国家推行了一系列促进教育公平的政策，如只收取十分低廉的学费，以及在高等教育层次的招生上向工农家庭的子弟倾斜等等。诸如此类的因素，均使得文化再生产在这一时期十分微弱（李煜，2006）。然而，改革开放以后，教育筛选的原则由"政治挂帅"重新回归于"择优录取"。在此背景下，家庭所具有的文化、经济等资本对个体的教育成就获得具有越来越显著的影响。尤其是由于社会优势阶层中的代际再生产在改革前备受限制，因而使他们以更加理性的态度看待子女升学、就业等问题。由此，在教育筛选上的绩效原则被恢复后，他们会有更强烈的动机推进文化再生产（郝大海、王卫东，2009；李路路等，2018）。此外，随着市场转型的进一步深入，市场原则开始向教育领域渗透，其中最直接的表现便是教育成本的大幅攀升。在此条件下，家庭所拥有的资源在个体的教育获得上具备了更大的作用空间，代际再生产的效应进一步增强（李煜，2006）。还有研究指出，市场转型之后，中国社会中的收入差距拉大，这导致社会上层有更加强烈的动机，同时也更有能力将他们的资源优势向下一代进行传递（Zhou & Xie，2019）。

　　除了市场转型之外，中国于 20 世纪末推行了史无前例的高等教育扩张。然而许多研究发现，无论就数量还是质量而言，高等教育扩张均没有有效地促进教育机会获得的平等化，主要体现为优势阶层利用其业已掌握的资源，获取了更多的由教育扩张所带来的新增的教育机会，尤其是高质量的教育机会（刘精明，2006；郝大海，2007；吴晓刚，2009；李春玲，2003，2010；赵延东、洪岩璧，2012；侯利明，2015；李忠路、邱泽奇，2016）。这一方面表明，高等教育扩张并没有打破甚至缓解文化再生产效应，另一方面优势阶层不但仍具有非常强的维系自身优势的社会封闭动机，而且依然将较高级别和高质量的教育视为需要攫取的有价值的资源。

　　在婚姻匹配上，一方面，当优势阶层具有较强的社会封闭动机同时又看中受教育程度的价值时，那么他们便可能会利用自己在社会网络、经济、文化等资源方面的优势，协助其子女找到一个受教育程度相当的配偶。特别是在高等教育扩张大幅增加了高等教育同类婚的背景下，优势阶层在保证自己的子女获得较高的受教育程度外，更可能会帮助子代进入高等级的教育同类婚。另一方面，市场转型的纵深发展导致了市场风险与社会不确定性的增加，也使得人们在择偶婚配中越来越注重家庭背景（齐亚强、牛建林，2012；李煜，2011），这就可能更加强化家庭背景对于个人教育婚姻匹配的直接影响。

　　结合前述对市场转型和高等教育扩张背景下代际文化再生产的分析可以推论，首先，家庭背景越好的个体越可能形成等级较高的教育同类婚，这一点可以通过两方面来检验：其一，个人的家庭背景主要是父亲的受教育程度对其进入教育同类婚具有显著的正影响；其二，父亲的受教育程度对配偶的受教育程度具有显著的正影响。由于多数人在结婚时便已经获得最高学历，因而个体的家庭背景对其配偶没有类似于文化再生产、资源转化等资源支持性的作用，假使个体的家庭背景对配偶的教育获得有显著的正向影响，那便极有可能是来源于代际再生产与教育婚姻匹配的联合作用。由此可以提出以下假设：

假设 6.1：父亲的受教育程度越高，个体越可能形成教育同类婚。

假设 6.2：父亲的受教育程度越高，则配偶的受教育程度也越高。

二　变量与模型

（一）变量

本节所使用的数据来源于中国家庭追踪调查。根据研究需要，本节选取了 2010 年的基线调查样本，在此数据中均包含了被访者个人及配偶的受教育程度、结婚时间、各受教育阶段的开始或结束时间、父亲的受教育程度等信息。如前所说，代际再生产与教育婚姻匹配之间的联合效应在历经市场转型深化期和高等教育扩张后会更加显著，因而本节进一步把研究的对象限定为 1970 年之后出生的样本。这部分群体基本上在进入到市场转型深化期（一般定义为 1992 年后）结婚和上大学，并且在数据调查年份的年龄小于 40 岁，正值进入初婚的阶段，符合本节的研究需要。经变量处理后，最终获得 10487 个被访者信息，即为本节的原始分析样本。

本书中的因变量即夫妻双方是否是教育同类婚，为二分变量。如果夫妻具有相同的受教育程度则编码为 1，否则编码为 0。本节所使用的自变量和控制变量可以根据是否随时间而变分为时变变量和非时变变量两部分。时变变量包括受访者的年龄、受教育程度、在校时长、是否离校。其中，年龄为每一时段减去受访者出生年份的差值；个人的受教育程度为受访者在每一时段的受教育水平，分为"小学及以下""初中""高中""大学及以上"四个等级；在校时间将受访者 15 岁的年份设为 0 起点，之后每在学校中度过一年，该变量便增加 1，直至受访者离开学校后，该变量重新返回 0 值；是否离校为二分变量，0 为"在校"，1 为"离校"，以在校为参照。

非时变变量包括受访者性别，"男性"为 1，"女性"为 2；户口状况，1 为"农业户口"，2 为"城市户口"；父亲的受教育程度，城市样本中父亲的受教育程度分类与被访者相同分为四个等级。在农村中，由于父代没有接受过教育的人非常多，而受过大学及以上教育的人很少，如果按照与城市相同的等级划分，会导致各个教育层级的样本量分布极不平衡。因而，本节将农村父亲的受教育程度划分为"没有接受过教育""小学""初中""高中及以上"四个等级。

（二）模型

本节不但关注个体是否进入了教育同类婚，而且关注婚姻发生的时间，因此在分析方法上选择了事件史分析。本节所使用的许多自变量是基于年度测量的，因而将时间作为离散变量处理，采用针对离散事件史的 Logit 模型。

三　研究结果

（一）描述性分析结果

本节首先从描述的角度来初步展现父亲的受教育程度与个体教育同类婚之间的关系，如图 6.1 所示。[①] 由图可知，当父亲的受教育程度为大学及以上时，子女的教育同类婚比例最高，达到了近 69%；紧随其后的是父亲的受教育程度为小学及以下的群体，其教育同类婚的比例为 57% 左右；而父亲的受教育程度为初中和高中的群体，其教育同类婚的比例相对稍低，分别为 50% 和 55% 左右。

图 6.2 展示了分城乡的计算结果（左为城市，右为农村），由图可知，就城市而言，在父亲的受教育程度为大学及以上的个体中，教育同类婚的比例更高，达到了 72%，父亲受教育程度为高中的个体教育同类婚比例位列其次，为 55% 左右。父亲受教育程度为初中和小学及以下的个体教育同类婚比例较为相似，分别为 51% 左右。就农村样本而言，在父亲的受教育程度为小学及以下的个体中，教

---

①　在描述统计部分，为了保持与总体和城市样本的统一，因而农村父亲的受教育程度采用了与城市相同的分类。在后面的模型分析中，农村父亲的受教育程度采用单独的分类。

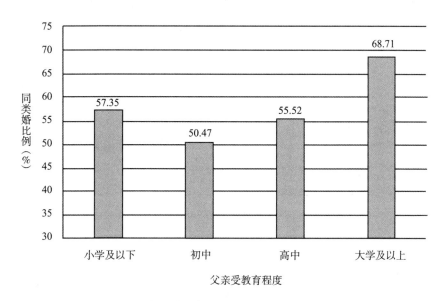

图6.1 父亲的受教育程度与个体的教育同类婚比例

育同类婚的比例最高，超过了58%，其次是父亲的受教育程度为高中的个体，其教育同类婚的比例为53%左右，其余两类的教育同类婚比例均为50%左右。

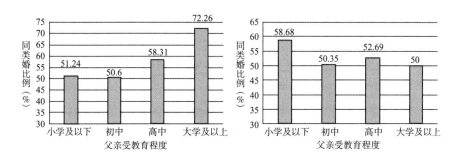

图6.2 父亲受教育程度与个体的教育同类婚比例分城乡结果

图6.3进一步展示了不同父亲受教育程度下，各类教育同类婚占比的情况。由图可知，在父亲的受教育程度为小学及以下的个体中，小学及以下教育同类婚的占比超过56%，其次是初中教育同类

婚约为32%，大学及以上同类婚仅6%左右；在父亲的受教育程度为初中的个体中，初中教育同类婚的占比最大，达到了48%；在父亲的受教育程度为高中的个体中，占比最大的为大学及以上教育同类婚为36%，其次是初中同类婚为35%；在父亲的受教育程度为大学及以上的个体中，大学及以上同类婚占比最大，高达73%，其次是高中教育同类婚，占比为14%。

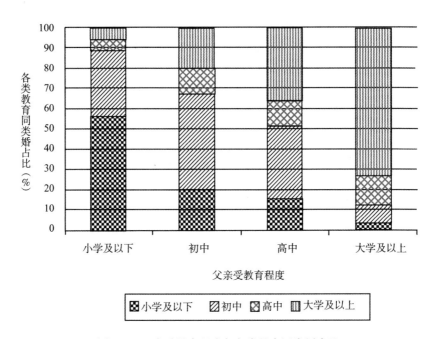

图6.3　父亲受教育程度与各类教育同类婚占比

　　从以上描述性分析结果中可以初步判断出，代际再生产与教育同类婚之间具有很强的联合型结构化效应，特别是在受教育层级的两端尤为明显。由于文化再生产的作用，不同家庭背景的个体在教育成就获得上是不平衡的，而这一不平衡又经教育婚姻匹配而得到了进一步的强化。例如，父亲受过高等教育的个体更可能获得大学及以上的受教育程度，而这部分人也更可能形成高等教育同类婚，由此便使其所具备的资源优势实现了叠加和累积。

（二）模型结果

在这一部分，本节将分性别和城乡考察代际再生产与教育婚姻匹配的联合结构化效应，主要分两个步骤进行：首先，运用事件史分析法探究家庭背景对教育同类婚形成的影响；其次，运用序次logit 模型分析家庭背景与配偶受教育程度之间的关系。

表6.1   **父亲受教育程度与教育同类婚（城市）**

变量	城市男性 模型 1.1	城市女性 模型 1.2
年龄	0. 153 ***	0. 166 ***
受教育程度（参照：小学及以下）		
初中	0. 762 *	0. 516
高中	0. 554 +	0. 207
大学及以上	1. 069 ***	0. 795 *
在校时长	0. 217 ***	0. 252 ***
是否离校（参照：在校）	1. 182 ***	0. 977 ***
父亲受教育程度（参照：小学及以下）		
初中	− 0. 548 ***	− 0. 022
高中	− 0. 514 **	− 0. 048
大学及以上	− 0. 376	0. 438 +
常数项	− 9. 043 ***	− 8. 054 ***
Wald χ^2	423. 02	340. 22
Pseudo R^2	0. 128	0. 119
Number of obs	10334	8994

注：+ p < 0. 1，* p < 0. 05，** p < 0. 01，*** p < 0. 001。

表6.1 分性别展示了城市样本中父亲的受教育程度对于男性和女性教育同类婚的影响。就城市男性而言，根据模型 1.1 的结果，个人的受教育程度越高，越可能进入教育同类婚。对于父亲受教育程度的影响来说，父亲受教育程度为小学及以下的个体进入教育同类婚的概率要显著高于父亲受教育程度为初中和高中的个体，但是

与父亲受教育程度为大学及以上的个体并没有显著差异。这在一定程度上表明，家庭教育背景的两极对个人进入教育同类婚的直接影响更大。如果教育代际再生产普遍存在，那么就意味着在受教育等级的两端，教育代际再生产和教育婚姻匹配可能会联合强化较低受教育层级的劣势和较高受教育层级的优势。

模型 1.2 的结果显示，就城市女性而言，父亲的受教育程度为小学及以下的个体进入教育同类婚的可能性与父亲受教育程度为初中和高中的个体相比并没有显著的差异，但是要显著低于父亲受教育程度为大学及以上的个体。

表6.2 父亲受教育程度与教育同类婚（农村）

变量	农村男性 模型 2.1	农村女性 模型 2.2
年龄	0.103 ***	0.168 ***
受教育程度（参照：小学及以下）		
初中	− 0.127	− 0.239 **
高中	− 1.221 ***	− 1.210 ***
大学及以上	− 0.809 *	− 0.713 *
在校时长	0.578 ***	0.711 ***
是否离校（参照：在校）	1.786 ***	1.309 ***
父亲受教育程度（参照：没受过教育）		
小学	0.046	− 0.008
初中	0.053	− 0.158
高中及以上	0.326 *	− 0.325 *
常数项	− 7.433 ***	− 7.405 ***
Wald χ^2	337.06	439.62
Pseudo R^2	0.063	0.078
Number of obs	16837	14814

注：$^+ p < 0.1$，$^* p < 0.05$，$^{**} p < 0.01$，$^{***} p < 0.001$。

表 6.2 分性别展示了农村中父亲的受教育程度对男性和女性进

入教育同类婚的影响。由模型 2.1 可知，对于农村男性而言，父亲没有受过教育的个体进入教育同类婚的概率与父亲受教育程度为小学和初中的个体相比没有显著差别，但是显著低于父亲受教育程度为高中及以上的个体。模型 2.2 显示，就农村女性来说，父亲没有受过教育的个体进入教育同类婚的概率同样与父亲受教育程度为小学和初中的个体不存在显著差异，但是却显著高于父亲受教育程度为高中及以上的个体。这一结果与预期恰好相反，本节将在后面的结论部分进行讨论。

表6.3   **父亲受教育程度与配偶受教育程度（城市）**

变量	城市男性		城市女性	
	模型 3.1	模型 3.2	模型 3.3	模型 3.4
年龄	1.336 ***	1.100 ***	1.666 ***	1.567 ***
年龄平方/100	−2.315 ***	−1.879 ***	−3.090 ***	−2.973 ***
父亲受教育程度（参照：小学及以下）				
初中	0.268	—	0.272	—
高中	0.748 **	—	0.750 **	—
大学及以上	1.284 ***	—	1.792 ***	—
父亲社会经济地位（ISEI）	—	0.010 +	—	0.022 ***
截点 1	16.673	13.759	19.441	18.213
截点 2	18.811	15.838	21.855	20.643
截点 3	19.802	16.752	22.989	21.671
Wald χ^2	61.22	26.98	76.62	48.56
Pseudo R^2	0.043	0.025	0.055	0.046
Number of obs	809	587	941	690

注：$^+ p < 0.1$，$^* p < 0.05$，$^{**} p < 0.01$，$^{***} p < 0.001$。

表 6.3 展示了城市中父亲的受教育程度对于男性和女性配偶受教育程度的影响。由模型 3.1 到模型 3.4 可知，无论是就城市男性还是女性而言，父亲的受教育程度均通过了显著性检验，表明父亲的受教育程度越高，则个体配偶的受教育程度也就越高。父亲的社

会经济地位指数也通过了显著性检验，父亲的社会经济地位越高，配偶的受教育程度也越高。

表6.4   父亲受教育程度与配偶受教育程度（农村）

变量	农村男性		农村女性	
	模型4.1	模型4.2	模型4.3	模型4.4
年龄	0.713 ***	0.625 ***	0.605 **	0.669 **
年龄平方/100	−1.287 ***	−1.136 **	−1.027 *	−1.209 **
父亲受教育程度（参照：没受过教育）				
小学	0.813 ***	—	0.811 ***	—
初中	1.522 ***	—	1.156 ***	—
高中及以上	1.528 ***	—	1.220 ***	—
父亲社会经济地位（ISEI）	—	0.020 ***	—	0.016 ***
截点1	10.096	8.580	8.342	8.612
截点2	12.482	10.928	10.577	10.821
截点3	13.886	12.333	12.127	12.322
Wald χ^2	120.97	40.90	152.89	62.35
Pseudo R^2	0.054	0.018	0.044	0.019
Number of obs	1778	1593	2543	2261

注：$^+ p < 0.1$，$^* p < 0.05$，$^{**} p < 0.01$，$^{***} p < 0.001$。

表6.4展示了在农村中父亲的受教育程度对个体配偶受教育程度的影响。根据模型4.1到模型4.4的结果，对于农村男性和女性来说，同样父亲的受教育程度越高、社会经济地位越高，则子女配偶的受教育程度越高。

四　小结

本节基于中国市场转型和高等教育扩张的背景，通过分析家庭背景对于个体教育婚姻匹配和配偶受教育程度的影响，考察了代际再生产与教育婚姻匹配的联合型结构化效应。主要结论如下：

首先，本节发现就城市男性群体而言，父亲受教育程度位于高低两端的个人更可能进入教育同类婚。如前所述，这意味着如果教育再生产普遍存在，那么其与教育婚姻匹配可能会联合强化较低受教育层级的劣势和较高受教育层级的优势。而对于城市女性来说，当父亲的受教育程度为大学及以上时，可以显著提高她们进入教育同类婚的概率。由此，在这类家庭中，父亲较高的受教育程度一方面能够有助于她们获得更高的教育成就，另一方面又能帮助她们找到受教育程度同样较高的配偶，从而导致社会分层结构的固化水平进一步提高。

在农村样本中，出现了看似不寻常的现象，即父亲受教育程度为高中及以上的男性比父亲没接受过教育的男性更可能进入教育同类婚。① 然而，对于农村女性来说，父亲受教育程度为高中及以上的女性比父亲没接受过教育的女性更不可能进入教育同类婚。本节认为，这可能是由于农村中的现代化进程相对缓慢，性别观念更加传统。因而，虽然经历了教育扩张，但是农村女性的受教育程度总体上还是低于男性。由此在农村的婚姻市场当中，女性仍然有较大的空间向上婚配。对于家庭背景较好的农村女性来说，她们可以凭借家庭背景的优势更容易实现教育向上婚，从而进一步提升自身的优势，也因此更不易出现教育同类婚。上述解释在下节的模型结果中得到了一定的支持。

其次，为了更清晰地展现代际再生产与教育婚姻匹配的联合型结构化效应，本节进一步分析了父亲的受教育程度对配偶受教育程度的作用。上述关于父亲的受教育程度与教育同类婚的结论是以存在代际文化再生产为前提预设的，然而如果代际再生产失灵，例如父亲的受教育程度较高，但子女的受教育水平相对较低，那么教育同类婚便是较低受教育层级上的同类婚。在此情况下，教育婚姻匹

---

① 需要注意的是，父亲受教育程度为大学及以上与小学及以下相比对子女进入教育同类婚的影响并没有显著的差别，这非常有可能是因为农村中父亲受教育程度为大学以上的样本非常少，在本节样本中的占比仅为 0.8%。

配对代际再生产的分层效应可能是进一步削弱，而非强化。由此，本节继续考察了家庭背景与配偶受教育程度之间的关系。如前所述，由于多数人的最高受教育程度均是在婚前获得，因而个人的家庭背景对其配偶并不存在类似于文化再生产等影响。由此，如果父亲的受教育程度与配偶的受教育程度之间存在显著的正相关关系，便在很大程度上是由代际再生产与教育婚姻匹配的联合效应所导致的。本节经研究发现，无论是在城市还是农村，也无论是男性还是女性，父亲的受教育程度均对个体配偶的受教育程度具有显著的正向影响。结合教育同类婚的结果可知，代际再生产与教育婚姻匹配之间具有很强的联合结构化效应。

总之，本节的结论表明，中国社会中的教育婚姻匹配不仅如前几章所述会在静态的层面拉大收入差距，同时还可以在长期动态的层面与代际再生产机制相联合，进一步提升社会分层结构的固化水平。具体表现为，那些家庭背景优渥的个体，不仅可以借助父辈的资源优势获得较高的教育成就，实现代际再生产，同时又通过高等级的教育同类婚使其继承而来的优势得以进一步的叠加和累积。在此背景下，社会分层结构的开放性不容乐观。

最后需要指出的是，本节仅考察了代际再生产与教育同类婚之间的关系，然而教育婚姻匹配还包括向上婚与向下婚两种异类婚。那么家庭背景与异类婚之间是什么关系，该关系又如何反映出代际再生产与教育婚姻匹配的联合结构化效应？关于这些问题，本章将在下一节中详细讨论。

第二节　家庭背景与教育异类婚

上一节主要探究了家庭背景与教育同类婚之间的关系，结果表明那些家庭背景优渥的个体，一方面可以通过代际再生产的作用获得较高的教育成就，另一方面又可以通过较高等级的教育同类婚使得其所具备的优质资源实现叠加和累积，由此使得该阶层的资源优势在代际中得以强化。

上述结论说明，在当代中国社会中，代际再生产与教育婚姻匹配具有很强的联合结构化效应。然而不置可否的是，若要更为全面地考察二者对社会分层结构的联合影响，仅分析家庭背景与教育同类婚之间的关系是不足够的，还需进一步探究家庭背景如何影响异类婚的形成。之所以如此，主要有以下几点原因：其一，教育婚姻匹配本身便包括了同类婚与异类婚两大构成部分，因而只通过分析家庭背景对于教育同类婚的作用来判断代际再生产与教育婚姻匹配的联合结构化效应，显然是有管窥蠡测之嫌的。

其二，虽然许多研究显示同类婚是占据主导地位的教育婚姻匹配模式，但是异类婚尤其是"男性向下婚，女性向上婚"的婚姻匹配模式仍较为普遍地存在于不同的国家和地区之中，并且具有一定的历史延续性。除此之外，随着现代化的深入发展以及教育的普及，一方面，传统的择偶观念和原则对个体婚姻匹配的束缚力大幅减弱；另一方面，女性在平均受教育程度上逐渐达到与男性相同的水平，甚至有超越之势。而且，女性的劳动力市场参与率显著提高，从而在很大程度上获得了经济上的独立。在此背景下，"男性向上婚，女性向下婚"的非传统型婚姻匹配模式也在不断地增多。一言以蔽之，正是由于传统型异类婚仍具有某种程度的跨时空的普遍性，以及非传统型异类婚随着社会的发展而不断增加，因而在考察代际再生产与教育婚姻匹配的联合结构化效应时，不可忽视教育异类婚在其中所可能扮演的角色。

其三，异类婚与职业流动通常一并被视为社会流动的主要途径，如前所述，家庭所具有的资源往往由其成员所共享，因此个体可以经由向上婚来获取更多优质的资源与机会，提升自身的社会经济地位。从这一角度出发，便可在上一节结论的基础上，更进一步地深究家庭背景与教育婚姻匹配之间的关系。首先，虽然家庭背景越好者越可能形成教育同类婚，但这并非是绝对的。对于那些家庭背景较好但却没有进入教育同类婚的个体而言，如果他们在异类婚上更偏向于向下婚，则教育婚姻匹配具有缓解社会分层结构固化的作用；其次，本章在上一节中所讨论的代际再生产主要是文化再生产，但是文化再生产仅是代际再生产的一个方面，且并不总是有效的。对于那些文化再生产失败的个体（即虽然父亲具有较好的文化资本，但是子代并未获得较高的教育成就）以及家庭背景较好但不受文化再生产影响的个体（即家庭社会经济资源较多，但是父母受教育程度不高，因而未获得较高的教育成就），如果他们在受教育程度上更可能形成向上婚，便意味着即使优势阶层在代际再生产上出现失败，也可以通过教育婚姻匹配来加以弥补，从而达到维持优势的目的。

总之，探析家庭背景如何影响教育异类婚的形成，对于深入刻画代际再生产与教育婚姻匹配的关系，进而理解二者对社会分层结构开放性的联合效应具有十分重要的意义。然而，已有研究关于这一问题仍旧存在较大的争议。部分学者指出，家庭背景较好者由于拥有相对更丰富的家庭资源，以及在婚姻市场上有相对更强的议价能力，因而更可能向上婚配。但是，另有研究者认为，家庭背景较好者虽然在教育向上婚配的竞争中占据优势，但其是否有动机进行向上婚配是需要进一步商榷的。家庭背景较好的个体相比于较差者在择偶婚配上可能更不看重对方的社会经济地位，而且更有能力负担教育向下婚的成本，因此更有可能形成向下婚而非向上婚。

除了研究结论上的莫衷一是，已有文献多是基于西方发达社会的研究，鲜有对中国的考察。就中国而言，历经了两千多年的封建社会时期，父权观念相对较强，由此长期以来男性向下婚在中国社会中十分普遍。然而，在近几十年间，高等教育扩张极大提升了女性的受教育水平和劳动力市场就业质量，从而使得非传统型教育异类婚不断增多。除此之外，受市场转型的影响，家庭背景对于个人社会经济地位获得和婚姻匹配的影响力不断提高。在此条件下，探究家庭背景如何影响教育异类婚，有助于更进一步展现当代中国的社会分层结构开放性状况。

一　研究假设：动机差异还是劣势补偿

（一）动机差异观

上文介绍的持地位强化差异观点的学者指出，家庭背景相对较差的个体由于缺乏优质的先赋性资源而"输在起跑线"，同时代际再生产的不断增强使其通过职业地位获得来实现向上流动变得越发艰难。由此他们一方面会有相对更强的动机进行教育向上婚配，从而达到提升社会经济地位的目的，另一方面也会有更强烈的动机规避教育向下婚配，以防止其现有的社会经济处境进一步恶化。相比之下，家庭背景相对较好的个体在先赋性资源以及职业地位的获得上均占有优势，因而其通过教育向上婚来实现向上流动和地位强化的动机相对较弱。除此之外，家庭背景较好者由于本身具有较为丰富且优质的资源，所以更有能力负担向下婚的成本，因而其规避向下婚的动机同样相对较弱（Musick et al.，2012）。

（二）劣势补偿观

另有部分学者对上述动机差异观提出了质疑，认为家庭背景较好者相比于较差者更可能形成教育向上婚，究其缘由是因为较好的家庭背景能够补偿个人在受教育程度上的劣势，并增强其在婚姻市场上的议价能力。他们指出，婚姻市场上的男女通常拥有多重资源，这些资源之间既可能是累加的、互补的，也可能是相互替代的（Blossfeld & Timm，2003：243），而家庭背景与受教育程度便是两类可以相互替代的资源。同时，个体在择偶的过程中，往往也会针对对方所具备的各类资源进行综合考量，而非仅基于某一种资源的标准来选择婚配对象。如前所述，受教育程度一般有社会经济资本和文化资本两个维度，但是这两种资本同样也可以通过代际继承而获得。具体而言，家庭背景优渥的个体在代际再生产的作用下，可以获得丰富且优质的社会经济资源与文化资源，因此即使其没有获得较高的受教育水平，也可以通过家庭背景的补偿性作用而与具有高等受教育程度的对象成婚，从而实现教育向上婚（Blossfeld & Timm，2003：273）。

另外，在向上择偶的竞争中，那些家庭背景较好者由于可以提供除了受教育程度之外的优质资源，因而相比于其他具有相同受教育水平但是家庭背景相对较差的个体，他们在婚姻市场上具有更强的议价能力，由此更可能形成教育向上婚（Blossfeld & Timm，2003：286）。然而家庭背景的附加效应也可能是负向的，例如对于那些"寒门贵子"来说，虽然他们通过自身努力获得了较高的教育成就，但是较差的家庭背景会极大削弱其在婚姻市场上的议价能力，从而使其在择偶竞争中处于劣势地位，被迫在受教育程度上向下婚配。

还有部分研究从社会网络的视角切入，指出那些在社会地位上实现代际向上或向下流动的人，在婚姻匹配上会出现"反向流动"，也即家庭背景较好者更可能形成教育向上婚。首先，虽然个体在求学及工作的过程中会建立起自己相对独立的社会关系网，但是在择偶婚配上他们仍旧主要依赖于原生家庭的社会网络。然而由于社会成员之间的交往多局限于其所属的阶层内部，因而家庭背景较好和较差的群体在教育婚姻匹配上常常会出现"反向流动"的现象（Blossfeld & Timm，2003：11）。具体而言，对于那些优势家庭的子女来说，即使没有获得较高的教育成就，也可以凭借主要存在于社会上层的家庭社会关系网，接触到具有高等受教育程度的潜在婚配对象，从而通过教育向上婚实现代内向上流动，使得自身的社会阶层地位得以维持或强化。相比之下，对于那些家庭背景相对较差的人来说，即使他们获得了相对于父辈而言较好的教育成就，但是由于其家庭的社会网络主要在社会下层展开，因而其所能提供的潜在婚配对象的受教育程度相对较低，所以这部分人在依靠原生家庭的社会网络进行婚姻匹配时，更可能形成教育向下婚而非向上婚。

　　这种社会网络的视角虽然很富有洞见，但是其理论的基础观点，即个人主要依靠家庭社会网络进行择偶在很大程度上可能言过其实。根据婚姻匹配研究中的工业化理论，随着工业化和现代化的深入发展，第三方群体主要是家庭对个体择偶的影响力逐渐下降，人们在婚姻匹配上越来越取决于其后天的自致成就。单就社会网络而言，如本书在第四章第二节中所述，个人在择偶婚配上主要依赖其在学校和职场中所建立的社会网络，而非家庭社会网络。这一问题可能导致社会网络观点的理论边界过于狭窄，其解释力受限较大。由此，本节主要依据动机差异观和劣势补偿观来分析中国社会中家庭背景与教育异类婚之间的关系，并提出相应的假设。

　　虽然动机差异观和劣势补偿观能够较有说服力地论证家庭背景对教育异类婚的影响，但是它们仍存在一定的缺陷，例如它们大都仅从个体行动的角度来分析家庭背景与教育异类婚之间的关系，而没有考虑更为宏观的政治、经济、文化传统等结构性因素的作用。由此，本节以动机差异和劣势补偿的观点为分析基础的同时，也将对家庭背景与教育异类婚之间关系的考察置于中国特殊的历史文化传统以及市场转型的大背景中，力图更为全面地、动态地展现家庭背景对教育异类婚的影响。

　　（三）中国的家庭背景与教育异类婚

　　就中国社会而言，家庭背景会如何影响教育异类婚呢？在具体分析这一问题之前，有必要首先审视中国社会中异类婚的基本状况。如前所述，长期以来，"男高女低"的异类婚模式在中国较为普遍。之所以如此，主要有两方面的原因：其一是传统婚姻文化的影响。在延续了两千多年的封建社会中，"男尊女卑""三从四德""三纲五常"等伦理原则使得性别不平等具备了思想观念上的合法性，女性在婚姻与家庭中被赋予了从属男性的角色。在此背景下，"男性向下婚，女性向上婚"的异类婚模式在很大程度上被视为是理所当然的。其二是地位结构的影响。在传统性别观念的作用下，大多数女性的社会经济地位在很长一段历史时期内普遍较低，因此，由于配偶可获得性的限制，导致男性向下婚成为比较主流的婚配模式。

在新中国成立之后，女性的社会地位状况得到了极大的改善。首先，新出台的婚姻法明确提倡婚姻自主、男女平等，从法律上废止了男尊女卑、包办婚姻等陋习；其次，轰轰烈烈的妇女解放运动以及"妇女能顶半边天""妇女翻身""男女都一样"等政治宣传，使得性别平等逐渐成为一种国家意识形态，并向各个领域渗透。在此影响下，中国女性在劳动力市场上的参与率较之西方国家相对较高（朱斌、李路路，2015；金一虹，2006；李静之，1999），具有很强的经济独立性，并且其劳动收入往往是家庭总收入的重要来源之一。最后，随着基础教育的普及和高等教育的扩张，女性的平均受教育程度得以大幅提升。有研究显示，在1980年中期之后的出生世代中，女性的受教育年限已经达到了与男性相当的水平，甚至大有超越之势（李路路主编，2019：204）。上述转变，无论是在文化观念上还是在地位结构上，均为非传统型婚姻，也即"男性向上婚，女性向下婚"的增加创造了条件。有研究发现，自20世纪80年代以后，妻子受教育程度高于丈夫的家庭显著增多，而丈夫受教育程度高于妻子的家庭则有所减少（雷晓燕等，2015）。

如上一节所述，肇始于20世纪80年代初期的市场化改革，一方面极大提升了以受教育程度为标志的人力资本的经济回报，极大提升了其在婚姻匹配中的价值；另一方面随着市场风险的加剧、社会收入差距的拉大以及由此导致的社会不确定性的提升，个人在择偶中更加看重对方所拥有的社会经济资源。进入21世纪以来，中国民众对于诸如"女性干得好不如嫁得好"等观点的认同大幅提高，这不仅显示出个体在择偶婚配中越来越具功利性，同时也表明人们愈发将向上婚视为是实现社会向上流动的有效途径或捷径。正因如此，加之代际再生产不断强化，家庭背景作为个体社会经济地位的重要象征在婚姻匹配中的重要性也大有回升之势（齐亚强、牛建林，2012；李煜，2011）。另外，基于市场转型背景的高等教育扩张，并没有使得高等受教育程度失去对优势阶层的资源价值，由此可以推论那些家庭背景较好但是没有获得高等教育成就的个体，更可能在教育上形成向上婚。综上所述，我们可以提出以下假设：

假设6.3：家庭背景越好的个体，越可能形成教育向上婚。

除了上述因素之外，我们仍旧需要考虑传统婚姻观念在异类婚上所可能产生的影响。尽管本节强调新中国成立以后，女性的社会地位无论是在观念上还是在现实中都显著提升，然而传统婚姻观念的嬗变却相对滞后。主要表现为男性仍主要被赋予"养家糊口"的角色期待，如果其向上婚配，则会承担额外的社会成本（雷晓燕等，2015）。[1] 因此，对于男性来说，即使其家庭背景较好，可以起到资源补偿的作用，但是如果其向上婚仍然会面临来自文化观念、舆论等方面的压力。因此，家庭背景对教育向上婚的正向影响可能在女性群体中更加明显，但是在男性群体中相对较弱。由此，可以提出以下假设：

假设6.4：家庭背景对教育向上婚的正效应在女性群体中更为显著。

就向下婚而言，有研究显示，随着市场化改革进入深水区，优势阶层开始努力巩固其在改革过程中所获得的既得利益，主要表现便是代际再生产强度在经历了近20年的下降后于近10年中开始回升（李路路等，2018）。此外，优势阶层利用其所占有的优质资源，获取了更多的由教育扩张所带来的新增的教育机会尤其是高质量的教育机会（刘精明，2006；郝大海，2007；吴晓刚，2009；李春玲，2003，2010，2014；赵延东、洪岩璧，2012；侯利明，2015；李忠路、邱泽奇，2016）。以上事实说明，与动机差异观相反，中国社会中的优势阶层具有非常强的地位强化动机，倾向于运用各种手段来维持和进一步提升自身的优势，以避免向下流动。据此推论至教育异类婚上，可以得出下述假设：

---

　　[1]　中国社会中有许多针对男性向上婚的歧视性语言，如"吃软饭"等，因而男性向上婚配可能会面临着较大的心理压力。

假设6.5：家庭背景越好的个体，越不可能形成教育向下婚配。

二　变量、模型与研究结果

本节所使用的数据与模型与上一节大致相同，只是因变量改为夫妻双方是否是教育向上婚和教育向下婚，均为二分变量。1为是，0为否。自变量中加入父亲的社会经济地位指数，通过将父亲职业所对应的国际标准职业分类代码（isco88）转换而得，以此来作为被访者家庭社会经济地位的测量。

（一）描述性分析结果

本节首先通过描述性分析来展现中国社会中教育异类婚的基本情况。图6.4分别展示了总体、城市和农村中男女两性的教育向上婚情况。由图可知，在三类样本中，女性群体中向上婚的比例都高于男性。总体样本中，男性教育向上婚的比例约为16%，女性向上婚的比例约为29%；城市样本中，男性教育向上婚的比例为15%左右，女性向上婚的比例为23%左右；农村样本中，男性教育向上婚的比例为16%左右，女性教育向上婚的比例达到了31%左右。

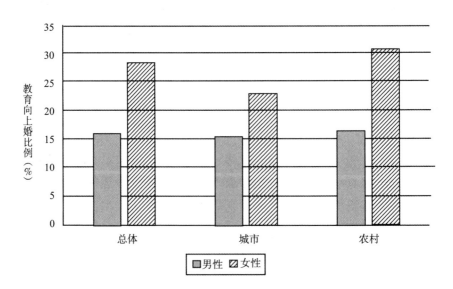

图6.4　教育向上婚比例

在教育向下婚方面，根据图6.5中显示的结果，无论是在总体、城市还是农村样本中，男性教育向下婚的比例均高于女性。总体中，男性向下婚的比例约为27%，女性教育向下婚的比例为16%左右；城市中，男性教育向下婚的比例为28%，女性教育向下婚的比例为24%；在农村中，男性教育向下婚的比例为27%，女性为14%。

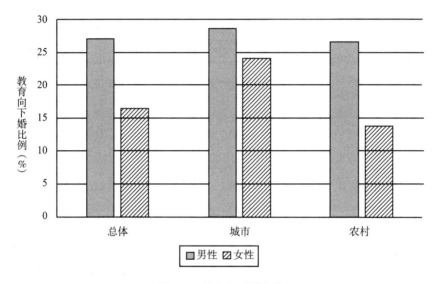

图6.5 教育向下婚比例

综上所述，总的来看，虽然近些年来非传统型的"男性向上婚，女性向下婚"所占的比例上升，但是，中国社会中传统型异类婚的比例仍旧始终高于非传统型异类婚的比例。

（二）模型结果

在这一部分中，本节将运用事件史分析法，分城乡和性别展现家庭背景对于两种教育异类婚，即教育向上婚和教育向下婚的影响，结果如表6.5至表6.8所示。

表6.5   家庭背景与教育向上婚（城市）

变量	城市男性		城市女性	
	模型1.1	模型1.2	模型1.3	模型1.4
年龄	0.166 ***	0.182 ***	0.214 ***	0.178 ***
受教育程度（参照：小学及以下）				
初中	-0.216	-0.483	-0.878 ***	-0.537 +
高中	-0.609 +	-1.114 **	-0.986 ***	-0.634 *
大学及以上	-4.343 ***	-4.457 ***	-5.306 * **	-4.530 ***
在校时长	0.291 ***	0.290 ***	0.084	0.144
是否离校（参照：在校）	6.636 ***	6.287 ***	3.456 ***	4.048 ***
父亲受教育程度（参照：小学及以下）				
初中	-0.171	—	0.249	—
高中	-0.395	—	0.430	—
大学及以上	-1.001	—	0.949 +	—
父亲社会经济地位指数（ISEI）	—	0.007	—	0.001
常数项	-13.794 ***	-13.762 ***	-13.490 ***	-12.966 ***
Wald χ^2	462.04	373.93	288.52	217.78
Pseudo R^2	0.208	0.198	0.209	0.208
Number of obs	9529	6891	8756	6438

注：+ $p < 0.1$，* $p < 0.05$，** $p < 0.01$，*** $p < 0.001$。

　　表6.5展示了城市中父亲受教育程度和社会经济地位对男性和女性教育向上婚的影响。由模型1.1与模型1.2可知，就城市男性而言，父亲的受教育程度和社会经济地位对城市男性进入教育向上婚并没有显著的作用。根据模型1.3和模型1.4的结果，就城市女性而言，父亲受教育程度为大学及以上的个体比父亲受教育程度为小学及以下的个体更可能实现教育向上婚。但是，父亲的社会经济地位指数对城市女性的教育向上婚并没有显著的影响。

　　在其他变量方面，受教育程度对于教育向上婚具有显著的负影响，这一结果在很大程度上可能是由婚姻市场结构上的"封顶效应"所导致的，即受教育程度越高者，越难寻得受教育水平更高的配偶。

年龄、在校时长与是否离校对于教育向上婚均具有显著的正影响。

表6.6　　　　　　　家庭背景与教育向上婚（农村）

变量	农村男性		农村女性	
	模型2.1	模型2.2	模型2.3	模型2.4
年龄	0.092 ***	0.076 ***	0.217 ***	0.211 ***
受教育程度（参照：小学及以下）				
初中	− 0.633 ***	− 0.694 ***	− 0.992 ***	− 0.963 ***
高中	− 1.010 ***	− 1.107 ***	− 1.692 ***	− 1.575 ***
大学及以上	− 1.476	− 1.357	—	—
在校时长	—	—	0.897 ***	0.863 ***
是否离校（参照：在校）	—	—	11.305 ***	11.041 ***
父亲受教育程度（参照：未受过教育）				
小学	0.623 **	—	0.312 * *	—
初中	0.854 ***	—	0.313 *	—
高中及以上	0.576 +	—	0.402 *	—
父亲社会经济地位指数（ISEI）	—	0.015 **	—	0.006 +
常数项	− 5.940 ***	− 5.415 ***	− 18.453 ***	− 17.871 ***
Wald χ^2	192.80	163.76	659.08	591.06
Pseudo R^2	0.056	0.052	0.115	0.115
Number of obs	15260	13585	14676	12984

注：+ $p<0.1$，* $p<0.05$，** $p<0.01$，*** $p<0.001$。

　　表6.6展示了农村中父亲的受教育程度、社会经济地位对男性和女性进入教育向上婚的影响。结果显示父亲受教育程度为小学、初中和高中及以上的男性比父亲未接受过教育的男性更可能进入教育向上婚。父亲的社会经济地位越高，男性越可能进入教育向上婚。对于农村女性而言，父亲的受教育程度越高、社会经济地位越高，越可能进入教育向上婚。

　　在教育向下婚方面，表6.7展示了城市中父亲受教育程度、社会经济地位对男性和女性教育向下婚的影响。表中四个模型的结果表明，对男性而言，父亲的受教育程度越高、社会经济地位越高，则个人更不可能在教育上向下婚。对于女性而言，父亲的受教育程度没有显著的影响，但是父亲的社会经济地位越高，女性越不可能进入教育向下婚。

在其他变量方面，受教育程度越高，越可能向下婚。同样，这可能是源于婚姻市场结构的作用，即受教育程度越高者在向下婚上的配偶可获得性越大，相比之下，受教育程度越低者，越难以寻得受教育水平更低的配偶，即面临着"地板效应"。年龄、在校时长与是否离校均对教育向下婚具有显著的正影响。

表6.7　　　　　　　　　家庭背景与教育向下婚（城市）

变量	城市男性		城市女性	
	模型 3.1	模型 3.2	模型 3.3	模型 3.4
年龄	0.172 ***	0.184 ***	0.192 ***	0.216 ***
受教育程度（参照：小学及以下）				
初中	1.362 +	0.733	1.511 +	3.342 ***
高中	2.245 **	1.431 +	2.170 *	4.121 * **
大学及以上	1.952 **	1.125	2.401 * *	4.252 ***
在校时长	0.258 ***	0.246 ***	0.138 **	0.108
是否离校（参照：在校）	2.719 ***	2.558 ***	1.993 ***	1.872 ***
父亲受教育程度（参照：小学及以下）				
初中	− 0.345 +	—	0.246	—
高中	− 0.684 **	—	− 0.182	—
大学及以上	− 0.793 *	—	− 0.760	—
父亲社会经济地位指数（ISEI）	—	− 0.012 *	—	− 0.015 *
常数项	− 12.514 ***	− 11.642 ***	− 12.301 ***	− 14.264 ***
Wald χ^2	256.18	220.81	230.47	200.71
Pseudo R^2	0.137	0.133	0.137	0.154
Number of obs	10001	7223	8911	6545

注：+ p < 0.1，* p < 0.05，** p < 0.01，*** p < 0.001。

表6.8展示了农村样本中的结果，根据模型4.1到模型4.4，无论是对于农村男性还是女性而言，父亲的受教育程度、社会经济地位对子代进入教育向下婚均没有显著的影响。

表6.8　　　　　　　　　　家庭背景与教育向下婚（农村）

变量	农村男性		农村女性	
	模型4.1	模型4.2	模型4.3	模型4.4
年龄	0.190 ***	0.191 ***	0.205 ***	0.215 ***
受教育程度（参照：小学及以下）				
初中	3.625 * **	3.564 * **	2.870 * **	2.981 ***
高中	4.511 ***	4.407 ***	3.394 ***	3.516 * **
大学及以上	4.229 ***	4.236 ***	3.748 ***	4.018 ***
在校时长	0.310 **	0.286 *	0.085	0.026
是否离校（参照：在校）	3.364 ***	3.304 ***	2.488 ***	2.124 ***
父亲受教育程度（参照：未受过教育）				
小学	0.178	—	− 0.239	—
初中	− 0.176	—	0.112	—
高中及以上	− 0.339	—	0.064	—
父亲社会经济地位指数（ISEI）	—	− 0.007	—	− 0.001
常数项	− 15.060 ***	− 14.884 ***	− 13.248 ***	− 13.295 ***
Wald χ^2	406.57	368.82	320.51	280.29
Pseudo R^2	0.184	0.181	0.158	0.160
Number of obs	16837	14958	14615	12575

注：+ p < 0.1，* p < 0.05，** p < 0.01，*** p < 0.001。

三　小结

本节接续上一节的研究，通过分析家庭背景对于教育异类婚的影响，进一步考察了教育婚姻匹配与代际再生产之间的联合结构化效应。主要结论如下：

首先，就城市男性而言，父亲的受教育程度和社会经济地位对其教育向上婚并不具有明显的影响。就城市女性而言，父亲的受教育程度越高，则女性更可能实现教育向上婚，而父亲的社会经济地位对其则不具有显著的影响。这可能是因为对于家庭文化资本较丰富的女性来说，虽然配偶的受教育程度作为一种文化资源来说是相对冗余的，但是受传统性别婚姻观念影响，此类家庭可能由于重视文化资本而对女婿的受教育程度有更高的期待和要求。而对于父亲社会经济地位较高的家庭而言，可能经济资源比较丰富，但是文化相对欠缺。这些家庭可能更重视经济资源而非文化资源，期待女婿具有更强的经济实力而非更高的受教育程度。在农村样本中，无论是对农村男性还是女性而言，父亲的受教育程度和社会经济地位对其教育向上婚均具有显著的正影响。由此可见，在农村中，个人优越的家庭背景确实可以为其进入教育向上婚发挥重要的支持或补偿的作用。

最后，在教育向下婚方面，就城市男性而言，父亲的受教育程度与社会经济地位对其教育向下婚具有显著的负影响。城市女性父亲的社会经济地位越高，则越不可能出现教育向下婚。这在一定程度上表明优势阶层会有更强的动机来维持自身的既得利益，避免社会向下流动。而农村父亲的受教育程度和社会经济地位对子代教育向下婚的影响不显著。

总之，本节的结论一定程度上支持了家庭背景越好的个体越可能形成教育向上婚，且越不可能出现教育向下婚。

至此，结合上一节的研究结论，我们便可大体知晓中国社会中的代际再生产与教育婚姻匹配对社会分层结构开放性所产生的联合效果。一方面，在代际文化再生产的作用下，那些家庭背景较好的个体更可能获得较高等级的受教育程度，同时他们也更可能形成高等教育同类婚，由此使得优势阶层所占有的优质资源和机会得以进一步叠加和累积。而对于那些家庭背景较好但是没有获得较高受教育程度的个体而言，家庭背景上的优势使他们更可能形成教育向上婚。如此一来，这部分在某种程度上面临地位向下流动风险的个体，便通过教育向上婚保证了优势地位的维持。基于以上两点结论可知，教育婚姻匹配不但可以在代际再生产正常运作时进一步强化其对社会分层结构的固化效应，而且作为一种可能的向上流动途径，又能在代际再生产出现"失灵"的情况下起到补偿性的作用，从而使得社会分层结构得以维持。这表明在市场风险和社会生活不确定性大幅增强的背景下，教育婚姻匹配并未起到促进社会流动、提高社会分层结构开放性的作用，反而与代际再生产机制相联合，导致社会分层结构的固化程度不断提升。

第三节　联合型结构化的变迁

在前两个章节中，本章通过分析个人的家庭背景对其教育婚姻匹配模式的影响来论述教育代际再生产与教育婚姻匹配之间的联合型结构化，但是前面的分析方式仍然有一些缺陷，其中最主要的有两点：一是将代际再生产的普遍存在当成一个既定的事实，而主要考察的是控制了个人的受教育程度后，家庭背景对其教育婚姻匹配的直接作用。这虽然是产生联合型结构化的一种途径，但并不是唯一的途径。即使不存在这种直接效应，教育代际再生产和教育婚姻匹配还是可能会相互联合，从而强化社会分层结构的固化程度。二是本章强调两种机制的联合在市场转型和高等教育扩张的背景下会不断强化，但是前文中只对在市场转型深化期进入婚姻和大学的样本进行了分析，而没有对具体的变迁趋势和过程进行考察。在这一节中，本书将主要针对这两个方面的不足，开展进一步的补充分析，力图更加深入地揭示教育代际再生产和教育婚姻匹配之间的联合结构化效应及其在不同出生世代之间的变迁。

如前所说，教育代际再生产和教育婚姻匹配之间的联合结构化效应可以通过分析家庭背景对个人配偶受教育程度的影响来展现。如图6.6所示，个人的家庭教育背景对配偶受教育程度的影响主要通过间接影响和直接影响两个方面来实现。间接影响由两条路径构成，路径 1 表示的是家庭的教育背景对个人受教育程度的影响，即教育代际再生产；路径 2 表示的是个人的受教育程度对其配偶受教育程度的影响，即教育婚姻匹配。直接影响即路径 3，表示在排除了子代的受教育程度之后，家庭的教育背景对子代配偶受教育程度的直接影响。如前所说，这种直接影响可能来源于社会网络的封闭、家庭资源的支持或补偿等。由此，教育代际再生产与教育婚姻匹配机制的联合结构化程度及其变化，有赖于三条路径上的效果强弱及其变迁。

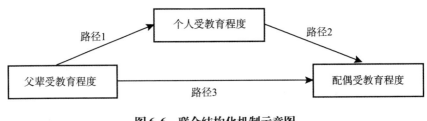

图 6.6　联合结构化机制示意图

基于以上分析框架，本节将考察三条路径所对应的机制，也即教育代际再生产、教育婚姻匹配和家庭背景直接影响是如何在出生在 1960 年之后的出生世代中变化的。

一　研究假设

在具体分析以上三个机制在不同出生世代中的变迁时，本节关于出生世代的划分与前面的章节大体一致，主要分为 1960—1965、1966—1973、1974—1980、1981—1999 四个出生世代。这四个出生世代进入大学的时间都在恢复高考之后，1974—1980 出生世代是在实施义务教育之后进入初中的，且他们结婚的时间大多是在进入市场转型深化期后。1981—1999 出生世代是在大学扩招政策出台后进入大学的。

就教育代际再生产机制在四个出生世代中的变化而言，前面的章节已经提及，随着市场转型的深入推进，一方面教育系统本身变得更加具有选拔性，教育领域的市场化程度不断加深；另一方面，市场风险、社会不确定性大幅提升，收入差距不断拉大。这些变化使得社会中的优势阶层不但更有能力，而且也更有动机将他们的教育、经济等方面的优势传递给下一代，由此使得教育上的代际再生产不断强化。除此之外，高等教育扩张也没有促进教育机会获得的平等，那些优势群体抢占了更多新增的、优质的高等受教育机会。

就教育婚姻匹配机制的变化而言，前面也提到，进入转型深化期后，中国民众对婚姻功利性的认同不断强化，而随着个人的受教育程度成为决定其社会经济地位的主要因素，人们在择偶时越来越看重对方的受教育水平。除此之外，高等教育扩张大幅提升了女性的受教育程度，这一方面增加了受过高等教育的男性在相同受教育等级中的配偶可获得性，同时也增强了他们在择偶时的社会经济地位偏好和文化偏好。由此，中国社会中的教育同类婚程度不断加强。

就家庭背景的直接影响而言，工业化理论认为，工业化的迅速发展会削弱家庭对个人择偶婚配的直接控制力。但是如前文提及，就中国而言，在进入市场转型深化期社会不确定性大幅提高的背景下，出于寻求更大的经济安全保障的目的，人们在婚姻市场中择偶时越来越看重对方的家庭背景。在这种情况下，如果个人自己的受教育程度较高，但是其家庭背景较差，那么他们在婚姻市场上还是可能会遭遇歧视，从而被迫向下婚，如"凤凰男"现象，反之亦然。

综上所述，我们可以提出如下假设：

假设6.6：教育代际再生产在各个出生世代中不断增强，从而提高家庭背景与个人配偶教育地位的关联。

假设6.7：教育婚姻匹配在各个出生世代中不断增强，从而提高家庭背景与个人配偶教育地位的关联。

假设6.8：家庭背景直接效应在1965—1973出生世代中减弱，降低家庭背景与个人配偶教育地位的关联；但是该机制在进入市场转型深化期后结婚的1974—1980和1981—1999两个出生世代中的效果有所回升。

二 变量与模型

（一）变量

由于本节要考察联合结构化下的三个机制在四个出生世代之间的变迁，且后文中主要用对数线性模型来进行分析，所以对样本量的要求比较大。为此，本节还是将 LHSCCC1996 年的数据与 CGSS 自2003 年到 2015 年之间的所有数据合并。根据研究目的，本节将研究对象限定为在婚前获得最高受教育程度的初婚群体。此外，如本章前两节所示，农村中父亲受教育水平的分布与城市相比有比较大的差异，而且教育婚姻匹配的原则也有很大的不同。由此，本节将分析的对象限定在城市样本，而农村中联合结构化效果的变迁暂且留到后续专门讨论。

在变量上，本节最主要的变量即为被调查者自己的、配偶的和家庭背景即父亲的受教育程度，均分为四个等级：小学及以下、初中、高中和大学及以上；被访者的出生世代，同样分为四类：1960—1965、1966—1973、1974—1980、1981—1999 出生世代。

（二）模型

在模型分析上，本节的模型分析过程可以分为两大部分。首先，由于各个出生世代中的父代和子代受教育程度的边际分布存在较大的差异，因此本节采用对数线性模型来分析所构建的方形表数据。这些方形表具体包括：由家庭背景（O）、配偶受教育程度（S）和出生世代（C）构成的 OSC 三维表；由家庭背景、个人的受教育程度（E）和出生世代构成的 OEC 三维表；由个人受教育程度、配偶受教育程度和出生世代构成的 ESC 三维表。在分析每一个方形表时，本节主要使用两个模型。一是同质模型（constant model），它假定三维表中两个主要维度的关联强度在第三个维度上是不变的。二是对数可积层面效应模型（log-multiplicative model），它假定三维表中两个主要维度的关联模式是不变的，但是关联的强度随第三个维度的变化而变化。通过比较这两个模型的拟合效果，便可以检验个人家庭背景与其配偶教育地位的关联、与他自己教育地位的关联、夫妻之间的教育地位关联是否会在不同的出生世代中发生变化。

在第二部分中，本节主要聚焦于各机制效果的分解，也即考察个人的家庭背景与其配偶教育地位之间的关联强度在各个出生世代中的变化，分别在多大程度上是由教育代际再生产机制、教育婚姻匹配机制、家庭背景直接效应机制所导致的。在分析方法上，本节使用布林（Richard Breen）在分析代际社会流动时所提出的反事实分析法（Breen，2010）。具体而言，家庭背景、个人受教育程度、配偶受教育程度和出生世代的联合概率可以写成如下形式：

$$P(S,O,E,C) = P(S|O,E,C) \times P(E|O,C) \times P(O,C)$$

（公式6.1）

根据公式1，反事实趋势的分析可以通过检验两个条件概率，即 $P(S|O,E,C)$ 和 $P(E|O,C)$ 来实现。为此，我们首先需要估计两个对应的对数线性模型，一个是针对四维的 OESC 方形表，一个是针对三维的 OEC 方形表，具体如公式2和公式3所示。

$$f_{ijkl} = \alpha\,\beta_i^O\beta_j^E\beta_k^S\beta_l^C\beta_{ij}^{OE}\beta_{ik}^{OS}\beta_{il}^{OC}\beta_{jk}^{ES}\beta_{jl}^{EC}\beta_{kl}^{SC}\beta_{ijl}^{OEC}\beta_{ikl}^{OSC}\beta_{jkl}^{ESC}\beta_{ijkl}^{OESC} \quad (公式6.2)$$

$$f_{ijl} = \mu\,\gamma_i^O\gamma_j^E\gamma_l^C\gamma_{ij}^{OE}\gamma_{il}^{OC}\gamma_{jl}^{EC}\gamma_{ijl}^{OEC} \quad (公式6.3)$$

在公式2中，f_{ijkl} 表示当个人的家庭背景为 i，受教育程度为 j，出生世代为 l，其配偶受教育程度为 k 时的期望频数。当进行反事实分析时，就可以将某一个机制的因素保留，而把其他机制的因素移除。举例来说，如果要单独估计教育代际再生产机制的影响，就可以假定家庭背景对配偶教育地位的影响（OS）和夫妻之间在教育地位上的关联（ES）不随出生世代的变化而改变。于是，公式2就可以重新写成：

$$f_{ijkl} = \alpha\,\beta_i^O\beta_j^E\beta_k^S\beta_l^C\beta_{ij}^{OE}\beta_{ik}^{OS}\beta_{il}^{OC}\beta_{jk}^{ES}\beta_{jl}^{EC}\beta_{kl}^{SC}\beta_{ijk}^{OEC} \quad (公式6.4)$$

根据公式4和公式3以及 OC 的边际，就可以根据一个反事实的 OESC 四维方形表获得预测的频数。然后，将四维方形表以个人的受教育程度为轴，坍缩成一个由家庭背景、配偶教育地位和出生世代构成的 OSC 三维反事实方形表。最后，就可以根据构建出的三维反事实方形表，运用对数可积层面效应模型来估计个人的家庭背景与其配偶教育地位之间的关联强度在不同出生世代中的变化。以此类推，就可以得出其他机制下的反事实结果。

三　研究结果

（一）三种关联的变迁

在研究结果上，本节首先展现个人的家庭教育背景与其自身受教育程度的关联（OE）、家庭教育背景与配偶受教育程度之间的关联（OS），以及个人受教育程度与其配偶受教育程度之间的关联（ES）是如何在不同的出生世代之间变化的。如前所说，这部分主要是通过比较三种关联下的两个对数线性模型，即同质模型和对数可积层面效应模型来实现。模型的估计结果如表6.9所示。

表6.9　　　　　　　　　　　　　模型拟合结果

模型	G^2	df	BIC	Δ	G^2 差异检验 p 值
OSC（家庭背景与配偶教育地位关联的变化趋势）					
同质模型	46.429	27	-218.604	0.014	——
对数可积层面效应模型	32.017	24	-203.568	0.011	0.002
OEC（教育代际再生产的变化趋势）					
同质模型	64.566	27	-200.467	0.018	——
对数可积层面效应模型	40.400	24	-195.185	0.013	0.000
ESC（教育婚姻匹配的变化趋势）					
同质模型	87.698	27	-177.335	0.020	——
对数可积层面效应模型	52.078	24	-183.507	0.012	0.000

由表6.9中的结果可知，就家庭教育背景和配偶教育地位的关联而言，从BIC的标准来看，同质模型的拟合效果要比对数可积层面效应模型稍好，但是G^2检验的结果显示，对数可积层面效应模型更可取。这种情况同样存在于家庭教育背景与个人受教育程度之间

的关联，也即教育代际再生产上。就个人受教育程度与配偶受教育程度之间的关联，也即教育婚姻匹配而言，无论是在 BIC 的标准还是在 G^2 检验的标准上，对数可积层面效应模型的拟合效果都要优于同质模型。图 6.7 展示了根据对数可积层面效应模型估计的三种关联的结果。

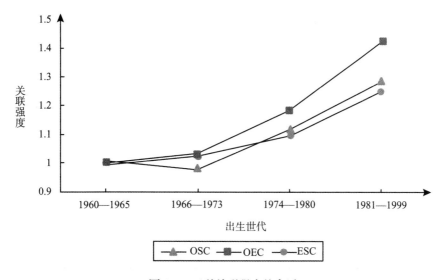

图 6.7　三种关联强度的变迁

由图 6.7 可知，个人的家庭教育背景与其配偶受教育程度的关联从 1960—1965 出生世代到 1966—1974 出生世代之间出现下降，但是在 1966—1973 出生世代之后开始迅速攀升。教育代际再生产强度和教育婚姻匹配强度在 1960—1965 出生世代到 1966—1973 出生世代之间均只有小幅度的提升，但是随后开始迅速提高。

（二）变迁机制分析

个人家庭背景与其配偶教育地位关联的变化是如何由教育代际再生产机制、教育婚姻匹配机制和家庭背景直接影响机制的联合所导致的？运用前面提到的反事实分析方法，本节得到了图 6.8 中的结果。在进行反事实的分析时，本节逐步在基准模型的基础上加入教育代际再生产机制和教育婚姻匹配机制，然后来观察每次添加后的反事实趋势与观测趋势的贴近程度，由此便可以判断每个机制的影响以及他们之间的联合影响效果。在上述两个机制全部添加后，观测趋势与反事实趋势之间的剩余距离即为家庭背景直接影响机制的效果。

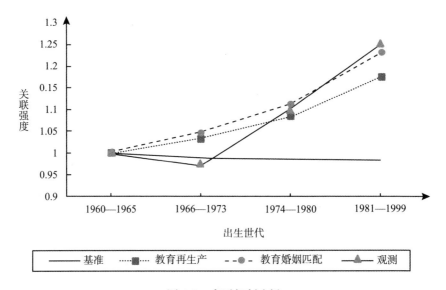

图6.8　变迁机制分析

根据图6.8可知，从1960—1965出生世代到1966—1973出生世代之间，个人的家庭教育背景与配偶教育地位之间的关联强度下降，但是分别加入教育代际再生产机制和教育婚姻匹配机制后，趋势仍呈现小幅度上升。这表明在这两个出生世代之间，个人家庭教育背景对其配偶教育地位的直接影响下降，且该机制的效果在这一时期是主导性的。在1966—1973出生世代到1974—1980出生世代之间，家庭教育背景与配偶地位的关联强度迅速上升。根据反事实的结果可知，这一趋势主要由教育代际再生产机制的效果增强所致，教育婚姻匹配机制效果的增强也发挥了作用，但是影响不大。家庭背景对配偶地位的直接影响仍在下降，但是在总体效果中的作用越来越有限。在 1974—1980 出生世代到 1981—1999 出生世代之间，教育代际再生产机制的效果增强仍占据重要地位，但是教育婚姻匹配机制的效果增强也发挥了非常关键的作用。更加值得注意的是，在 1981—1999 出生世代中，分别添加了教育代际再生产和教育婚姻匹配机制的效果之后，观测趋势仍然高于反事实趋势。这就意味着，家庭背景的直接影响独立地提高了父辈受教育程度与子代配偶受教育程度之间的关联。由此，三个机制的效果同时增强，使得这一时期个人家庭教育背景对其配偶受教育程度的影响达到了顶峰。

四　小结

本节从个人的家庭教育背景与其配偶教育地位之间的关系切入，进一步讨论了教育代际再生产与教育婚姻匹配机制的联合结构化效应，以及这种联合化结构效应在不同出生世代中的变迁。主要结论如下：

本节发现个人的家庭背景与其配偶受教育程度之间的关联强度在 1960—1965 出生世代到 1966—1973 出生世代之间出现下降。根据三个机制的反事实分析结果，这主要是因为教育代际再生产强度和教育婚姻匹配强度在这一时期内仅仅出现了很小幅度的提高，而家庭背景对于配偶教育受教育程度的直接影响则大幅度下降，最终导致了个人的家庭背景与配偶受教育程度之间关联强度的下降。这种家庭背景直接影响的大幅度下降，可能是源于工业化的迅速发展削弱了个人的家庭对其择偶婚配的直接控制力。然而，个人家庭背景与配偶受教育程度之间的关联强度并未一直持续下降，在 1966—1973 出生世代到 1974—1980 出生世代之间，二者之间的关联强度开始迅速回升。这主要是因为教育代际再生产机制在这一时期中迅速增强，而家庭背景直接影响下降的影响力在不断缩小。鉴于 1974—1980 出生世代几乎是在市场化改革逐步跨入深入期（1992 年后）之后进入大学和结婚的，因此市场转型是这一时期导致教育代际再生产大幅增强的主导力量。最后，在 1974—1980 出生世代到 1981—

1999 出生世代之间，个人家庭背景与其配偶受教育程度的关联强度继续大幅度上升。从机制上来看，一是因为教育再生产在这一时期进一步强化，二是教育婚姻匹配强度的提高也发挥了非常重要的作用，三是家庭背景的直接影响增强并独立提高了家庭教育背景与配偶受教育程度之间的关联强度。鉴于 1981—1999 出生世代多是在大学扩招政策出台后进入大学的，因此这一现象在很大程度上是市场转型和高等教育扩张共同作用的结果。

总之，本节的研究结果进一步支持了教育代际再生产和教育婚姻匹配之间的联合型结构化效应，并且验证了这种联合结构化效应随着市场转型的深入推进和高等教育扩张的迅速发展而变得更加显著和强烈。对于最新近的出生世代，如本章前两节所说，那些家庭背景较好的个体不仅能够获得更高的教育成就，而且能够进一步通过教育婚姻匹配机制获得同样具有较高受教育程度的配偶。这样一来，父代的优势不仅可以成功传递给下一代，而且在下一代中还会进一步得到强化。而家庭教育背景对个人受教育程度直接影响的增强，则意味着即使教育代际再生产出现失灵，个人优渥的家庭背景也能帮助其找到教育地位较高的配偶。由此，教育婚姻匹配与代际再生产的联合结构化效应加深了社会分层结构的固化。

第七章

教育婚姻匹配的代内自源型结构化

第一节　教育婚姻匹配下的配偶效应

上一章考察了教育婚姻匹配的联合型结构化效应，即教育婚姻匹配是如何与代际再生产机制联合，进而作用于社会分层结构开放性的。通过分析教育婚姻匹配与代际再生产的联合结构化效果，本书指出教育婚姻匹配会在很大程度上进一步加深由代际再生产所导致的社会分层结构固化。那么教育婚姻匹配自身会如何影响社会分层结构的开放性呢？

教育婚姻匹配自身对社会分层的影响可以经由三种途径实现：第一是通过聚合机制直接影响有价值的资源与机会在各教育婚配类型家庭之间的分布，如第四章和第五章所讨论的收入差距；第二是各教育婚配类型中的个体在婚后代内社会流动上的差异；第三是不同教育婚配类型家庭在资源和机会的代际传递上所形成的不平衡。其中，后两者便属于教育婚姻匹配本身如何作用于社会分层结构开放性的问题，即本书在开篇中所说的自源型结构化。从社会流动的视角出发，由于上述第二点与第三点分别涉及了两种不同的社会流动类型，因而本书将教育婚姻匹配的自源型结构化进一步划分为代内自源型结构化与代际自源型结构化，前者是本章拟主要讨论的内容。

代内自源型结构化，顾名思义主要指教育婚姻匹配在夫妻代内对于社会分层结构开放性的影响，其程度可以通过不同教育婚配类型中的夫妻在代内向上流动上的差异来体现。举例来说，如果较高等级的教育同类婚夫妻相比于其他教育婚配类型的夫妻更可能实现代内向上流动，那么便意味着其所拥有的资源和机会优势会在代内进一步强化，从而提高社会分层结构固化的程度。相反，如果他们在代内向上流动中不占据优势甚至具有劣势，那就说明其与其他教育婚配类型的夫妻在资源和机会占有上的差距可能会在代内逐渐缩小，从而缓和社会分层结构的固化程度。

在此面临的一个问题是，如何在个人的代内流动中体现出教育婚姻匹配的影响？例如，如果高等教育同类婚夫妻在代内向上流动中占据优势，很可能是由于他们自身具有较高的人力资本，而与教育婚姻匹配无关。解决此问题的一个简便易行的方法是考察配偶的受教育程度对于个体代内向上流动的影响。假如配偶的受教育程度对个体的代内向上流动具有显著的正影响，且暂不考虑这一影响在教育同类婚与异类婚中的程度差异，那么高等教育同类婚夫妻在资源和机会占有上的优势便会在代内持续强化，而低层级教育同类婚夫妻的地位劣势亦会在代内不断累积，如此一来，由教育同类婚所引致的资源与机会占有的不平衡在配偶效应的作用下会随着时间的推移进一步加剧（Verbakel & Graaf，2009）。尤其是如果上述配偶受教育程度的正影响在夫妻之间是双向的，便意味着"优者更优，劣者更劣"的效应会愈发强烈，由此导致更为严峻的社会分层结构固化。

但是，已有研究关于配偶的受教育程度如何影响个人代内向上流动的问题仍旧存在争议。部分学者指出，由于夫妻双方共享彼此所拥有的资源，包括人力资本、社会资本等，因此配偶的受教育程度越高，则个体在代内向上流动中越具优势（Blau，1964；Benham，1974；Bernasco et al.，1998；Brynin & Schupp，2000；Ezzedeen &

Ritchey，2008）。然而，另有一部分研究则持迥然不同的观点。例如，根据本研究在第二章中介绍的家庭分工论及其衍生理论认为，家庭经济利益的最大化有赖于夫妻在劳动力市场工作与家庭工作上的分工，在此条件下，夫妻中一方（主要是丈夫）的受教育程度越高，越表明其更擅长劳动力市场工作，同时也意味着他在家庭中拥有更强的议价能力，且其放弃工作会使家庭面临更大的机会成本，由此迫使另一方退出劳动力市场或者从事非全职工作，将主要精力投入到照顾家庭中。因此，按照家庭分工等理论的逻辑，配偶的受教育程度对个体尤其是女性的代内向上流动具有负向影响（Becker，1981；Bernardi，1999）。

诚然，也有一些研究指出，配偶的受教育程度在现代社会中对个体的代内向上流动并不会具有显著的影响。随着一个社会中世俗化与个体主义的持续增强，个人在生活中的独立性日益彰显，因而在涉及自身事务的决策上受其他社会环境因素的影响会不断减弱。在此条件下，配偶的受教育程度等对个体代内流动的影响也会随之逐渐式微（Verbakel & Graaf，2008，2009）。

除了在结论上众说纷纭，已有研究也多是基于西方社会下的讨论。就中国而言，一方面，如前所述，传统的性别家庭观念曾经长期根深蒂固地存在于人们的思想文化中；另一方面，自新中国成立以来，女性的劳动力市场参与率始终较高，双薪家庭十分普遍。除此之外，前面章节中的研究结论表明，教育婚姻匹配在静态的层面上已经显著加剧了全社会资源和机会分布的不平衡。在此背景下，探究配偶的受教育程度如何影响个人的代内社会流动，不但有助于我们更清晰地认识中国社会中的一些基本现实，而且可以更深刻地揭示社会分层结构的动态趋势及其背后的作用机制。

一　研究假设：促进还是抑制

（一）配偶资源促进观

如前所述，现有关于配偶受教育程度如何影响个人代内向上社会流动的研究仍呈现出莫衷一是的状态。有研究指出，配偶的受教育程度对个人的代内向上流动具有正向影响，且这一正影响是双向的，也即夫妻较高的受教育水平均会促进对方的向上流动。这种双向的促进作用一方面来源于夫妻给对方的工具性支持，另一方面来源于二者在情感上对彼此的激励。

就工具性支持而言，由于夫妻之间共享彼此所拥有的资源，因此一方的受教育程度会成为另一方的社会资本，从而有助于二者地位的提升。首先，配偶的受教育程度越高，则个体越可能从其身上习得较为丰富且良好的工作技能和经验，从而有利于职业发展；其次，受教育程度较高的配偶也更可能向个体传授一些有价值的文化资源，例如在言谈举止、衣着装扮、为人处世等方面给出有益的建议，从而促进个体的向上流动；再次，配偶的受教育程度越高，越可能为个体提供更高级别的工作或职位机会信息，由此有利于其获得更高的社会地位；最后，较高受教育水平的配偶更可能拥有高质量的社会网络，可以调动更优质的资源，从而帮助个体实现向上流动（Bernardi，1999）。

就情感激励而言，有学者指出，追求事业成功是一种现代的理念，它会推动个人的发展，提升人的自尊。而受教育程度较高者一般会具有更强的现代理念，从而不仅对自身的职业发展持有更积极的态度（Alwin et al.，1992），而且会将这种积极态度传递给配偶，由此激励其配偶也同样努力追求职业地位的提升（Verbakel & Graaf，2008）。除此之外，受教育程度较高者也更可能突破传统性别观念的束缚，从而为配偶的职业发展提供情感上的支持。

（二）配偶资源抑制观

另有学者提出了与配偶资源促进观针锋相对的观点，认为配偶的受教育程度不仅不会激励个人向上流动的动机，还可能产生反向的抑制作用。他们指出，夫妻双方在家庭层面并不以利益最大化为目标，而是追求满意的原则。所以，如果夫妻中的一方获得了较高的社会地位，那便意味着整个家庭拥有了相对较多的社会经济资源，由此会弱化另一方进一步追求事业成功的动机（Felmlee，1982；Bernasco，1994；Bernasco et al.，1998；Verbakel & Graaf，2008）。具体而言，如果丈夫的职业地位或收入较高，则妻子便可以减少劳动力市场上的时间投入，而将更多的精力用于照料家庭。反之，若妻子的职业地位或收入较高，则会极大减轻丈夫养家糊口的压力，从而降低其在劳动力市场上的努力程度。在现代社会中，由于受教育程度与职业、收入等因素密切相关，因而在配偶资源异质看来，配偶的受教育水平会对个体的代内向上流动具有负向影响，且这一负效应在夫妻之间亦是双向的。

（三）性别差异观

除此之外，还有部分研究强调配偶受教育程度对个体向上流动的影响会因性别的差异而不同，不能一概而论。这些研究的主要观点与第二章提及的资源议价理论类似，认为夫妻会在家庭分工上进行"讨价还价"，最终议价能力较低者会承担更多的家务劳动。然而与资源议价理论不同的是，他们虽然也指出上述议价能力来源于劳动力市场上的对比优势，但是在其中进一步加入了对传统家庭性别角色的考虑。丈夫的受教育程度越高，意味着其越可能在议价能力上占优势，由此迫使妻子分散更多的精力于家务劳动上，阻碍了她在职场上的发展。然而从反方向上来看，妻子较高的受教育程度虽然可以表明其拥有劳动力市场上的优势，但却并不意味着她在家庭中会有更强的议价能力。这是因为即使在当代社会中，受"男主外，女主内"的传统家庭性别分工观念的影响，女性无论其受教育程度高低，均被期待应主要承担家务劳动（Lachance-Grzela & Bouchard，2010）。正是这种性别角色上的刻板印象，使得女性较高的受教育程度不但不会对其丈夫的代内向上流动产生相同的抑制作用，反而会产生正向的促进作用，因为男性同样受到角色期待的影响，所以会更加努力地工作以始终保持议价能力上的优势，规避角色失败的风险（Brines，1994；Brockel et al.，2013）。

然而，另有一部分持性别差异观点的学者强调，虽然在当代社会中，"男主外，女主内"的家庭分工观念依然根深蒂固，但是那些受教育程度较高的夫妻却可能因为具有更强的现代理念，从而突破传统观念的束缚，平等地分担家务劳动（Alwin et al., 1992）。由此，丈夫的受教育程度越高，意味着其可能承担更多的家务劳动，从而使得妻子可以将更多的精力投入到劳动力市场工作中，促进她的职业成功；反之，妻子的受教育程度越高，越可能要求丈夫分担更多的家务劳动，从而分散他在劳动力市场上的精力，不利于其在职业上的进一步发展。所以，丈夫的受教育程度会促进妻子的代内向上流动，而妻子的受教育程度则会对丈夫的向上流动产生负向的影响（Verbakel & Graaf, 2009）。

已有理论和研究在分析配偶效应时，虽然各有所长，但也均存在缺陷。具体而言主要有两点：首先，诸如配偶资源促进观和抑制观下的研究没有考虑到性别角色观念的影响。尽管在特定的性别角色观念下，这些观点也具有较强的解释力，但从逻辑严密的角度出发，对性别角色观念的分析是必不可少的；其次，性别差异观虽然将性别观念作为论证逻辑的重要一环，但是却多将它设定为"男主外，女主内"的传统模式，由此影响了其理论的信度和效度。

本节将依托中国独特的历史社会背景，具体分析中国民众的性别观念以及由此决定的女性在家庭中的角色，在此基础上，力图合乎逻辑地揭示中国社会中的配偶效应及其成因。

（四）中国社会中的配偶效应与代内社会流动

在中国的背景下，配偶较高的受教育程度是会促进还是会抑制个体的代内社会流动呢？本节认为，这一问题与中国社会中的家庭性别观念和女性的实际社会经济地位密切相关。首先，新中国成立以后，新政府在马克思主义关于妇女解放思想的指引下，开展了轰轰烈烈的妇女解放运动。而与西方女权主义不同，马克思主义者认为要实现妇女真正的解放，就必须让其参与到社会生产中，以此获得独立的经济地位。借用恩格斯的话便是"妇女解放的一个先决条件便是一切女性重新回归到公共的事业中去"（恩格斯，2018：76）。

其次，除了指导思想上的因素，妇女解放运动的开展在很大程度上也是由当时的社会现实所决定的。如前文所说，新中国成立初期，社会各项事业在经历了长期的战乱之后百废待兴。在此背景下，国家需要动员广大女性参与到社会主义建设中去（朱斌、李路路，2015；韩启澜，2005：251—254）。

上述两个因素使得中国社会中的性别观念形成了某些独有的特征。首先是性别平等观念模式的独特性，中国民众在对性别平等的认知上偏向于"分工的平等"而非"权利的平等"，即更加强调男女可以平等地参与到劳动力市场中去，而不是政治权利和生活机会上的平等（朱斌、李路路，2015）。其次是共识动员机制上的独特性，中国的妇女解放运动是由共产党领导下的、将其作为一种国家意志并借助社会主义体制自上而下推行的政治运动。在此条件下，性别平等观念便具有了更强大的渗透力，可以直接灌输到社会各个领域及每一位社会成员，而不必依赖于个人性别平等意识的觉醒（朱斌、李路路，2015）。

在独特的性别平等观念的影响下，中国女性长期以来普遍具有独立且相对较高的社会经济地位。首先，就劳动力市场参与率而言，许多研究表明中国妇女的就业比例显著高于某些西方发达国家，甚至一度超过90%（Whyte & Parish，1984）；就职业的性别隔离而言，在前国家社会主义时期，妇女解放运动不仅支持妇女走出家门参与国家建设，而且鼓励她们突破生理上的限制，向传统男性职业进军，实现"去性别化"的劳动分工。由此，两性之间的职业性别隔离在很大程度上被打破（蒋永萍，2001：153—158；朱斌、李路路，2015）。自市场化改革以来，虽然有研究指出随着国家制度性保护的退却，以及市场开始主导劳动力的配置，中国的职业性别隔离趋势不断增强（蔡禾、吴小平，2002），但是另有研究显示，由于经济发展推动了产业结构的转型升级，并且高等教育扩张极大提高了女性的受教育水平，使得女性劳动力迅速向白领职业扩张，由此降低了职业隔离水平（李春玲，2009；李汪洋、谢宇，2015）。而由于传统男性职业一般具有较高的收入、较多的晋升机会，因此职业性别隔离的下降有助于进一步提高女性的社会经济地位。

综上所述，新中国成立至今，特殊的社会历史进程导致民众形成了相对较强的性别分工平等意识，并且使得女性普遍具有独立且较高的社会经济地位。正基于此，女性在很大程度上被视为是与男性一样的"养家糊口"者，其收入是家庭经济来源的重要组成部分（Matthews & Nee，2000）。由此，我们可以认为在中国社会中，配偶的受教育程度对个人代内向上流动的影响受"男主外，女主内"的传统家庭性别分工观念的干预较小。在此条件下，随着社会收入差距的扩大，以及市场风险与社会生活不确定性的显著增强，为了确保家庭的经济安全，个体不但会尽可能地实现自身的向上流动，而且也会有强烈的动机帮助配偶获得更高的社会经济地位。基于上述讨论可知，在中国社会的背景下，配偶受教育程度对个体代内向上流动的影响可能更符合配偶资源促进观的观点，由此我们可以提出以下假设：

假设 7.1：在中国社会中，配偶的受教育程度对个体代内向上流动具有显著的正影响，且这一正效应在夫妻之间是双向的。

二　变量与模型

（一）变量

本节使用的数据来自于 2012 年的中国劳动力动态调查（China Labor-force Dynamics Survey，简称 CLDS）。该调查项目由中山大学社会科学调查中心主持实施，聚焦于中国劳动力的现状与变迁，是一项全国性、跨学科的大型追踪调查。CLDS 的样本覆盖了中国 29 个省、自治区、直辖市，调查对象为样本家庭户中年龄为 15—64 岁的全部劳动力。在抽样方法上采用多阶段、多层次与劳动力规模成比例的概率抽样方法（蔡禾主编，2017：1）。

在 2012 年的数据中，该调查详细询问了被访者的工作史，包括每一份工作的所在单位类型、工作内容、所属行业、职务、级别，以及开始和结束时间等信息。但是在该年份的个体数据中，没有关于结婚时间、配偶的受教育程度等对本书来说至关重要的信息。可喜的是，在 2014 年对 2012 年部分样本的追踪调查中，询问了被访者的婚姻状态和具体的结婚时间，于是本节将这两个变量提取出，并与 2012 年的个体数据进行了横向合并。对于没有追踪的样本，本节用 2012 年家庭数据中的"进入家庭的时间"变量进行补充。具体做法是，首先在家庭数据中提取出与回答个体问卷相同的被访者，然后根据家庭关系确认其配偶的相关信息。而对于那些没有被追踪且配偶"进入家庭时间"缺失的被访者，本节将其 27 岁的年份设定为初婚时间。① 通过上述与家庭数据匹配的做法，本节也获得了配偶受教育程度的信息。

　　本节的因变量即为个人的代内向上流动。社会地位的向上流动主要可以分为两类：一是职业地位由低到高的改变，职业地位包括"体力劳动者""一般非体力劳动者""专业技术人员""国家企事业单位负责人"四类，如果被访者的职业发生了由低到高的转变，则被视为发生了社会地位的向上流动，赋值为 1，否则赋值为 0。二是同一个职业中职务或级别的晋升，职务包括"一般工作人员""一般干部""中层干部""负责人"四个指标，级别分为"一级"包括副科级及以下和技术员级，"二级"包括科级和助理工程师级，"三级"包括副处级和工程师级，"四级"包括处级和高级工程师级。如果被访者的职务或级别发生了从低向高的转变，则被视为发生晋升，赋值为 1，否则赋值为 0，即没有发生晋升。关于这一变量的详细操作化信息可参见第三章中的变量介绍。

　　本节所使用的自变量和控制变量可以根据是否随时间而变分为时变变量和非时变变量两部分。时变变量包括受访者的年龄、受教

---

　　① 根据中国劳动力动态调查发布的 2017 年报告，在 2016 年，全国劳动力的初婚年龄为 23.44 岁。其中有 55.88% 劳动力的初婚年龄在 20—24 岁，有 26.59% 劳动力的初婚年龄在 25—29 岁，初婚年龄超过 30 岁的仅有 6.4%。为了保险起见，本节将信息缺失者的初婚年龄设定为 27 岁。

育年限、单位类型、所属行业等。其中，受教育年限根据每一个受教育阶段的起止时间确定。同样，单位类型和所属行业的变化也根据每一个单位的起止时间确定，单位类型分为"公共部门""国有企业""私营企业"三类，以公共部门为参照；行业根据其类型分为"非垄断行业""部分垄断行业""垄断行业"三类，以非垄断行业为参照。非时变变量包括配偶受教育年限、出生世代、户口类型等。其中，出生世代包括 1947—1959、1960—1965、1966—1973、1974—1980 和 1981—1993 五类；户口类型包括"农村户口"与"非农户口"两类。

（二）模型

本节不但关注个体是否发生了向上流动，而且关注向上流动发生的时间差异，也即被访者是在工作多久之后发生职务（级别）晋升或职业地位上升的，由此在分析方法上选择事件史分析。在事件史分析中，对生存时间的处理方式不同，所对应的事件史模型也不一样。由于本节中的许多自变量是时变变量，且均是基于年度测量的，因而对时间作为离散变量处理，采用针对离散事件史的 Logit 模型。

三 研究结果

（一）描述性分析结果

本节首先利用 2015 年的中国综合社会调查数据（CGSS2015），从描述性的角度来展现中国民众的性别平等观念及其在不同出生世代中的变迁，进而据此推测配偶受教育程度对个体代内向上流动的影响。

图 7.1.1 展示的是在各出生世代中，男女对"男人应以工作为主，女人应以家庭为主"这一传统家庭分工观念的认同比例。由图可知，民众对于传统家庭性别分工模式的认同比例总体上随时间的推移呈现下降的趋势。尤其就女性而言，在 50 后出生世代中，对传统家庭性别分工的认同比例高达 56% 左右，而在 90 后出生世代中，该比例仅为 23%。

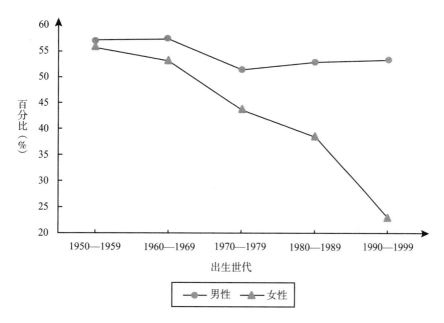

图 7.1 传统家庭性别分工观念的变迁

图 7.2 展示了在各出生世代中,男女对 "夫妻应该平等地分担家务" 这一观点的认同比例。由图可知,从纵向上来看,中国民众对于夫妻应该均摊家务的认同度非常高,各个出生世代中无论男女持赞成态度的比例均在 60% 以上,并且女性的认同比例显著高于男性;从横向来看,男性对夫妻应该均摊家务的认同程度在各个出生世代之间并无太大变化,基本稳定在 65% 左右,而女性的认同程度则随时间的推移持续提升,到了 90 后出生世代,有超过 80% 的女性认为夫妻应该平等地分担家务。

图 7.3 展示了在各出生世代中,男女对 "男性的能力天生比女性强" 这一观点的认同比例。由图可知,从纵向来看,中国民众对性别自然不平等的认同程度始终较低,各个出生世代的赞同比例均在 43% 以下;从横向来看,无论是就男性还是女性而言,对性别自然不平等的认同度均基本上随着时间的推移而不断下降。尤其就女性而言,在 50 后出生世代中,有超过 41% 的人认同男性的能力天生比女性强,而在 90 后出生世代中,该比例急剧下降至 15% 左右,低于男性近 20%。

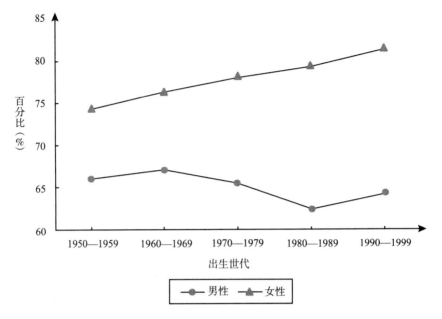

图7.2 家务劳动平等意识的变迁

综上所述，由描述性分析结果可知，中国民众尤其是新近出生世代中的女性具有很强的性别平等特别是家庭性别分工平等意识。在此背景下，可以推测配偶受教育程度对个体的向上流动可能具有正向的影响，并且这一影响是双向的。下面本节将运用事件史分析法对这一推论进行检验。

（二）模型结果

如前所述，本节将代内向上流动分为职务或级别晋升以及职业地位上升两类。在这一部分中，本节将分性别展示配偶受教育程度对于以上两类代内向上流动的影响。数据结果如表7.1和表7.2所示。

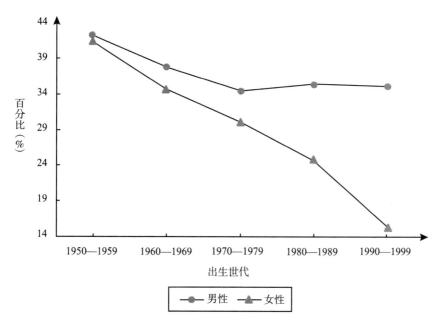

图 7.3　性别自然平等意识的变迁

表 7.1　　　　　　配偶受教育水平与个人的职务（级别）晋升

变量	男性		女性	
	B	S. E.	B	S. E.
年龄	− 0. 261 +	0. 145	0. 371	0. 349
年龄平方/100	0. 522 ***	0. 149	− 0. 123	0. 427
个人受教育年限	0. 132 *	0. 068	0. 255 *	0. 131
配偶受教育年限	0. 120 **	0. 051	0. 023	0. 803
工作（参照：体力劳动者）				
一般非体力劳动者	− 0. 443	0. 457	− 0. 576	0. 589
专业技术人员	− 0. 588	0. 410	0. 142	0. 600
国家企事业单位负责人	− 1. 686 *	0. 767	—	—
单位类型（参照：公有部门）				
国有企业	− 0. 159	0. 539	− 1. 828 ***	0. 550
私营企业	− 0. 124	0. 618	− 0. 726	0. 644

续表

变量	男性		女性	
	B	S. E.	B	S. E.
所属行业（参照：非垄断行业）				
半垄断行业	− 1. 151 **	0. 459	− 0. 895	0. 769
垄断行业	− 0. 479	0. 517	− 0. 746	0. 509
出生世代（参照：1947—1959）				
1960—1965	1. 359	1. 030	1. 700	1. 173
1966—1973	2. 430	1. 626	3. 820 *	1. 863
1974—1980	3. 362	2. 216	5. 015 +	2. 759
1981—1993	2. 919	2. 947	—	—
户口	0. 122	0. 564	0. 996	1. 129
截距项	− 7. 305	5. 111	− 23. 890 **	8. 928
Wald χ^2	214. 52		161. 07	
Pseudo R^2	0. 1132		0. 1431	
Number of obs	6056		3706	

注：$^+ p < 0.1$，$^* p < 0.05$，$^{**} p < 0.01$，$^{***} p < 0.001$。

由表 7.1 可知，就男性样本而言，个人自身的受教育年限与配偶受教育年限均通过了显著性检验。说明即便控制了个人的受教育年限后，配偶的受教育水平依然对个体的职位晋升具有独立且显著的正影响。具体而言，妻子的受教育年限每增加一年，男性实现职务晋升的可能性便提高 13% $[\exp (0.12) - 1]$。

在其他变量方面，年龄对男性职务晋升具有 U 形的影响，相比于体力工作人员，国家企事业单位负责人更不可能晋升，这可能是因为"封顶效应"的影响，即供给该群体进一步晋升的职位较少。与非垄断行业相比，半垄断行业中的工作者更不可能晋升，这可能是因为位于垄断行业的企业会给其职员提供较高的薪资待遇，而收入与晋升在很大程度上是互为替代的。

就女性样本而言，个人受教育年限通过了显著性检验，而配偶的受教育水平却不显著。在其他变量方面，相比于公共部门，国有企业中的女性更不可能得到晋升，这一方面可能是由于在国有部门的晋升中比私营企业更强调社会网络关系的作用，而女性在这一方面比较欠缺；另一方面，国有企业相比于公共部门更靠近市场，具有更多的企业性质，所以女性可能面临相对较强的统计性歧视等问题。

表 7. 2   **配偶受教育水平与个人的职业地位上升**

变量	男性		女性	
	B	S. E.	B	S. E.
年龄	− 0.065	0.153	− 0.426 **	0.164
年龄平方/100	0.194	0.178	0.520 **	0.205
个人受教育年限	0.019	0.041	0.095	0.066
配偶受教育年限	0.058 +	0.030	0.133 **	0.055
工作（参照：体力劳动者）				
一般非体力劳动者	− 1.056 ***	0.314	− 2.207 ***	0.486
专业技术人员	− 1.870 ***	0.513	− 1.553 **	0.499
国家企事业单位负责人	—	—	—	—
单位类型（参照：公有部门）				
国有企业	0.315	0.429	0.392	0.434
私营企业	− 0.476	0.583	0.821	0.527
行业（参照：非垄断行业）				
半垄断行业	− 0.764 *	0.349	0.130	0.506
垄断行业	0.145	0.330	− 0.858 *	0.412
出生世代（参照：1947—1959）				
1960—1965	1.600 **	0.647	− 0.079	0.576
1966—1973	2.257 *	0.935	− 0.615	0.814
1974—1980	2.843 +	1.341	− 0.437	1.249
1981—1993	1.610	2.095	− 2.844	1.949
户口	− 0.734 *	0.349	0.097	0.497
截距项	− 5.902	4.307	2.833	4.391

续表

变量	男性		女性	
	B	S. E.	B	S. E.
Wald χ^2	157. 41		120. 30	
Pseudo R^2	0. 0878		0. 1295	
Number of obs	6689		6421	

注: $^+$ p < 0. 1, * p < 0. 05, ** p < 0. 01, *** p < 0. 001。

由表 7. 2 可知，在男性样本方面，配偶受教育年限、工作、所属行业、出生世代、户口等变量通过了显著性检验，说明了个人的配偶受教育水平对其职业地位上升具有独立于其自身受教育水平的正向影响，但是其程度稍弱。妻子的受教育年限每增加一年，丈夫实现职业地位上升的可能性便提高 6% (exp (0. 058) -1)。在女性样本方面，配偶的受教育年限对其职业地位上升同样具有独立且显著的正影响，且其程度相对较高。丈夫的受教育年限每增加一年，则女性实现职业地位上升的可能性便提高 14% (exp (0. 133) -1)。此外，年龄、工作、所属行业通过了显著性检验。

四　小结

本节通过分析配偶受教育水平对于个体职务（级别）晋升与职业地位上升两类代内向上流动的影响，力图展现教育婚姻匹配的自源型代内结构化效应。本节的研究结论显示，妻子的受教育水平对男性的职务晋升和职业地位上升均具有显著的正向影响。丈夫的受教育水平虽然对女性的职务晋升不具有明显的影响，但是却可以显著促进女性职业地位的上升。由此可知，在中国社会中，受教育程度较高的配偶可以通过为个体提供工具性或情感性的支持促进其代内向上流动，并且这种正效应在夫妻之间是双向的。

针对上述结论，本节拟作两点讨论：其一，在分析配偶的受教育水平如何影响个人代内向上流动时，必须将其置于更宏大的历史社会进程中去考虑，以知悉二者发生作用关系的前提条件。首先，在中国社会中，配偶受教育水平对个体代内向上流动的影响之所以显著为正，很大程度上是因为新中国成立初期的妇女解放运动使得中国民众尤其是女性一方面具有了较强的性别平等意识，另一方面形成了独特的性别平等观念模式，即家庭分工平等，从而导致了中国拥有很高的女性就业率以及相对较低的职业隔离水平。由此，中国女性并没有如性别角色理论所述，由于受传统家庭性别分工观念的影响，而在配偶具有较高受教育程度的情况下出现向下流动。其次，配偶受教育程度对个人代内流动的正影响在夫妻之中之所以是双向的，很大程度上是因为在社会风险和不确定性日益增加的背景下，大部分家庭仍旧追求经济利益的最大化而非以"满意"为原则，由此夫妻均有动机推动自身及对方的代内向上流动，而不会出现配偶资源抑制观所说的双向抑制现象。

其二，如前所述，在教育婚姻匹配的视角下，双向的配偶受教育水平正效应意味着较高受教育等级的同类婚夫妻不仅会通过教育婚姻匹配的聚合效应而占据较丰富的资源与机会，还可以凭借配偶所提供的优质的工具性支持，在代内向上流动上占据优势。相比之下，那些较低受教育层级的同类婚夫妻不但在婚姻伊始便在资源和机会占有上处于劣势，而且由于难以获得良好的配偶工具性支持，因此在代内社会地位的向上流动中仍旧处于下风。如此一来，由教育婚姻匹配所导致的社会分化便会随着时间的推移在代内中愈演愈烈，出现了"优者愈优，劣者愈劣"的马太效应。在此背景下，提升社会分层结构的开放性便更加步履维艰了。

最后需要说明的是，本节的研究仍存有一些缺陷，首先是没有使用夫妻匹配的数据，由此可能会影响某些结论的正确性；其次是囿于所使用数据的限制，本节也无法进一步检验这种配偶受教育水平对代内向上流动的双向正效应是源自社会资本的作用还是夫妻之间激励的传递，希望上述两点在后续的研究中能有所推进。除此之外，本节的结论仍不能解释教育同类婚夫妻与异类婚夫妻之间在代内社会流动上的差异。如前所述，如果配偶受教育程度对个体代内向上流动的正向影响程度在异类婚夫妻中更为强烈，那么便意味着教育异类婚夫妇与相应教育同类婚夫妇在资源和机会占有上的差距可能会在代内中弥合，即存在"追赶效应"。关于这一问题，本章将在下一节中详细讨论。

第二节　教育婚配类型与追赶效应

在上一节中，本书通过考察配偶受教育程度对个人代内向上流动的影响，分析了教育婚姻匹配的代内自源型结构化效应。经研究发现，配偶的受教育程度对于个人的代内向上流动具有显著的正向影响，且这一正效应在夫妻之间是双向的。为方便讨论，本书暂且将这一现象称为"双向配偶正效应"。如上一节所说，这种"双向配偶正效应"对于社会分层结构开放性是非常危险的，它会使得较高受教育等级和较低受教育等级的同类婚夫妻于婚姻伊始在资源和机会占有量差距随着时间的推移而愈演愈烈，最终导致"优者愈优，劣者愈劣"的马太效应。

然而，目前所得出的"双向配偶正效应"假定配偶对个人代内向上流动的正向影响在不同的教育婚姻匹配类型夫妻中并无程度上的差别。在此条件下，均拥有大学学历的教育同类婚夫妻要比丈夫拥有大学学历而妻子拥有高中学历的教育异类婚夫妻在代内向上流动上更具优势（Bernasco et al. , 1998；Bernardi, 1999）。一方面，同类婚中的丈夫由于妻子相对更高的受教育程度而比异类婚中的丈夫更可能实现代内向上流动；另一方面，因为两对夫妻中的丈夫具有相同的受教育水平，因而妻子在向上流动的可能性上是相同的。

但是，将教育同类婚夫妻与异类婚夫妻在配偶正效应上可能存在的差异置之不顾是不恰当的。如本书在第六章第二节中所说，首先，教育异类婚与同类婚一样均是教育婚姻匹配的重要类型，在现实的教育婚配中占有很大的比例，不对其进行考察便难以完整地展现教育婚姻匹配的代内自源型结构化效应；其次，教育异类婚本身便是一种较为典型的向上流动途径。从理性选择的视角出发，许多在择偶婚配上"高攀"的个体，很大程度上正是出于提升自身社会经济地位的目的。即非如此，异类婚中的配偶也可能出于追求与配偶的"般配"而自发地努力实现代内向上流动。尤其是对于那些非传统婚姻中的男性而言，在传统家庭性别角色期待的压力下，可能会有更强烈的动机提升自身的社会地位。由此，正如某些研究指出，夫妻在职业等社会地位上的相似性，一部分是由于结婚时的同类匹配，另一部分则源自在社会流动中的地位趋同（Lefgren & Mclntyre，2006）。综上，我们有理由认为当夫妻在受教育程度等社会经济资源上存在一定的差距时，配偶的受教育水平对个体代内向上流动的正向影响可能具有更高的强度。

如果我们放松对配偶正效应在各类教育婚配夫妻中无程度差别的假定，便需要重新考虑教育同类婚夫妻与相对应的异类婚夫妻在代内向上流动上的优势问题。仍以上述两对夫妻为例，假使配偶的受教育水平对个人代内向上流动的正影响在异类婚夫妻中更强，那么异类婚中的妻子虽然仅具有高中学历，但是在对丈夫代内向上流动的促进程度上，与同类婚中拥有大学学历的妻子可能是相同的。此外，异类婚中的丈夫在对妻子代内向上流动的促进作用上也可能比同类婚中的丈夫更强，尽管二者具有相同的受教育水平。如果这一假定成立，便意味着教育异类婚夫妇可以凭借在代内向上流动中的优势缩小其与相对应的教育同类婚夫妻于结婚伊始在资源和机会占有量上的差距，由此会降低教育婚姻匹配的代内自源型结构化程度，本书将这种可能存在的现象称之为"追赶效应"。

那么教育异类婚夫妻在代内向上流动方面是否存在追赶效应呢？已有研究关于这一问题仍存在较大的争论，仅从社会网络的视角出发便存在两种截然相反的观点。部分学者认为，教育同类婚夫妻因为往往拥有类似的社会网络，从而更可能为对方提供职业发展上的支持，所以配偶正效应在教育同类婚夫妻中更强（Janning，2006；Wallace & Jovanovic，2011；Brockel et al.，2013）。然而，另有观点指出，教育同类婚夫妻在社会网络上的相似性恰恰限制了彼此为对方提供有价值的资源和信息的能力，因而不利于促进对方的代内向上流动。

除了结论上的众说纷纭，现有研究也多是基于西方发达社会的讨论，而专门针对中国的相关讨论仍属空白。在上一节已经展现中国社会中存在较强的"双向配偶正效应"的背景下，进一步探究是否存在上述"追赶效应"，对于更严谨、全面地认识中国的教育婚姻匹配如何作用于个人的代内社会流动，进而影响社会分层结构开放性具有十分重要的意义。由此，本节拟主要研究的问题是：在中国社会中，配偶受教育程度对个人代内向上流动的影响，在不同的教育婚姻匹配类型之间是否存在显著的差别？

一　研究假设：同型支持还是异质优势

（一）同型支持观

如前文所述，已有研究关于不同教育婚姻匹配类型中配偶效应的程度差异问题仍呈现出莫衷一是的状态。有研究指出，配偶受教育程度对于个体代内向上流动的促进作用在教育同类婚夫妻中会表现得更为强烈。受教育程度相同的夫妻由于具有类似的人力资本以及兴趣和偏好，因而更可能从事相似的职业（Liao & Stevens，1994；Kalmijn，1998；Blossfeld & Timm，2003）。由此，首先，教育同类婚夫妻更可能具备彼此在谋求职业发展的过程中所需要的资源，从而更有助于促进对方的社会地位向上流动。一方面，职业上的相似性使得夫妻一方所拥有的职业技能、工作经验等对另一方来说更具价值，因此通过人力资本的相互传递，教育同类婚夫妻更可能推动对方的职业发展。另一方面，因为夫妻往往共享各自所有的社会关系网络，所以职业上的相似性可以极大扩展二者在工作领域中的社会网络规模。特别是对于妻子而言，由于社会网络具有某种程度的性别同质性，女性的职业社会网络中常常缺少地位较高的成员，导致其在向上流动中处于劣势。但是在同类婚中，妻子的职业社会网络可以借助丈夫的社会资源沿着职业地位等级向上拓展，从而有效弥补了其在向上流动方面的社会网络缺陷，有利于其职业地位的提升（Ibarra，1992）。

其次，职业相似性可以使得夫妻拥有类似的工作经历、价值观、职业抱负等，对彼此的工作有更深刻的认识和理解。因此，在关于职业发展等问题上，受教育程度相同的夫妻通常会给予对方更大程度的支持和鼓励，从而使对方在劳动力市场上有更好的表现（Suitor et al.，1995；Bernasco et al.，1998；Busch，2011；Brockel et al.，2013；Brockel，2018）。

（二）异质优势观

另有学者也从社会网络的视角出发，提出了与同型支持截然相反的观点，即认为配偶对个人代内向上流动的正向影响在教育异类婚夫妻中会更为显著。他们借用了格兰诺维特（Mark Granovetter）"弱关系"理论的部分观点，指出如果行动者之间的社会网络重叠度较高，那么他们能够提供给彼此的信息在很大程度上是重复的、冗余的，因此无助于个人的社会地位获得（Granovetter，1973）。反之，当行动者之间的社会网络重叠度较低时，他们才能提供给彼此更多非冗余的、有价值的信息，从而有利于个人的地位向上流动。从这一理论基点出发，夫妻之间本就属强关系，二者在社会交往上的重叠度较高。而在教育同类婚中，夫妻具有相同的受教育程度和相似的职业，这便使得他们在社会交往上的同质性变本加厉，由此一方所具有的社会网络资源对另一方而言在很大程度上是无价值的。相比之下，在教育异类婚中，夫妻之间虽然也具有某种程度的社会交往同质性，但是受教育程度和职业上的差异使他们更可能为彼此提供额外的、有价值的资源，因而更利于推动对方的代内向上流动。

（三）中国的社会关系网络与追赶效应

就中国而言，配偶受教育程度对个人代内向上流动的正影响是否会在教育异类婚夫妻中比在同类婚夫妻中有更高的强度，即存在追赶效应呢？本节认为，对这一问题的解答，需要结合所研究社会的历史、文化及制度背景，来剖析社会关系网络如何导致了不同教育婚配夫妻中的配偶效应差异。

　　根据教育婚姻匹配类型、个体与最终帮助者之间的关系，以及配偶在其中所扮演的角色，我们可以总结出几种社会网络的类型，如图7.4和图7.5所示。在图7.4中，本节假定夫妻之间共享各自

图7.4　配偶共享社会网络

注：图中实线表示强关系，虚线表示弱关系。

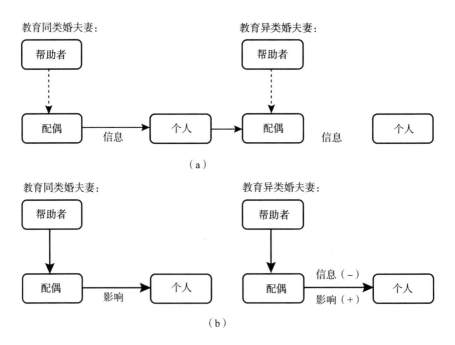

图7.5　中介网络

所拥有的社会网络，因此帮助者尽管来自配偶一方，但同时也位于个人自己的社会网络中。根据社会网络价值观，在教育同类婚中，由于夫妻具有相同的受教育程度和类似的职业，因而他们与彼此职业社会网络中的成员在交往频率、亲密度和持续性等方面均相对较高，帮助者与求助者之间属于强关系。相比之下，在教育异类婚中，因为夫妻在受教育程度和职业上的相似度较低，所以二者与对方职业社会网络中的成员在交往频度等方面较低，帮助者与求助者之间是弱关系。由此，按照边燕杰等学者的观点，在教育同类婚夫妻中，帮助者与个人之间主要传递的是影响，而在教育异类婚中帮助者与个人之间主要传递的是信息（Bian，1997）。

　　在图 7.5 中，本节假定帮助者与求助者之间没有直接的关系，而是以求助者的配偶为中介，形成了一种间接关系。之所以有这一假定，是因为有学者指出在亚洲国家中夫妻之间往往在社交网络上是相互分割的（费孝通，2007：40；Bian，1997）。尤其就职业社会网络而言，即使在具有相同受教育程度的情形下，男女两性由于社会性别规范、社会交往、科层组织内部分化、雇主的统计性歧视等原因，在职业上依旧存在着一定程度的隔离（Marini & Fan，1997；McPherson et al.，2001；Tomaskovic-Devey，1993）。

　　仅根据教育婚姻匹配类型，我们无法确定帮助者与求助者配偶之间社会关系的强弱，出于简化分析的目的，本节仅分析二者在教育同类婚与异类婚中同为强关系或弱关系的情况。如图 7.5 所示，在教育同类婚和教育异类婚中，当帮助者与配偶之间均是弱关系时（图 a），帮助者最终传递给求助者的均是信息，配偶仅扮演了转述信息的角色，在此条件下，两类教育婚配中的社会关系网络并无实质性的区别。就图 b 而言，在教育同类婚中，当帮助者与求助者配偶之间是强关系时，其在教育同类婚中最终传递给求助者的主要是影响。然而在教育异类婚中，由于受教育程度和职业上的差别，帮助者与求助者配偶之间即使是强关系，在向求助者传递影响的同时也可以传递信息。但是此时，信息与影响对于求助者的价值可能是不同的。一方面，帮助者所提供的信息在很大可能上也为求助者配偶所知晓，所以对于求助者来说价值不大；另一方面，如果配偶的受教育程度和社会地位高于求助者，则在很大程度上意味着帮助者也占据比求助者更高的地位，由此可以为求助者提供更优质、高级、稀缺的资源，从而使得其所传递的影响更具价值。

通过对帮助者与求助者之间关系进行两种不同的假定，本节分析了不同教育婚配类型夫妻在社会网络上可能存在的区别。格兰诺维特在其"弱关系假设"中指出，因为弱关系的分布较广，所以更可能成为跨越社会边界的桥梁，为个人提供其社会交往圈子之外的信息和资源，从而有利于其地位获得。然而，边燕杰对中国社会分析时提出了"强关系假设"，认为强关系而非弱关系更可能充当社会边界桥梁，进而帮助个人获得更好的工作，他指出这是由中国特殊的工作分配机制所导致的。在 20 世纪 80 年代末期之前，中国在计划经济体制下并不存在自由的劳动力市场。个人的工作由国家统一分配，并无自主选择权，并且工作一旦确定后，便很难再向其他工作流动。在此背景下，信息对于个体来说没有价值，真正有助于其获得好工作的途径是通过影响实权人物（即工作控制代理人）而获得人情回报。但是，这种行为是不合规矩的，所以帮助人与求助者之间必须以信任和义务作为前提，由此便决定了强关系在工作获得方面比弱关系更为有效（Bian，1997）。

然而，进入20世纪90年代以来，随着市场化改革在城市中迅速展开，国家分配工作体制逐渐被废止，自由劳动力市场形成并日趋完善。这是否意味着强关系在个人职业地位获得和流动中的重要性下降而弱关系的重要性上升呢？边燕杰与张文宏的研究发现，虽然经济体制改革增强了弱关系在职业获得中的有效性，但是由于重要物品的流通仍由国家垄断，国家在公共部门以及国有企业中依然掌握人事任免权，因而政治权力对资源依旧保持着较强的控制力。在此条件下，经济实体代理人继续向求职者输送人情。除此之外，在经济体制转型的过程中，再分配体制逐渐解体，而市场经济机制尚不完善，由此便出现了体制的断裂。在此背景下，社会网络同时承担着作为信息桥梁、信任基础，以及雇主与雇员之间人际关系约束保证的特殊角色。基于上述分析，边燕杰与张文宏指出，随着市场转型的推进，弱关系与强关系在个体职业获得与流动中的重要性均会提升，但是由于权力维续的影响，强关系效用的增强将会占据主导地位（边燕杰、张文宏，2001）。然而，边燕杰等在新近关于社会网络与收入的一项研究中发现，在加入世贸组织后，人情资源的收入效应开始受到抑制，而信息资源的收入效应则在增强（边燕杰等，2012）。

总之，学者关于在当前中国社会背景下，社会关系的强弱如何影响个体职业获得和流动仍存在争论。有些研究支持了市场化假设，有些支持了权力维续假设，而有些则认为强弱关系的影响是同时共存的。但是，随着市场经济体制的不断完善，总的趋势是大致确定的，即强关系的影响在下降，而弱关系的影响在上升。

如前所述，当夫妻共享对方的社会网络时，求助者与帮助者在教育同类婚中更可能是强关系，而在异类婚中则更可能是弱关系。根据上述关于社会网络关系强弱与职业获得与流动的讨论，可以提出以下竞争性假设：

假设 7.2：配偶受教育程度对个人代内向上流动的正效应在教育同类婚中比在教育异类婚中更显著。

假设 7.3：配偶受教育程度对个人代内向上流动的正效应在教育异类婚中比在教育同类婚中更显著。

假设 7.4：配偶受教育程度对个人代内向上流动的正效应在两类教育婚配类型中并无显著差别。

当夫妻之间在社会网络上存在着一定的隔离时，如前所述，求助者与帮助者之间以其配偶为中介形成一种间接关系。并且如果帮助者与配偶之间是弱关系，那么两类教育婚配类型中传递的都是信息，并无明显差别，与假设 1.3 相符。如果帮助者与配偶之间是强关系，便形成了中介方与帮助者和求助者之间都为强关系的情况。边燕杰曾在中国的背景下研究了这一社会网络类型，认为这种间接的强关系甚至比直接的强关系更有助于职业获得（Bian，1997）。在此情况下，虽然教育同类婚与异类婚中主要传递的都是影响，但是如果配偶的受教育程度高于个体，那么很大程度上意味着帮助者比求助者有更高的地位，由此便可以提供相对更优质的资源、输送更有价值的影响。鉴于女子向上婚为教育异类婚的主要类型，因此可以提出以下假设：

假设7.5：配偶受教育程度对个人代内向上流动的正效应在教育异类婚中比在教育同类婚中更显著，且这一现象在女性群体中较为突出。

二　变量、模型与研究结果

本节所使用的数据及分析模型与上一节大致相同，只是在自变量中加入了教育婚姻匹配类型变量，为了方便分析，本节将其设置为二分变量。如果夫妻具有不同的最高受教育程度，则为教育异类婚，编码为1，反之如果具有相同的最高受教育程度则为教育同类婚，编码为2，以教育异类婚为参照。

（一）描述分析结果

由于本节从社会网络的视角切入，认为配偶正效应在教育同类婚和异类婚中的差异在一定程度上取决于强关系和弱关系在个人职业获得与流动的相对重要性。因此，本节首先利用CLDS2012年的数据，从描述性的角度展现社会网络关系在个人求职中的使用情况。根据受访者进入劳动力市场的时间，本节划分了1992年前、1992—2001年和2002—2012年三个工作同期群。第一个同期群在城市市场化改革深入推进之前开始工作，第二个同期群于改革中期开始工作，第三个同期群在改革深化期，即中国加入世贸组织后开始工作。

如图7.6所示，个体在某人的帮助下获得第一份工作的比例于第一个工作同期群中高达60%以上，到了改革中期该比例下降至40%左右，而时至改革深化期该比例进一步下降至30%左右。这一结果说明了社会网络在个人职业地位获得中的使用频率随时间的推移而不断缩减。

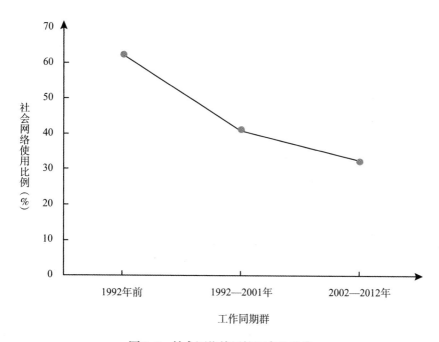

图 7.6　社会网络使用情况变化趋势

　　图 7.7 进一步展示了个体在获得帮助上强、弱关系的使用情况及变迁。依据以往的研究惯例，本节将家人、亲属和亲密朋友视为强关系，将一般朋友、邻居等视为弱关系。由图可知，在第一个工作同期群中，有近 57% 的人是通过强关系获得帮助的，到了改革中期该比例仍超过弱关系使用的比例，至改革深化期，该比例下降至46% 左右，而弱关系的比例则上升至 54% 左右。由此可见，随着时间的推移，弱关系在个人职业地位获得上的重要性持续提升，而强关系的重要性虽然不断下降，但仍与弱关系的重要性相差无几。

　　（二）模型结果

　　在这一部分中，本节将利用离散事件史分析法，分性别考察配偶受教育程度对个人职务晋升与职业地位流动的影响在教育同类婚和异类婚中的差别，以探究在中国社会中教育异类婚夫妻是否会在代内向上流动中存在追赶效应。数据结果如表 7.3 至表 7.4 所示。

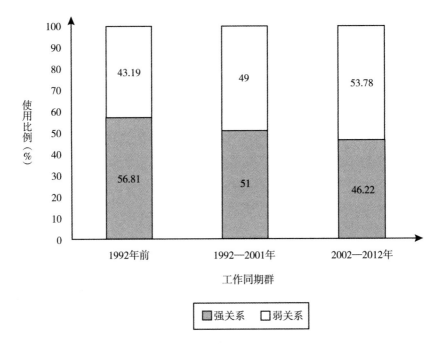

图 7.7　强弱关系的使用比例变化趋势

表 7. 3　　　教育婚姻匹配下的配偶效应差异（男性职务晋升）

变量	模型 1. 1		模型 1. 2	
	B	S. E.	B	S. E.
年龄	- 0. 269 +	0. 152	- 0. 273 +	0. 152
年龄平方/100	0. 527 ***	0. 154	0. 530 ***	0. 154
个人受教育年限	0. 152 *	0. 081	0. 172 +	0. 100
配偶受教育年限	0. 108 +	0. 063	0. 124 *	0. 058
教育婚配类型（参照：教育异类婚）	0. 028	0. 398	0. 708	1. 719
工作（参照：体力劳动者）				
一般非体力劳动者	- 0. 408	0. 467	- 0. 418	0. 474
专业技术人员	- 0. 556	0. 420	0. 559	0. 421
国家企事业单位负责人	- 1. 586 *	0. 782	- 1. 625 *	0. 795
单位类型（参照：公有部门）				
国有企业	- 0. 159	0. 557	- 0. 194	0. 550

续表

变量	模型 1.1		模型 1.2	
	B	S. E.	B	S. E.
私营企业	-0.150	0.654	-0.165	0.651
所属行业（参照：非垄断行业）				
半垄断行业	-1.071*	0.467	-1.076*	0.468
垄断行业	-0.481	0.516	-0.483	0.514
出生世代（参照：1947—1959）				
1960—1965	1.347	1.099	1.335	1.099
1966—1973	2.343	1.723	2.303	1.707
1974—1980	3.244	2.360	3.188	2.360
1981—1993	2.807	3.098	2.757	3.086
户口	-0.014	0.562	-0.002	0.551
配偶受教育年限#教育同类婚			-0.059	0.139
截距项	-7.007	5.572	-7.264	5.657
Wald χ^2	194.83		203.20	
Pseudo R^2	0.1066		0.1072	
Number of obs	5454		5454	

注：$^+ p < 0.1$，$^* p < 0.05$，$^{***} p < 0.001$。

由表 7.3 中的模型 1.1 可知，教育婚配类型变量并未通过显著性检验，说明就男性而言，教育同类婚与异类婚对其职务晋升的影响并无显著差别。模型 1.2 中加入了配偶受教育年限与教育婚配类型的交互项，结果并不显著，表明配偶受教育程度对男性职务晋升的正影响在教育同类婚与异类婚中并无显著的程度上的差异。但如果从符号上来看，该交互项的符号为负说明相比于教育同类婚夫妻，教育异类婚夫妻中的配偶正效应有更强的可能。就其他变量而言，年龄为 U 形影响，个体的受教育程度与配偶受教育程度显著为正，相比于一般体力工人，国家企事业单位负责人更不可能得到晋升，相比于非垄断企业，半垄断企业中更不可能得到晋升。关于上述变量结果的意义，本章在上一节已有详细说明，不再赘述。

表7.4　　　教育婚姻匹配下的配偶效应差异（女性职务晋升）

变量	模型2.1		模型2.2	
	B	S. E.	B	S. E.
年龄	0. 361	0. 345	0. 376	0. 352
年龄平方/100	− 0. 072	0. 413	− 0. 080	0. 415
个人受教育年限	0. 306 *	0. 144	0. 364 *	0. 168
配偶受教育年限	0. 005	0. 074	0. 043	0. 095
婚配类型（参照：教育异类婚）	− 1. 135 +	0. 620	0. 531	1. 447
工作（参照：体力劳动者）				
一般非体力劳动者	− 0. 466	0. 579	− 0. 549	0. 582
专业技术人员	0. 187	0. 603	0. 097	0. 605
国家企事业单位负责人	—	—	—	—
单位类型（参照：公有部门）				
国有企业	− 1. 701 **	0. 541	− 1. 701 **	0. 539
私营企业	− 0. 643	0. 599	0. 644	0. 604
所属行业（参照：非垄断行业）				
半垄断行业	− 1. 189	0. 759	− 1. 077	0. 723
垄断行业	− 0. 772	0. 494	− 0. 801	0. 493
出生世代（参照：1947—1959）				
1960—1965	2. 076 +	1. 245	2. 215 +	1. 260
1966—1973	4. 092 *	1. 783	4. 229 *	1. 753
1974—1980	5. 560 *	2. 687	5. 781 *	2. 644
1981—1993	—	—	—	—
户口	0. 762	1. 109	0. 695	1. 133
配偶受教育年限#教育同类婚			− 0. 133	0. 133
截距项	− 24. 879 ***	9. 102	− 7. 264	5. 657
Wald χ^2	127. 06		126. 65	
Pseudo R^2	0. 1606		0. 1639	
Number of obs	3421		3421	

注：+ p < 0. 1, * p < 0. 05, ** p < 0. 01, *** p < 0. 001。

由表 7.4 中的模型 2.1 可知，教育婚配变量显著为负，表明就女性而言，教育异类婚比同类婚更有助于女性的职务晋升。然而模型 2.2 的结果显示，配偶受教育程度与教育婚配类型的交互项并不显著，说明配偶受教育程度对女性职务晋升的影响在教育同类婚与异类婚中并无显著差别。其他变量方面，个人的受教育程度显著为正，与公共部门相比，国有企业中的女性晋升较少，同期群变量显著为正。

表 7.5　　　　　教育婚姻匹配下的配偶效应差异（男性职业流动）

变量	模型 3.1		模型 3.2	
	B	S. E.	B	S. E.
年龄	− 0.088	0.147	− 0.085	0.146
年龄平方/100	0.206	0.158	0.205	0.158
个人受教育年限	0.040	0.056	0.028	0.063
配偶受教育年限	0.054	0.042	0.042	0.055
教育婚配类型（参照：教育异类婚）	− 0.057	0.251	− 0.396	0.823
工作（参照：体力劳动者）				
一般非体力劳动者	− 1.137 ***	0.337	− 1.125 ***	0.343
专业技术人员	− 2.003 ***	0.490	− 1.991 ***	0.491
国家企事业单位负责人	—	—	—	—
单位类型（参照：公有部门）				
国有企业	0.241	0.416	0.264	0.422
私营企业	− 0.741	0.578	− 0.742	0.579
所属行业（参照：非垄断行业）				
半垄断行业	− 0.749 *	0.363	− 0.757 *	0.360
垄断行业	− 0.128	0.322	− 0.135	0.321
出生世代（参照：1947—1959）				
1960—1965	1.800 **	0.671	1.824 **	0.687
1966—1973	2.153 *	0.978	2.193 *	1.002
1974—1980	2.452 +	1.397	2.510 +	1.434
1981—1993	1.837	1.903	1.883	1.927

续表

变量	模型 3.1		模型 3.2	
	B	S. E.	B	S. E.
户口	−0.588	0.399	−0.606	0.401
配偶受教育年限#教育同类婚	—	—	0.033	0.077
截距项	−5.752	4.329	−5.634	4.352
Wald χ^2	163.86		166.18	
Pseudo R^2	0.0897		0.0899	
Number of obs	6488		6488	

注：$^+$ p<0.1，* p<0.05，** p<0.01，*** p<0.001。#表示两个变量之间的交互。

由表7.5可知，模型3.1的结果显示教育婚配类型变量并未通过显著性检验，表明就男性的职业向上流动而言，教育同类婚与异类婚之间并无显著差异。模型3.2的结果显示，配偶受教育程度与教育婚配变量的交互项也并未通过显著性检验，说明配偶受教育程度对男性职业向上流动的影响在教育同类婚与教育异类婚中并无显著差别。就符号而言，交互项的符号为正，在一定程度上说明配偶正效应在教育同类婚中可能比异类婚中程度稍强。在其他变量方面，与体力劳动者相比，一般非体力劳动者和专业技术人员更不可能实现职业向上流动，与非垄断企业相比，半垄断企业中的人员更不可能实现职业向上流动，出生世代变量显著为正。

表7.6　　　　教育婚姻匹配下的配偶效应差异（女性职业流动）

变量	模型 4.1		模型 4.2	
	B	S. E.	B	S. E.
年龄	−0.399 *	0.147	−0.394 *	0.177
年龄平方/100	0.543 *	0.158	0.537 *	0.224
个人受教育年限	0.143 $^+$	0.056	0.156 $^+$	0.083
配偶受教育年限	0.114 $^+$	0.042	0.132	0.083
婚配类型（参照：教育异类婚）	−0.314	0.251	0.198	1.055

续表

变量	模型 4.1		模型 4.2	
	B	S. E.	B	S. E.
工作（参照：体力劳动者）				
一般非体力劳动者	− 1. 501 ***	0. 406	− 1. 510 ***	0. 405
专业技术人员	− 1. 526 **	0. 490	− 1. 517 ***	0. 487
国家企事业单位负责人	—	—	—	—
单位类型（参照：公有部门）				
国有企业	− 0. 100	0. 375	0. 264	0. 422
私营企业	0. 262	0. 516	− 0. 742	0. 579
所属行业（参照：非垄断行业）				
半垄断行业	− 0. 664	0. 633	− 0. 642	0. 632
垄断行业	− 0. 807	0. 377	− 0. 817	0. 379
出生世代（参照：1947—1959）				
1960—1965	− 0. 198	0. 558	− 0. 189	0. 558
1966—1973	− 0. 040	0. 763	− 0. 042	0. 767
1974—1980	0. 008	1. 139	0. 023	1. 141
1981—1993	− 2. 206	1. 751	− 2. 172	1. 757
户口	0. 237	0. 531	0. 229	0. 534
配偶受教育年限#教育同类婚			− 0. 043	0. 087
截距项	1. 024	4. 299	− 0. 586 ***	4. 424
Wald χ^2	107. 15		107. 70	
Pseudo R^2	0. 1058		0. 1061	
Number of obs	5839		5839	

注：$^+ p < 0.1$，$^* p < 0.05$，$^{**} p < 0.01$，$^{***} p < 0.001$。#表示两个变量之间的交互。

由表 7.6 可知，模型 4.1 的结果显示教育婚配类型变量并未通过显著性检验，表明就女性的职业地位向上流动而言，教育同类婚与异类婚之间并无显著区别。模型 4.2 的结果显示，配偶受教育程度与教育婚配变量的交互项并不显著，说明配偶受教育程度对女性职业向上流动的正影响在教育同类婚与异类婚之间并无显著差异。然而就符号来看，交互项的符号为负，说明正效应的强度在教育异类婚中比教育同类婚中有更高的可能。在其他变量方面，年龄呈现显著的 U 形趋势，个人受教育年限与配偶受教育年限均显著为正，与体力劳动者相比，一般非体力劳动者和专业技术人员更不可能实现职业向上流动。

三　小结

本节接续上节讨论了配偶受教育程度对于个体代内向上流动的影响在不同的教育婚配类型中是否存在显著差异，以此进一步探究教育婚姻匹配的代内自源型结构化效应。基于中国社会的背景，本节从社会网络的视角切入，分析了教育同类婚夫妻与异类婚夫妻在社会关系网络上可能存在的类型区别如何导致配偶正效应的程度差异。经研究，本节的主要结论如下：

首先，配偶受教育程度对于个人代内向上流动的正影响程度在教育同类婚与教育异类婚中并无统计学意义上的显著差别。从本节构建的社会网络分析框架来看，这大概是因为在中国社会中，强关系和弱关系在帮助个人获得更高的职业地位上并没有明显的差异。究其可能的原因，一方面，经济体制转型中所出现的断裂，使得信息和人情对于个体的职业地位获得与流动都具有重要的作用；另一方面，不显著的结果也可能是因为随着信息技术的井喷式发展，以及市场经济的日臻完善，社会关系网络作为一个整体因素在个体地位获得与流动中的重要性不断下降。

其次，虽然不显著，配偶受教育程度对个体代内向上流动的促进程度在教育异类婚中比教育同类婚中稍强（除了男性的职业向上流动），这一现象在女性群体中表现得更为明显和稳定。这可能是因为教育异类婚夫妇尤其是妻子可能通过配偶联系到社会地位相对更高的帮助者，从而获得更为优质、高级的资源，促进其实现社会地位的向上流动。

综上所述，本节的结论并不足以支持配偶受教育程度对个体代内向上流动的促进作用在教育异类婚中会有更强的程度。至此，本章关于教育婚姻匹配的自源型代内结构化的研究结果便可以总结为：存在显著的"双向配偶正效应"，但是并不存在显著的"追赶效应"。前者导致了较高受教育等级的同类婚夫妻与较低受教育等级的同类婚夫妻在资源和机会占有上的差距于代内随着时间的推移愈拉愈大，出现"马太效应"。后者则使得教育同类婚夫妻与相对应的教育异类婚夫妻之间在资源和机会占有量上的差别也不会于代内逐渐弥合。在此条件下，高等教育同类婚夫妻相比于其他教育婚配类型夫妻的地位优势将在代内持续强化，社会分层结构固化的程度由此不断加深。

最后，需要说明的是，本节的研究仍存在一些缺陷。其中最主要的是本节仅从理论上分析了教育同类婚夫妻与异类婚夫妻在社会网络结构上可能存在的区别，以及由此可能导致的配偶正效应的程度差异，但是并没有在模型中加以检验。如本节在文献综述部分所示，配偶正效应在教育同类婚与教育异类婚中的不同程度，可能是由情感、认同等许多其他因素造成的，这一点希望能在今后的研究中有所推进。

第三节　配偶效应的出生世代变迁

本章前两节的研究结果支持了双向配偶正效应，并且不存在追赶效应。由此，那些受教育程度均较高的同类婚夫妻在结婚后更加可能在配偶资源的支持下实现代内向上流动，由此使得其资源和机会优势得以进一步延续和强化。本节进一步追问的问题是，在中国社会发生了市场转型、高等教育扩张等重大社会变迁的背景下，配偶效应会发生什么样的变化？

在分析配偶效应在不同出生世代中的变迁时，同样面临的一个问题是，在各个出生世代之间，丈夫和妻子受教育程度和职业的分布结构存在比较大的差异，需要对这种边缘分布的变化进行控制以获得相对真实的配偶效应。由此，本节采用了一个类似于第六章第三节的分析策略。首先，配偶受教育程度与个人社会地位的关联可以表示为一个三角结构，如图 7.8 所示。

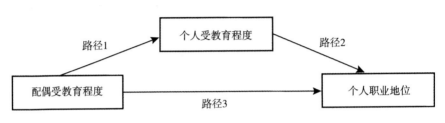

图 7.8 配偶受教育程度与个人社会地位的关联路径

具体来说，配偶受教育程度与个人职业地位之间的关联可以分为三条构成路径。路径 1 和路径 2 共同构成了配偶受教育程度与个人职业地位的间接路径，路径 1 表示的是个人与配偶之间的教育婚姻匹配，路径 2 表示的是个人的教育回报。路径 3 表示的是配偶受教育程度对个人社会经济地位的直接影响。需要说明的是，路径 3 所表示的效果类似于本章所说的配偶效应，因为在这样一个三角框架中，并不能反映出配偶受教育程度对个人代内社会流动的影响。这里个人的社会经济地位表示的是其终职地位，而个人的终职地位有可能与初职地位是相同的，即没有发生代内社会流动。但是如果是这种情况，那么配偶受教育程度与个人社会经济地位的关联应该几乎完全建立在路径 1 与路径 2 的间接关联上，而路径 3 上的效果便不存在了。所以，虽然这一三角框架没有体现出个人的代内社会流动，但是路径 3 的效果在很大程度上是可以代表配偶效应的。尽管如此，本节对此框架还是持谨慎态度，将以下关于变迁的分析视为对配偶效应的一个补充检验。

基于以上框架和讨论，本节主要考察中国社会中配偶受教育程度与个人职业地位之间的关联在 1960 年后出生世代中的变迁，尤其关注配偶受教育程度对个人职业地位的直接影响如何变化。

一　研究假设

如前所述，中国特殊的历史进程使得民众具有相对较高的性别分工平等意识，女性的劳动参与率较高，与男性一样被视为是"养家糊口者"。然而，中国民众的性别观念经历了一个变迁的过程。例如，有学者发现，虽然新中国成立初期轰轰烈烈的妇女解放运动以及性别平等的意识形态宣传极大促进了女性的劳动参与，但是却没有真正地或者说没有完全地实现性别分工平等。主要表现在为了最大限度地保障男性参与劳动，家务上的传统性别分工在很大程度上被保留下来（宋少鹏，2012）。从本章第一节中的图 7.1 也可以发现，对于那些出生在 20 世纪五六十年代的人来说，无论是男性还是女性，都有 55% 左右的人认可"男性应该以事业为重，女性应该以家庭为重"的传统家庭分工模式。

进入市场转型期之后，市场风险不断加剧、社会不确定性提升、收入差距拉大、生活消费水平攀高，在此条件下，家庭中某一个人的经济收入已经不足以维系整个家庭的经济安全，这就提升了妻子的经济收入对于家庭经济安全的重要性，进一步强化了她们养家糊口的角色。这一观点也通常被用来解释近些年来欧美国家中女性劳动参与率的提升，以及双薪家庭的流行（Oppenheimer，1982，1997；Goos & Manning，2007）。由此，家中的丈夫不仅有动力提升自己的社会经济地位，同时也会有更强的动机帮助和支持妻子获得更高的社会经济地位。

除了市场转型之外，高等教育扩张同样可能作用于配偶效应的变迁。前面也提到，高等教育扩张极大提高了女性的受教育程度，近些年来女性接受高等教育的比例甚至超过了男性。这使得男性在择偶婚配时更加看重女性的受教育程度，在社会排斥的作用下，各个受教育层级的同类婚程度增强，这可能会导致女性的受教育程度对其配偶职业地位的影响更加显著。

对于本节分析的三个出生世代，1970 出生世代基本上在改革开放后进入大学和结婚，1980 出生世代大多在大学扩招政策出台后上大学，由此可以提出以下假设。

假设 7.6：丈夫受教育程度对妻子职业地位的直接影响在 1970年后出生的世代中增强。

假设 7.7：妻子受教育程度对丈夫职业地位的直接影响在 1980年后出生的世代中增强。

二　变量与模型

（一）变量

本节所用的数据来源于中国综合社会调查 2010 年之后所有数据的合并数据。为了保证丈夫和妻子所获得的职业地位是最终职业地位，本节参照已有研究将所分析对象的年龄限定为 30—60 岁。在变量上，本节所用的变量包括丈夫和妻子的受教育程度，分为"小学及以下""初中""高中""大学及以上"四类。丈夫和妻子的职业地位，分为"农民""工人""一般办事人员""专业技术人员""国家与社会管理者"五类。出生世代，分为 1960—1969、1970—1979、1980—1989 三类。

（二）模型

本节所使用的模型和分析策略与第六章第三节相同，首先运用对数线性模型来分别考察配偶受教育程度与个人职业地位之间的关联（SD）、配偶受教育程度与个人受教育程度之间的关联（SE）、个人受教育程度与其职业地位的关联（ED）是如何在三个出生世代中变化的。其次，运用一个反事实的分析策略，具体考察配偶受教育程度与个人职业地位之间的关联在不同出生世代之间的变化分别在多大程度上是由个人与配偶之间的教育婚姻匹配、个人的教育回报以及配偶受教育程度的直接影响三个机制所导致的。关于这一反事实的方法，在第六章第三节已经有详细介绍，在此不再赘述。

三　研究结果

（一）女性样本中的结果

在这一部分中，本节将展示女性样本中三种关联的变迁及其背后的机制，尤其是女性中的配偶效应，也即丈夫受教育程度对妻子职业地位的直接影响如何在三个出生世代中变化。表 7.7 分别展示了女性样本中三种关联强度下同质模型和对数可积层面效应模型的结果。

表7.7　　　　　　　　女性样本中三种关联的模型拟合结果

模型	G^2	df	BIC	Δ	G^2差异检验 p 值
SDC（配偶受教育程度与个人职业地位关联的变化趋势）					
同质模型	76.349	24	−158.791	0.023	—
对数可积层面效应模型	35.316	22	−180.228	0.015	0.000
SEC（教育婚姻匹配的变化趋势）					
同质模型	64.510	18	−111.845	0.019	—
对数可积层面效应模型	49.414	16	−107.345	0.014	0.000
EDC（教育回报的变化趋势）					
同质模型	79.671	24	−155.468	0.021	—
对数可积层面效应模型	70.681	22	−144.864	0.020	0.011

根据表 7.7 中的结果，无论是配偶受教育程度与个人职业地位之间的关联、个人与配偶在受教育程度上的关联，还是个人受教育程度与其职业地位之间的关联，如果按照 BIC 的标准判定，同质模型的结果比较好。但是从 G^2 检验的结果来看，对数可积层面效应模型的拟合效果更好，是更加可取的模型。图 7.9 展示了根据对数可积层面效应模型计算出的三种关联在不同出生世代之间的变迁。

由图 7.9 中的结果可知，在女性样本中，从 1960—1969 出生世

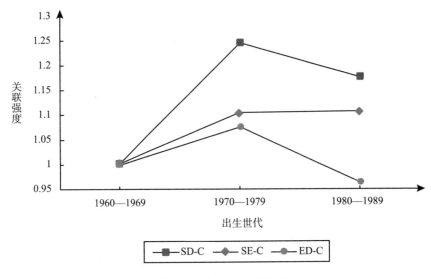

图7.9　女性样本中三种关联的变迁

代到1970—1979出生世代，配偶受教育程度与个人职业地位之间的
关联、个人受教育程度与配偶受教育程度的关联、个人受教育程度
与其职业地位的关联均呈现增强的趋势。而从1970—1979出生世代
到1980—1989出生世代，配偶受教育程度与个人职业地位的关联、
个人受教育程度与其职业地位的关联均出现下降的趋势，个人受教
育程度与配偶受教育程度之间的关联略有增强。

　　配偶受教育程度与个人职业地位之间的关联在不同出生世代之间
的变迁是如何由教育婚姻匹配、教育回报和配偶效应所导致的？运用
上述反事实分析法，各个机制的分解和联合效果如图7.10所示。

　　根据图7.10中的结果，从1960—1969出生世代到1970—1979
出生世代，在基准模型的基础上加入了教育婚姻匹配机制的效果后，
配偶受教育程度与个人职业地位之间的关联提升，继续加入教育回
报机制的效果之后，配偶受教育程度与个人职业地位之间的关联进
一步提升。在加入这两个机制的效果后，实际趋势仍然高于反事实
趋势，而这一段距离便是配偶效应的结果，也即丈夫受教育程度对
妻子职业地位的直接影响，独立地提高了二者之间的关联强度。

从 1970—1979 出生世代到 1980—1989 出生世代，在基础模型上加入教育婚姻匹配机制的效果后，配偶受教育程度与个人职业地位的关联度提高。然而进一步加入教育回报机制后，配偶受教育程度与个人职业地位的关联度出现了明显的下降，这说明在 1980—1989 出生世代中，女性受教育程度回报的下降直接导致了配偶受教育程度与个人职业地位之间关联的弱化。在两个机制的效果全部添加之后，实际观测趋势仍然高于反事实趋势，说明在这一出生世代中，丈夫受教育程度对妻子职业地位的直接促进作用依然十分强烈，与 1970—1979 出生世代相比并没有明显的差别。

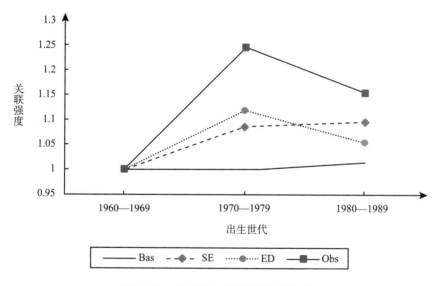

图 7.10　女性样本中的机制分解结果

（二）男性样本中的结果

在男性样本中，三种关联的模型拟合效果如表 7.8 所示。

根据表 7.8 中的结果，就男性样本而言，在配偶受教育程度与个人职业地位的关联上，从 BIC 的标准来判断，同质模型要比对数可积层面效应模型的效果要好，而且两个模型 G^2 检验的结果并不显著。同样的情况也存在于个人受教育程度与其终职地位的关联上。

而在夫妻的受教育程度关联方面，虽然同质模型在 BIC 上的标准更好，但是从 G^2 检验的结果来看，对数可积层面效应模型是更加可取的。图 7.11 分别展示了三种关联中对数可积层面效应模型的结果。

表 7.8   男性样本中三种关联的模型拟合结果

模型	G^2	df	BIC	Δ	G^2 差异检验 p 值
SDC（配偶受教育程度与个人职业地位关联的变化趋势）					
同质模型	36.334	24	−195.607	0.017	—
对数可积层面效应模型	33.711	22	−178.902	0.016	0.269
SEC（教育婚姻匹配的变化趋势）					
同质模型	51.026	18	−122.930	0.019	—
对数可积层面效应模型	33.710	16	−120.918	0.012	0.000
EDC（教育回报的变化趋势）					
同质模型	34.089	24	−197.853	0.014	—
对数可积层面效应模型	34.057	22	−178.556	0.014	0.984

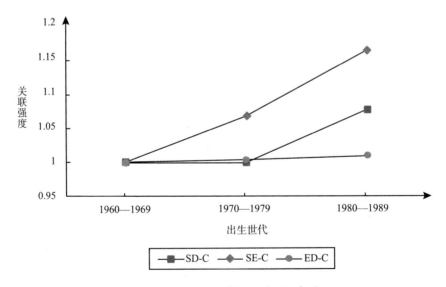

图 7.11   男性样本中三种关联的变迁

由图 7.11 可知，在男性样本中，从 1960—1969 出生世代到 1970—1979 出生世代之间，配偶受教育程度与个人职业地位的关联、个人受教育程度与其职业地位的关联均没有明显的变化，个人与配偶在受教育程度上的关联明显提升。从 1970—1979 出生世代到 1980—1989 出生世代，配偶受教育程度与个人职业地位之间的关联强度提升，个人与配偶在受教育程度上的关联度继续提高，而个人受教育程度与其职业地位之间的关联仍然没有显著的变化。

图 7.12 展示了男性中配偶受教育程度与个人职业地位之间的关联变化是如何由三个机制所导致的。

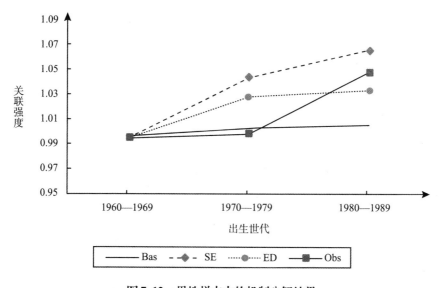

图 7.12　男性样本中的机制分解结果

根据图 7.12 中的结果，从 1960—1969 出生世代到 1970—1979 出生世代，在基准模型的基础上加入了教育婚姻匹配机制后配偶受教育程度与个人职业地位的关联大幅提高，继续加入教育回报机制的效果后，配偶受教育程度与个人职业地位之间的关联出现小幅度下降。两个机制的效果均加入后，实际观测趋势仍然要明显低于反事实趋势。这说明在两个出生世代之间，教育婚姻匹配机制和教育回报机制的联合增强了配偶受教育程度与个人职业地位之间的关联，但是配偶受教育程度对个人职业地位的直接影响大幅降低，明显削弱了二者之间的关联。到了1980—1989出生世代，教育婚姻匹配机制仍然大幅提高了配偶受教育程度与个人职业地位之间的关联度，进一步加入教育回报机制的效果之后，配偶受教育程度与个人职业地位之间的关联出现下降。但是与之前出生世代不同的是，在两个机制的效果全部添加完毕后，实际观测趋势高于反事实趋势，这就说明在这一出生世代中，配偶受教育程度对个人职业地位的直接影响大幅增强，独立地提高了二者之间的关联。

四　小结

本节在前两节的基础上进一步讨论了配偶效应在不同出生世代之间的变迁问题。主要结论如下：

对于女性而言，丈夫的受教育程度与其职业地位之间的关联在1960—1969、1970—1979、1980—1989三个出生世代之间经历了先上升后下降的过程。从机制分解的结果来看，女性丈夫受教育程度与其职业地位的关联在前两个出生世代中的上升，是由于夫妻在受教育程度上的关联、女性受教育程度与其职业地位之间的关联都在提高。更为重要的是，丈夫受教育程度对女性职业地位的直接影响即配偶效应在这一时期增强，进一步大幅提高了丈夫受教育程度与女性职业地位之间的关联。到了1980—1989出生世代，丈夫受教育程度与女性职业地位的关联之所以出现下降，主要是因为女性受教育程度对其职业地位的影响，也即教育回报大幅下降所致。这可能是因为1980—1989出生世代的女性经历了高等教育扩张，而且基本上在2010年之后获得终职地位。许多研究显示，中国的市场转型和高等教育扩张的发展，有可能导致女性受教育程度的收入和职业地位的回报下降（贺光烨、吴晓刚，2015；朱斌、徐良玉，2020）。尤其在2010年后，经济下行的压力加大，劳动力市场竞争日趋激烈，这使得女性的就业形势更加严峻（杨菊华，2020）。高等教育扩张虽然提高了女性的高等教育获得率，但是却降低了其高等教育的职业地位回报，这导致高等教育扩张对女性代际社会流动的促进作用小于男性（吕姝仪、赵忠，2015）。然而，就本节关注的配偶效应，即配偶受教育程度对个人职业地位的直接影响来说，从1970—1979出生世代到1980—1989出生世代之间，配偶受教育程度对女性职业地位的直接影响并没有发生明显的变化，均在很大程度上独立地提高了女性群体中配偶受教育程度与其职业地位之间的关联。

就男性群体而言，本节发现从1960—1969出生世代到1970—1979出生世代之间，妻子的受教育程度与其职业地位之间关联并没有发生明显的变化。机制效果分解的结果显示，虽然在这一时期，男性与其配偶在受教育程度上的关联明显增强，但是男性自身的教育回报没有明显变化，更重要的是妻子受教育程度对男性职业地位的直接影响非常弱，这导致男性群体中配偶受教育程度与其职业地位之间的关联下降。到了1980—1989出生世代，男性的配偶受教育程度与其职业地位间的关联大幅提高。从机制的结果来看，这主要是因为妻子受教育程度对丈夫职业地位获得的直接影响大幅增强，在这一出生世代中独立提高了二者之间的关联强度。

总之，本节的结果揭示出，随着市场转型的不断发展，家庭的经济安全越来越需要由夫妻双方共同来保障。这就使得他们不仅要专注于自己的职业发展，同时还会利用自己所掌握的各类资源帮助配偶获得更高的职业地位。在高等教育扩张之后，女性受教育程度的提高以及与此相关的教育同类婚的增强，导致她们的受教育程度对丈夫社会经济地位的提高具有越来越强的影响，出现了由丈夫对妻子的单向配偶正效应，到夫妻双方之间双向配偶正效应的变化。而这一变化，无疑会使得高等教育同类婚家庭中的夫妻在婚后的代内间不断地强化其资源优势。

第 八 章

教育婚姻匹配的代际自源型结构化

　　本书在上一章中从代内社会流动的角度，讨论了教育婚姻匹配的自源型结构化效应，主要探究的问题是各教育婚配类型夫妻之间在结婚时因聚合机制而形成的资源和机会占有量差异是否会通过代内社会流动而渐渐消弭，从而缓解资源和机会占有的不平衡，提高社会结构的开放性。然而研究结论显示，双向配偶效应的存在导致较高等级教育同类婚夫妻与较低层级教育同类婚夫妻之间的差距会在代内随着时间的推移越拉越大，而追赶效应的不显著则使得教育同类婚夫妻与相对应的异类婚夫妻之间的差距亦不会在代内逐步弥合。如此一来，由教育婚姻匹配所直接引致的社会分层结构固化会在代内愈演愈烈。

　　至此，接踵而来的一个问题是各教育婚配类型夫妻在社会地位等方面的相对优势与劣势是否会传递至下一代？如果答案是否定的，那么就意味着因教育婚姻匹配而产生的资源与机会占有的不平衡仅会维持于代内，而在代际则有可能减弱。由此从长时段来看，社会分层结构仍可能是开放的。反之，如果答案是肯定的，便预示着由教育婚姻匹配所导致的资源与机会占有的不平衡会在代际中实现再生产，从而导致社会分层结构的固化。基于此，本章将聚焦于另一种教育婚姻匹配的自源型结构化，即代际自源型结构化。

　　从文化再生产理论与资源转化理论的视角来看，教育婚姻匹配是否会导致资源和机会占有差距的代际传递似乎是不言自明的。在聚合机制和双向配偶正效应的作用下，较高等级的教育同类婚夫妻会拥有更丰富且优质的文化资本、经济资本、社会资本等，而诸如此类的资本在很大程度上会通过代际继承等方式转化为子代的受教育成就（布尔迪约、帕斯隆，2002a，2002b；布尔迪约，2004）。在此条件下，较高等级教育同类婚夫妻在资源和机会占有上的优势便会在代际间得以维持，与此对应，较低层级教育同类婚夫妻的地位劣势也会在代际中延续。所以，若以文化再生产、资源转化等理论作为分析工具，那么教育婚姻匹配便有很强的代际自源型结构化效应。

　　然而，仅从文化再生产或资源转化的角度讨论教育婚姻匹配的代际结构化问题是不足够的。第一，虽然文化再生产机制和资源转化机制得到了较为广泛的经验支持，具有一定程度的跨时空普遍性，但是仍有部分理论和研究对其观点提出了挑战。例如，前文提及的文化流动理论便指出，一方面现代互联网与交通通信技术的进步极大扩展了人们的交往范围，由此使得文化资本的获取不再主要局限于家庭之中，而是可以通过网络、大众传媒等多种途径习得；另一方面，由于文化资本的传递比社会经济资本的传递更加耗费精力和时间，因此使得精英阶层更看重经济资本而忽视文化资本。相比之下，社会下层的子女不但可以通过学校教育而弥补其家庭上先天的不足，同时也更加重视文化资本对其实现社会向上流动的作用（DiMaggio，1982；De Graaf et al.，2000）。除此之外，也有学者指出，文化资本作用的发挥是有条件的，在考核与评价体系的标准化程度较高的情况下，文化资本的运作空间是十分有限的，个人的教育成就更有赖于其后天的努力程度（朱斌，2018）。由此，按照文化流动的观点，虽然高等教育同类婚夫妻在各类资源的占有上具备优势，但是这些优势可能并不会显著促进子代的教育成就获得，教育婚姻匹配的代际自源型结构化程度较弱。

　　第二，仅从文化再生产等相关理论的视角出发也忽视了各种再生产机制在不同教育婚配类型家庭中的影响程度差异。例如，根据家庭分工、资源议价等理论的观点，教育异类婚夫妻相比于同类婚夫妻更可能形成"男主外，女主内"的家庭分工，而在这种分工模式下，夫妻中的一方可以将更多甚至是全部的精力用于下一代的培养，从而有利于子女的教育成就获得。由此，文化再生产机制在教育异类婚家庭中可能会有更显著的作用。但是也有学者指出，教育同类婚夫妻在子女培养上会有更高的共识、更少的摩擦，从而更有助于子代获得更高的教育成就（Furstenberg，2005；Beck & Gonzal-ez-Sancho，2009）。

基于上述讨论，本章拟在中国社会的背景下，分两个步骤来探究教育婚姻匹配的代际自源型结构化问题。首先，讨论父母的受教育程度如何影响子代的教育获得；其次，分析父母受教育程度对子代教育成就的影响是否会在不同的教育婚配家庭中存在显著的程度差异。

第一节　父系与母系教育再生产

一　研究假设：相互替代还是相得益彰

本节主要聚焦于父亲和母亲的受教育程度如何影响子代教育成就的获得，也即父系和母系的教育再生产，以此来讨论教育婚姻匹配的代际自源型结构化效应。关于教育再生产的问题，已有文化再生产、资源转化、文化抵制、文化流动等许多理论提供了相应的解释，并且关于这些理论的经验探究也如汗牛充栋（Bourdieu，1986；威利斯，2013；Aschaffenburg & Mass，1997；李煜，2006；吕鹏，2006；孙远太，2010；朱斌，2018）。

就中国而言，教育再生产现象同样具有跨时空的普遍性。许多基于中国社会的经验研究发现，父母的受教育水平越高，则子代越可能获得优质的受教育机会、拥有更好的学习成绩、更高的认知能力水平和最终受教育程度（李煜，2006；刘精明，2008；李忠路，2016；李忠路、邱泽奇，2016；杨中超，2018），而且这种教育代际再生产现象并未随着教育的扩张而出现衰退（李春玲，2003，2010；吴晓刚，2009）。

关于教育再生产是如何形成的，现有研究已经给出了许多直接和间接的因果性解释。例如，部分学者指出受教育程度越高的父母越可能传递给子女较为丰富且优质的文化资本，更可能在家庭中营造良好的文化氛围，注重培养孩子的兴趣爱好和文化品位。同时，他们也更可能了解学校的规则与教学内容，为子女的学业提供指导，这也便是布尔迪约等人所谓的"文化再生产"机制（布尔迪约，2002a，2002b）。有研究发现，自"文化大革命"结束后，文化再生产机制一直显著存在于中国社会中，甚至曾一度主导家庭背景与子代教育获得之间的关系（李煜，2006）。另有部分学者认为，受教育程度越高的父母对子女也有更高的教育期望，由此便会激励子女同样对自身形成较高的教育期望，从而有利于其教育成就的获得。这一影响机制显著存在于中国的初中甚至是大学等许多受教育阶段中（杨中超，2018；王甫勤、时怡雯，2014）。除此之外，还有学者讨论了经济资本、社会网络资本、父母参与、教育分流等多种机制在教育再生产中的作用（方长春、风笑天，2005；李煜，2006；赵延东、洪岩璧，2012；杨中超，2018）。

虽然已有文献对教育再生产及其形成机制进行了比较充分和深入的讨论，但是却鲜有研究考虑夫妻的教育婚姻匹配对教育再生产的作用。正因如此，多数学者在研究中仅分析了父亲的受教育程度或父母中的最高受教育程度对子代教育获得的影响，然而这一做法遮掩了许多可能引致子代教育成就获得差距的重要差异。举例来说，如果仅考虑父亲的受教育程度，那么父母均是大学学历和父亲是大学学历而母亲是高中学历的两个家庭便属于同一分组，二者之间是没有差别的。但是在现实中，首先，如本书在前几章所示，前一个家庭在资源和机会占有量上可能显著高于后一个家庭，由此父母均为大学学历家庭中的子代可能会获得更高的教育成就。其次，母亲的受教育程度对于教育再生产可能有相对独立的影响，这也可能导致上述两个家庭在子代教育成就获得上存在显著的差异。例如，部分学者指出许多关于教育再生产的理论和研究都有一个重要的前提预设，即父亲与母亲对子女的投入是相互替代的，然而事实却并非如此。他们给出了两点经验上的反驳：首先，在单亲家庭尤其是母亲缺失的家庭中，父代社会经济地位的代际再生产更不易成功（Biblarz & Raftery，1999）；其次，父亲和母亲投入对不同性别孩子的影响是不同的。例如，对于男孩的教育获得而言，父亲的投入更有效，而对女儿来说，母亲的投入可能是更有效的（Lundberg，2005；Raley & Bianchi，2006）。由此，父母对于子代培养的投入并不是互为替代的，而在很大程度上是互为补充的。

综上所述，父亲受教育程度和母亲受教育程度对子代教育成就的获得可能具有独立的影响。因此，有必要从教育婚姻匹配的视角重新考察教育再生产的问题。

父母的教育婚姻匹配如何影响子代的教育成就获得呢？如前所述，可以通过两个步骤来探究这一问题，本节主要聚焦第一个步骤，也即同时考察父亲和母亲的受教育程度对子代发展的影响。如果二者均显著为正，那便意味着高等教育同类婚家庭中的子女在教育成就的获得上具有明显的优势，相反较低层级教育同类婚家庭中的子女在教育成就的获得上则处于绝对的劣势地位。

除了关注父亲和母亲受教育程度对子代教育成就的影响，本节还将进一步探究其背后的影响机制。具体而言，结合已经研究的经验，本节拟从工具性、情感性与发展性三个维度切入，来讨论父母受教育程度对子代发展的影响。如图8.1所示，在工具性维度中主要讨论资源转化机制，情感性维度着重分析心理情绪机制，而发展性维度则聚焦于教育期望机制。

在资源转化机制方面，受教育水平与文化资源、经济资源、社会网络资源等紧密相关，而诸如此类的资源均可以转换为子代的受

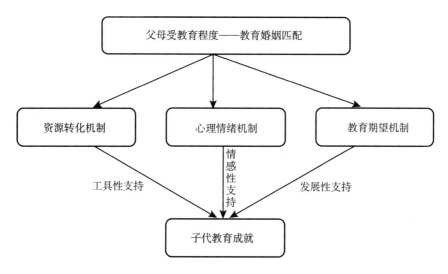

图 8.1　婚姻匹配视角下的教育再生产机制

教育成就。例如，经济资源较好的家庭可以负担起更高质量学校的费用，从而为子女提供更优质的受教育机会，可以为孩子购买家教、辅导班等由市场提供的额外的教育产品与服务，由此有助于子代的教育成就获得。

在心理情绪机制方面，许多心理学研究指出，学生的情绪对其学业成绩具有十分显著的影响。积极向上的情绪有助于学生激发学习动机，培养学习兴趣，创造性使用学习策略，提高学习努力程度，从而促进其教育成就获得。相反，焦虑、沮丧、无助、厌倦等消极情绪，则会抑制学习动机，降低努力程度，严重阻碍学生学业的进步（徐先彩、龚少英，2009；孙芳萍、陈传锋，2010）。有学者甚至发现，学生的情绪可以解释其学业成绩的 15.4%（陆桂芝、庞丽华，2008）。影响学生学业情绪的原因有很多，如个体层面的成就动机，环境层面的班级、课堂、家庭等（徐先彩、龚少英，2009），其中主要的因素之一便是父母的受教育程度。有研究指出，父母的受教育程度越高，则越可能注重子女的心理健康，给予他们更多的关心、理解和鼓励（杨中超，2018），从而使得子女更可能形成积极健康的情绪。

关于教育期望在教育再生产中的作用，比较系统的研究可追溯至威斯康星学派。这一学派十分注重将教育期望作为中介机制来解释家庭背景与子代教育获得之间的关系，并建立了著名的"威斯康星模型"（Wisconsin Model）。该模型发现，家庭的社会经济地位越高，个人对自身的教育期望也越高，从而有助于其获得高等受教育机会（Sewell & Shah，1967）。就父母的受教育程度而言，有学者指出受教育水平越高的父母越可能重视子代的学术成就，对子女有更高的教育期望，同时也更可能利用其文化资本、社会资本等资源为子女提供较丰富的教育信息，由此有助于子代对自身形成更高的教育期望，进而促进其教育成就的获得（布尔迪约、帕斯隆，2002a，2002b）。

虽然父亲和母亲的受教育程度均会影响子女教育成就的获得，但是他们发挥作用的机制可能有所差异。举例来说，虽然"男主外，女主内"的传统家庭分工模式随着性别观念的平等化和女性劳动参与率的提高而逐渐减少，但是不可否认的是，女性通常在子女日常生活的照料上承担了更多的责任。除此之外，从性别社会化的角度来看，女性比男性更加擅长情感沟通，而男性则往往具有更多的工具理性。因此，就上述三个机制而言，母亲的受教育程度更可能通过心理情绪机制发挥作用，而父亲的受教育程度可能更多的通过给子女提供示范，引领他们形成工具性的教育期望而发挥作用。

由此，可以提出以下假设：

假设8.1：父亲和母亲的受教育水平越高，则子代的教育成就越高。

假设8.2：资源转化机制是实现父系和母系教育再生产的重要机制。

假设8.3：心理情绪机制是实现母系教育再生产的重要机制。

假设8.4：教育期望机制是实现父系教育再生产的重要机制。

二　变量与模型

（一）变量

本节所使用的数据为中国教育追踪调查（CEPS）的基线调查数据（2013—2014 学年）。为了尽可能减少分析样本中的未知变异性，本节仅选取了七年级的学生。此外，由于本节关心父母双方各自的受教育程度以及二者的教育婚姻匹配对子代教育成就获得的影响，因而进一步将分析样本限定为父母均在家庭中的被访者，最后所获得的样本量为 7692。

在变量方面，本节所要分析的因变量即学生的教育成就。虽然问卷中询问了被访学生的学习成绩、班级排名等信息，但是鉴于不同学校的考试题不同，各班级的学生质量也存在较大差异，因而上述成绩和排名在很大程度上并不具有可比性。由此，本节使用标准较为统一的认知能力测评得分作为对学生教育成就的测量。[①] 许多研究显示，认知能力水平会显著影响个人青少年时期的学业成绩和教育成就获得，同时也会影响个体在成年时期的职业选择、收入水平等（Heckman et al，2006；黄国英、谢宇，2013；Glewwe et al.，2017；郑磊等，2019）。因此，对于研究教育婚姻匹配的代际自源型结构化而言，认知能力是一个非常合适的因变量。

就自变量而言，本节主要关心的自变量有父亲、母亲的受教育水平，用二者的受教育年限来测量。父母的教育婚姻匹配类型，为二分变量，如果父母最高受教育程度相同则为教育同类婚，设定为 1，不同则为教育异类婚，设定为 0。此外本节还纳入了一些控制变量，包括性别、年龄、父亲职业、母亲职业、兄弟姐妹数量、户口状况等。

在中介变量方面，家庭的经济水平为被访者自评，包括"非常

① CEPS 中所有七年级学生使用的是同一套认知测试题，具有跨地区、学校和班级的可比性。

困难""比较困难""中等""比较富裕""很富裕"五个指标。对于学生心理情绪的测量，问卷中设计了一个量表分别询问了被访者过去一周内是否有沮丧、抑郁、不快乐、生活没有意思、悲伤五种感觉，每一种均有"从不""很少""有时""经常""总是"五个指标，本节对这五个题目的指标均重新进行了反向编码，并利用因子分析法将它们合为一个连续变量，数值越大表示学生的情绪越积极健康。关于学生的教育期望，问卷中给出了从"现在就不要念了"到"博士"共9个指标，[①] 本节将其做连续变量处理，数值越大表示学生对自身的教育期望越高。

（二）模型

由于本节的主要因变量认知能力得分为连续变量，因而选用多元线性回归模型进行分析。具体的公式设定如下：

$$y_i = \beta_0 + \beta_k x_{ik} + \mu_i \qquad （公式8.1）$$

其中，y_i表示第 i 个人的认知能力得分，x_{ik}表示父母的受教育程度等自变量，β_k为自变量的系数，β_0和μ_i分别为截距项和误差项。

在进一步的中介效应分析方面，本节使用三步检验法，首先在不纳入中介变量的情况下考察自变量与因变量之间的关系；其次，以中介变量为因变量，检验主要自变量对其的影响；最后，重新以认知能力为因变量，将原有自变量和中介变量同时作为自变量纳入回归模型。在以心理情绪和教育期望为因变量时，本节仍运用线性回归法；在以家庭经济状况为因变量时，由于该变量为五等级的定序变量，因而本节对应采用序次 logit 模型进行分析。

三　数据结果

（一）描述分析结果

如前所述，本节主要探究父母受教育程度如何影响子代教育成

---

① 具体包括，从现在就不要念了、初中毕业、中专/技校、职业高中、高中、大学专科、大学本科、研究生、博士。

就的获得。在进行模型分析之前，本节首先从描述性的角度展现父母的受教育水平与个体教育成就之间的关系。图8.2分别绘制了父亲受教育年限和母亲受教育年限与子女认知能力得分之间的散点图。

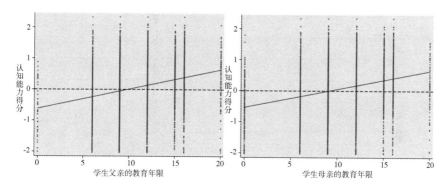

图8.2　父母受教育水平与学生认知能力的分散点

由图8.2可知，父亲和母亲的受教育年限同子女认知能力水平之间的关系模式基本相同。当父母的受教育年限为0时，多数样本的认知能力得分均在0以下。而当父亲的受教育年限超过10年，母亲的受教育年限超过9年时，多数样本的认知能力得分均在0以上。图中的趋势线进一步表明，父母的受教育水平与子女的认知能力之间呈现正相关关系，由此可初步判断父亲和母亲的受教育程度越高，子女越可能获得较高的教育成就。

（二）模型结果

在这一部分中，本节将通过模型来分析父母受教育程度在教育再生产中的作用，以此来展现教育婚姻匹配的代际自源型结构化效应。同时，本节还将利用中介效应检验法来进一步讨论形成机制的问题。模型结果如表8.1至表8.4所示。

表8.1   教育再生产的最小二乘估计

变量	模型1
父亲受教育程度	0.019 **
母亲受教育程度	0.017 **
教育婚配类型（参照：异类婚）	− 0.039
父亲职业（参照：农民）	
普通工人	0.157 ***
低技术人员	0.084 +
高技术人员	0.144 *
管理者	0.177 **
母亲职业（参照：农民）	
普通工人	0.049
低技术人员	0.197 *
高技术人员	0.099
管理者	0.004
性别（参照：女性）	− 0.054 *
年龄	− 0.196 ***
兄弟姐妹数量	− 0.092 ***
户口（参照：农村）	0.052 +
截距项	2.068 ***
样本量	6465
R^2	0.1304

注：$^+ p < 0.1$；$^* p < 0.05$；$^{**} p < 0.01$；$^{***} p < 0.001$。

由表8.1中的模型1.1可知，父亲的受教育程度和母亲的受教育程度均通过了显著性检验，表明二者对子代的认知能力具有相对独立的正向影响。教育婚姻匹配变量没有通过显著性检验。在其他变量方面，父亲的职业显著为正，与农民相比，其他职业尤其是管理者的子女有明显更高的认知能力。此外，性别、年龄、兄弟姐妹数量均显著为负。

表8.2 家庭经济背景的中介效应

变量	模型2.1	模型2.2
家庭经济条件	—	0.076 ***
父亲受教育程度	0.031 +	0.018 **
母亲受教育程度	0.105 ***	0.015 **
婚配类型（参照：异类婚）	0.087	− 0.038
父亲职业（参照：农民）		
普通工人	0.582 ***	0.146 **
低技术人员	0.325 *	0.076
高技术人员	0.564 **	0.113 *
管理者	1.047 ***	0.158 **
母亲职业（参照：农民）		
普通工人	0.564 ***	0.035
低技术人员	0.155	0.192 *
高技术人员	0.285	0.093
管理者	0.202	0.002
性别（参照：女性）	− 0.139 +	− 0.054 *
兄弟姐妹数量	− 0.280 ***	− 0.086 ***
户口（参照：农村）	0.007	0.055 +
截距项	—	1.844 ***
样本量	6573	6455
R^2	0.0851	0.1323

注：+ $p < 0.1$；* $p < 0.05$；** $p < 0.01$；*** $p < 0.001$。

　　表8.2展示了家庭经济背景的中介效应结果。由模型2.1可知，父亲的受教育年限与母亲的受教育年限均显著为正。教育婚配类型变量不显著。在其他变量方面，父亲的职业显著为正，与农民相比，其他职业尤其是管理者家庭有明显更好的经济状况。性别和兄弟姐妹数量显著为负。

　　模型2.2显示，家庭的经济状况对子女的认知能力有显著的正影响。同时，在纳入家庭经济状况变量后，父亲与母亲受教育年限的系数均有所缩小，这意味着父母的教育再生产在一定程度上是以家庭的经济状况为中介形成的。另外值得注意的是，加入家庭经济状况变量后，父亲职业的系数和显著性均大幅降低，表明不同阶层子女在认知能力上的差距主要是由家庭的经济状况所导致的。

表8.3　　　　　　　　　　子女心理情绪的中介效应

变量	模型 3.1	模型 3.2
心理情绪	—	0.070 ***
父亲受教育程度	0.007	0.020 **
母亲受教育程度	0.018 *	0.012 *
婚配类型（参照：异类婚）	0.064 *	− 0.048
父亲职业（参照：农民）		
普通工人	0.005	0.164 **
低技术人员	0.005	0.091 +
高技术人员	− 0.009	0.163 **
管理者	− 0.059	0.176 **
母亲职业（参照：农民）		
普通工人	− 0.045	0.037
低技术人员	0.049	0.170 *
高技术人员	− 0.005	0.088
管理者	− 0.018	0.017
性别（参照：女性）	0.061 *	− 0.059 *
年龄	− 0.079 ***	− 0.192 ***
兄弟姐妹数量	− 0.067 **	− 0.084 ***
户口（参照：农村）	− 0.023	0.062 +
截距项	0.909 **	2.042 ***
样本量	6260	6260
R^2	0.0251	0.1331

注：+ $p < 0.1$；* $p < 0.05$；** $p < 0.01$；*** $p < 0.001$。

表8.3展示了学生心理情绪的中介效果。由模型3.1可知，父亲的受教育水平对子女的心理情绪健康并没有显著的作用，而母亲的受教育水平则有显著的正影响。教育婚姻匹配类型通过了显著性

检验，说明父母为教育同类婚家庭中的子女比教育异类婚家庭中的子女有更加积极健康的心理情绪。在其他变量方面，性别变量显著为正，年龄与兄弟姐妹数量显著为负。

模型3.2显示学生的心理情绪对其认知能力具有显著的正向影响。同时，在纳入学生心理情绪变量后，父亲受教育水平的作用并无变化，而母亲受教育水平变量的系数减小。上述结果表明，学生心理情绪的中介效应主要表现在母亲受教育水平对子女认知能力的作用上。

表8.4　　　　　　　　　　子女教育期望的中介效应

变量	模型4.1	模型4.2
教育期望	—	0.118 ***
父亲受教育程度	0.069 ***	0.013 *
母亲受教育程度	0.021	0.013 *
婚配类型（参照：异类婚）	− 0.111	− 0.018
父亲职业（参照：农民）		
普通工人	0.252 *	0.120 **
低技术人员	0.205 +	0.050
高技术人员	0.382 **	0.092
管理者	0.274 *	0.139 **
母亲职业（参照：农民）		
普通工人	− 0.111	0.063
低技术人员	0.119	0.179 *
高技术人员	0.085	0.072
管理者	0.098	− 0.021
性别（参照：女性）	− 0.323 ***	− 0.012
年龄	− 0.298 ***	− 0.192 ***
兄弟姐妹数量	− 0.235 **	− 0.151 ***
户口（参照：农村）	− 0.033	0.061 +
截距项	10.065 **	0.741 **
样本量	6257	6257
R^2	0.1115	0.1826

注：+ $p < 0.1$；* $p < 0.05$；** $p < 0.01$；*** $p < 0.001$。

表8.4中的模型4.1显示，父亲的受教育水平对子女的教育期望具有显著的正向作用，而母亲的受教育年限则无明显的影响。教育婚姻匹配类型变量同样没有通过显著性检验。在其他变量方面，父亲的职业对子女的教育期望具有显著的正影响，与农民相比，其他职业尤其是高技术人员家庭中的子女对自身有明显更高的教育期望。

模型4.2显示，学生的教育期望对其认知能力具有很强且显著的正向影响。在纳入这一变量后，父母的受教育水平尤其是父亲受教育水平的系数明显缩小，这说明父系教育再生产在一定程度上是以子女的教育期望为中介形成的。

四　小结

本节基于中国的背景，通过考察父系和母系的教育再生产，探究了教育婚姻匹配的代际自源型结构化效应，并且从工具性、情感性和发展性三个维度出发，提出了资源转化、心理情绪和教育期望三个机制，进一步分析了上述结构化效应的形成机制。经研究，本节的主要结论如下：

首先，父亲的受教育水平和母亲的受教育水平对子代的教育成就获得均具有显著的且相对独立的促进作用，也即父系教育再生产和母系教育再生产是同时存在的。

其次，在中介效应方面，无论是父系教育再生产还是母系教育再生产在一定程度上均是通过资源转化机制实现的。具体来说，父母受教育水平较高的子女之所以具有更高的认知能力，部分是因为其家庭具有经济资源上的优势，而这种优势可以转化为其教育成就。就心理情绪而言，本节仅发现了其在母系教育再生产中的中介作用，而在父系教育再生产中则不具有显著的影响。这说明母亲受教育水平对子女教育成就的促进作用在一定程度上是通过影响子女的心理情绪来实现的。也即，母亲受教育水平较高的学生之所以具有相对更高的认知能力，部分是因为其具有相对积极健康的心理情绪，而这种情绪可以有助于其教育成就获得。最后，与心理情绪机制相对，教育期望机制在母系教育再生产中并不明显，却显著存在于父系教育再生产中。

第二节　教育婚姻匹配与代际再生产

上一节从父亲和母亲的受教育程度如何影响子女教育成就的获得考察了教育婚姻匹配的代际自源型结构化。本节主要探析父母受教育程度对子代发展的影响是否会在教育同类婚与异类婚家庭中存在显著的程度差异。如果教育再生产程度在教育异类婚中相对更强，则意味着教育同类婚家庭与相应的异类婚家庭在结婚伊始因聚合机制而导致的社会地位差距，会在下一代中有所弥合；相反，如果教育再生产在教育同类婚家庭中有更强的程度，那便预示着教育同类婚家庭与异类婚家庭之间的地位差距会在下一代中得以延续甚至是强化。

一　研究假设：分工有益还是双亲互补

（一）分工有益观

已有研究关于教育同类婚家庭还是教育异类婚家庭在文化再生产上更有优势的问题仍存在争论。有学者以家庭分工论为逻辑起点，认为父母受教育程度对子女受教育成就获得的影响在教育异类婚家庭中要比在教育同类婚家庭中会有更高的强度（Beck & Gonzalez-Sancho，2009）。如本书第二章所述，家庭分工论指出，首先，由于时间的有限性，家庭整体效益的最大化有赖于夫妻之间在劳动力市场工作和家庭工作上的分工。擅长劳动力市场工作的一方应承担养家糊口的角色，而擅长家务工作的一方则应将主要精力用于料理家庭。其次，由于劳动生产效率与受教育程度密切相关，因而夫妻中受教育程度较高者通常被认为更擅长劳动力市场工作，由此使得上述家庭分工更可能自然地出现在教育异类婚夫妻间。基于以上观点，分工优势论认为，因为在家庭内外分工的模式下，夫妻中有专门的人负责照顾子女的学习与日常生活起居，所以其下一代会在学业、课外兴趣爱好、人格养成等方面得到更加悉心的培养，从而更有利于孩子的发展。

（二）双亲互补观

上一节提及，部分学者强调父母在子女培养中所扮演的角色是不能相互替代的（Biblarz & Raftery, 1999）。虽然教育异类婚家庭中更可能形成内外分工的模式，使得夫妻中有一方专门负责照料子女，但是另一方投入的缺失则可能导致子代培养的不完全、不完善，从而不利于文化再生产等机制的运作。相比之下，在教育同类婚夫妻中，虽然夫妻二人均需要分散一部分精力在劳动力市场工作中，但同时二者在抚育子女上的投入也是双边的、对称的、相得益彰的，如此一来便更加有助于子代的教育成就获得。

除了功能上的互补之外，教育再生产的实现还有赖于夫妻双方在子代培养上的认同和协作。就认同而言，教育同类婚夫妇由于拥有相同的受教育水平，因而在个人的主观偏好、客观资源，以及态度行为等方面均具有较高的同质性。这种同质性会极大增强二者在子女培养上的认同与互惠感，减少分歧和摩擦，使孩子不会面临父母在培养目标、教育期望等方面的冲突，从而有利于子代的教育成就获得；就协作而言，由于偏好等方面的同质性，教育同类婚夫妻双方在抚育子女上的职责更加明晰，信息交流更加通畅，时间上的投入更加对称（尤其是同类婚中的父亲在照料子女上的时间投入比异类婚中的父亲更多），对彼此的决策支持力度更高，因此他们之间会有更好的协作，从而更有利于子代的发展（Beck & Gonzalez-Sancho, 2009）。

基于以上对已有研究的综述，本节将基于中国社会的背景来探究父母受教育程度对子代教育成就获得的影响在不同教育婚配类型家庭中的程度差异。除此之外，本节还将延续上一节的研究，利用资源转化机制、心理情绪机制和教育期望机制来进一步分析教育代际再生产在不同教育婚配类型家庭中的差异是如何形成的。具体而言，在资源转化机制上，由于聚合机制的作用，教育同类婚夫妻通常比相对应的教育异类婚夫妻在各类有价值资源和机会尤其是经济资源的占有上更具优势，因而教育再生产在同类婚家庭中可能有更高的强度。鉴于教育异类婚中的主导类型为"男性向下婚，女性向上婚"，由此可推论父系教育再生产在教育同类婚中的强度优势会更明显。由此，我们可以提出如下假设：

假设8.5：教育代际再生产在教育同类婚家庭中有更高的强度，并且主要表现在父系教育代际再生产上。

假设8.6：家庭的经济水平是导致教育代际再生产在不同教育婚配类型家庭间存有程度差异的中介机制。

在心理情绪机制上，根据双亲互补观的观点，教育同类婚夫妻相比于教育异类婚夫妻会有更加一致的偏好和合理的分工，从而一方面，他们在子代培养上会有更少的分歧和摩擦，有利于营造和谐的家庭氛围，另一方面可以满足子女对父母更多样化的心理需求，建立更良好的亲子关系，从而有助于子女形成健康的心理情绪，进而促进其教育成就获得。由此，可以提出以下假设：

假设8.7：子女的心理情绪是导致教育代际再生产在不同教育婚配类型家庭间存有程度差异的中介机制。

在教育期望机制上，一方面，教育同类婚家庭相比于对应的教育异类婚家庭有更加丰富的文化资本，从而使得子代更可能形成较高的教育期望；另一方面，由于父母的偏好、期望和价值观等在某种程度上均会出现代际传递（杨中超，2018），而根据双亲互补观，教育同类婚夫在偏好、价值观以及对子代的期望上有更高的一致性，由此便会极大减少子代对自身教育期望的矛盾冲突，有助于其建立起稳定的、一贯的教育期望，进而促进其获得更高的教育成就。据此，可以提出以下假设：

假设8.8：子代的教育期望是导致教育代际再生产在不同教育婚配类型家庭之间存有程度差异的中介机制。

二 变量、模型与研究结果

本节所使用的数据与模型与上一节大致相同，不再赘述。在具体的分析过程中，本节首先考察教育再生产在不同教育婚配类型家庭间的程度差异，其次进一步讨论差异的形成机制。模型结果如表8.5 至表8.8 所示。

表8.5	教育再生产的教育婚姻匹配差异
变量	模型 1
父亲受教育程度	0.011
母亲受教育程度	0.015 *
教育婚配类型（参照：异类婚）	− 0.195
父亲职业（参照：农民）	
普通工人	0.158 ***
低技术人员	0.087 +
高技术人员	0.150 *
管理者	0.180 **
母亲职业（参照：农民）	
普通工人	0.048
低技术人员	0.193 *
高技术人员	0.086
管理者	0.012
性别（参照：女性）	− 0.055 *
年龄	− 0.198 ***
兄弟姐妹数量	− 0.093 ***
户口（参照：农村）	0.051
父亲受教育年限#教育婚配类型	0.037 +
母亲受教育年限#教育婚配类型	− 0.022
截距项	2.190 ***
样本量	6465
R^2	0.1315

注：$^+ p < 0.1$；$^* p < 0.05$；$^{**} p < 0.01$；$^{***} p < 0.001$。#表示两个变量之间的交互。

由表 8.5 中的模型 1 可知，父亲的受教育年限与教育婚配类型的交互项显著为正，这表明父系教育再生产在教育同类婚家庭中比异类婚家庭中有更高的强度。母亲的受教育年限与教育婚配类型的交互项并不显著。

表 8.6　　　　教育婚姻匹配差异的中介机制（家庭经济背景）

变量	模型 2.1	模型 2.2
家庭经济条件	—	0.076 ***
父亲受教育程度	0.026	0.011
母亲受教育程度	0.115 ***	0.013 +
婚配类型（参照：异类婚）	0.049	−0.197
父亲职业（参照：农民）		
普通工人	0.588 ***	0.147 **
低技术人员	0.335 **	0.079 +
高技术人员	0.571 **	0.139 *
管理者	1.049 ***	0.161 *
母亲职业（参照：农民）		
普通工人	0.558 ***	0.034
低技术人员	0.143	0.188 *
高技术人员	0.258	0.080
管理者	0.175	0.017
性别（参照：女性）	−0.141 +	−0.054 *
兄弟姐妹数量	−0.281 ***	−0.087 ***
户口（参照：农村）	0.000	0.054 +
父亲受教育年限#教育婚配类型	0.068 +	0.036 +
母亲受教育年限#教育婚配类型	−0.067	−0.020
截距项	—	1.968 ***
样本量	6573	6455
R^2	0.0855	0.1334

注：+ $p<0.1$；* $p<0.05$；** $p<0.01$；*** $p<0.001$。#表示两个变量之间的交互。

表 8.6 展示了家庭经济背景的中介效应结果。由模型 2.1 可知，父亲的受教育年限与教育婚配类型的交互项显著为正，说明父亲的受教育水平越高，教育同类婚家庭相比于异类婚家庭的经济状况越好。模型 2.2 显示，在纳入家庭经济状况变量后，父亲受教育年限与教育婚配类型的交互项系数有所缩小，这意味着父系教育再生产在不同教育婚配类型家庭间的程度差异在一定程度上是以家庭的经济状况为中介形成的。

表 8.7　　　　教育婚姻匹配差异的中介机制（子女心理情绪）

变量	模型 3.1	模型 3.2
心理情绪	—	0.069 ***
父亲受教育程度	0.004	0.012
母亲受教育程度	0.007	0.011 +
婚配类型（参照：异类婚）	− 0.234	− 0.210
父亲职业（参照：农民）		
普通工人	0.004	0.165 ***
低技术人员	0.006	0.094 +
高技术人员	− 0.002	0.169 **
管理者	− 0.055	0.179 **
母亲职业（参照：农民）		
普通工人	− 0.041	0.037
低技术人员	0.051	0.166 *
高技术人员	− 0.012	0.074
管理者	− 0.031	0.000
性别（参照：女性）	0.060 *	− 0.059 *
年龄	− 0.079 ***	− 0.194 ***
兄弟姐妹数量	− 0.070 ***	− 0.085 ***
户口（参照：农村）	− 0.018	0.061 +

续表

变量	模型 3.1	模型 3.2
父亲受教育年限#教育婚配类型	0.009	0.043 +
母亲受教育年限#教育婚配类型	0.022	− 0.027
截距项	1.130 ***	2.171 ***
样本量	6260	6260
R²	0.0273	0.1345

注：+ p < 0.1；* p < 0.05；** p < 0.01；*** p < 0.001。#表示两个变量之间的交互。

表 8.7 展示了学生心理情绪的中介效果。模型 3.1 的结果显示，父母受教育水平与教育婚姻匹配类型的交互项均不显著。模型 3.2 的结果显示，心理情绪变量的加入对父亲受教育水平与教育婚配类型之间的交互项亦无明显的影响。

表 8.8　　　　教育婚姻匹配差异的中介机制（子女教育期望）

变量	模型 4.1	模型 4.2
教育期望	—	0.118 ***
父亲受教育程度	0.053 **	0.006
母亲受教育程度	0.023	0.012 +
婚配类型（参照：异类婚）	− 0.397	− 0.163
父亲职业（参照：农民）		
普通工人	0.255 *	0.121 **
低技术人员	0215 *	0.053
高技术人员	0.393 **	0.097
管理者	0.280 *	0.143 *
母亲职业（参照：农民）		
普通工人	− 0.115	0.063
低技术人员	0.107	0.175 *

续表

变量	模型4.1	模型4.2
高技术人员	0.051	0.059
管理者	0.057	−0.037
性别（参照：女性）	−0.324 ***	−0.013 *
年龄	−0.304 ***	−0.153 ***
兄弟姐妹数量	−0.238 ***	−0.064 ***
户口（参照：农村）	−0.036	0.060 +
父亲受教育年限#教育婚配类型	0.104 +	0.036 +
母亲受教育年限#教育婚配类型	−0.076	−0.022
截距项	10.287 ***	0.858 **
样本量	6257	6257
R²	0.1132	0.1836

注：$^+ p < 0.1$；$^* p < 0.05$；$^{**} p < 0.01$；$^{***} p < 0.001$。#表示两个变量之间的交互。

表8.8中的模型4.1显示，父亲受教育水平与教育婚配类型的交互项显著为正，表明父亲的受教育水平越高，教育同类婚家庭中的子女比教育异类婚家庭中的子女对自身有更高的教育期望。模型4.2中的数据结果显示，在纳入学生的教育期望变量后，父亲受教育水平与教育婚配类型交互项的系数明显缩小，这说明父系教育再生产在教育同类婚家庭与异类婚家庭之间的差异在一定程度上是以子女的教育期望为中介形成的。

三　小结

本节接续上一节的研究，通过考察父母的教育再生产在不同教育婚姻匹配类型家庭中的程度差异，进一步探究了教育婚姻匹配的代际自源型结构化效应，并且继续从资源转化、心理情绪和教育期望三个方面，分析了上述差异的形成机制。经研究，本节的主要结论如下：

首先，仅有父亲教育再生产在教育同类婚家庭中有显著更高的强度。这可能是源于"男性向下婚，女性向上婚"的传统婚姻仍是教育异类婚的主导类型，由此从父系的角度看，教育同类婚家庭比异类婚家庭具有更高的资源与机会占有量，所以在教育再生产中更加具有优势。

其次，在中介效应方面，本节对资源转化机制的分析结果支持了上述观点。父亲教育再生产在不同教育婚配类型家庭中的强度差异在一定程度上是由家庭的经济状况不同所导致的。具体来说，父亲受教育水平较高且为父母为教育同类婚的家庭具有更加丰厚的经济资源，由此在资源转化机制的作用下，其子女具有更高的认知能力。

最后，父亲教育再生产在教育同类婚家庭中比异类婚家庭中有更高的强度在一定程度上也是由教育期望的差异所导致的。这一方面可能是由于教育同类婚家庭中的父亲在子女培养上有更高的参与率，且较少面临夫妻间关于子代教育的冲突；另一方面与资源转化机制类似，教育同类婚家庭相比于对应的异类婚家庭拥有更多的文化资源。从而更有利于子代的教育成就获得。

至此，本章从两个方面分布考察了教育婚姻匹配的代际自源型结构化问题。结合上一节的研究结论，本节拟作两点讨论：其一是教育婚姻匹配与教育再生产的机制问题。资源转化机制、心理情绪机制和教育期望机制的结果表明，高等教育同类婚夫妻之所以在教育代际再生产上占据绝对的优势，除了因为他们拥有更丰富且优质的经济、文化等资源外，在一定程度上还有赖于二者在子代培养上的分工。受教育水平较高的母亲更注重为子女提供情感上的支持，促进他们形成相对积极健康的心理情绪。而受教育水平较高的父亲则更倾向于为子代提供发展性的支持，引导他们树立较高的教育期望。而无论是积极向上的心理情绪还是较高的教育期望均会显著促进子代的教育成就获得。

其二是教育婚姻匹配的代际结构化问题。父亲和母亲的受教育水平均会促进子代的教育成就获得，意味着较高等级教育同类婚夫妻所具有的社会地位优势将会在下一代中得以维持甚至是强化，而较低层级教育同类婚夫妻的相应劣势也会在下一代中延续。如此一来，由教育婚姻匹配所导致的社会两极分化便会在代际中再生产出来。此外，父亲教育再生产在教育同类婚家庭中有更高的强度，意味着教育异类婚家庭与对应教育同类婚家庭之间的资源和机会差距并不会在代际再生产过程中缩小，反而有进一步扩大的趋势。由此可知，在中国社会中，教育婚姻匹配具有非常强的代际自源型结构化效应。

第九章

结论与讨论

　　至此，本书运用社会排斥和社会结构化两个解释机制，分别讨论了中国的教育婚姻匹配对于宏观的收入差距与社会分层结构开放性的影响。就收入差距而言，本书首先在市场转型和高等教育扩张的背景下，探究了教育婚姻匹配中的教育资源排斥和婚姻市场排斥如何在各受教育层级之间建立起不同强度的婚姻壁垒，进而决定了教育同类婚在整体受教育层级上的分布结构；其次，本书分析了教育婚姻匹配与收入婚姻匹配的同构性程度，继而考察了上述教育同类婚的分布结构如何影响了社会总体的收入差距。就社会分层结构开放性而言，本书首先讨论了教育婚姻匹配机制与代际再生产机制的关系，揭示了教育婚姻匹配与代际再生产之间的联合型结构化效果；其次，本书通过研究职业流动中的配偶效应与父母教育婚姻匹配对文化再生产的影响，分别讨论了教育婚姻匹配在代内和代际中的自源型结构化效果。在这一章中，本书将首先简述本书的主要结论，然后阐释这些结论的意义，最后对本书的不足之处进行说明。

第一节 结论

一 教育婚姻匹配与收入差距

本书认为，教育婚姻匹配对收入差距的影响有赖于两大因素。第一是教育同类婚在整体受教育层级上的分布结构，而这一分布结构在很大程度上取决于各受教育层级间基于社会排斥而形成的通婚壁垒强度。本书发现，其一，就教育资源排斥而言，一方面在市场转型的影响下，受教育程度的社会经济价值不断攀升，此外市场风险与社会不确定性逐步增加，由此各教育层级尤其是高等教育层级在婚姻匹配中的向下排斥显著增强；另一方面，教育扩张在大幅增加较高受教育层级人口规模的同时，也导致了学历膨胀，使得较低受教育程度者在劳动力市场上的状况不断恶化，其相对的社会经济地位出现下降，在婚姻匹配上受到其他受教育层级的排斥程度也相应增强。由此，中国教育婚姻匹配中的教育资源排斥在高等教育扩张的过程中出现了两极化的趋势。其二，就婚姻市场排斥而言，在中国社会中，个体在择偶过程中越来越依赖其在学校构建的社会网络，使得学校等教育机构日益成为重要的婚姻市场，而由此所导致的教育婚姻市场排斥使得各受教育程度者尤其是高等受教育程度者在教育婚姻匹配上更可能形成教育同类婚。在中国独特的高等教育扩张的影响下，高等受教育层级中的教育婚姻市场排斥进一步增强，高等教育同类婚程度也随之加深。总之，随着市场转型的逐步深入及高等教育的急剧扩张，在日益增强的教育资源排斥和教育婚姻市场排斥的作用下，中国的教育同类婚分布逐渐向高等教育层级集聚，并呈现出两极化的态势。

第二大影响教育婚姻匹配作用于收入差距的因素是教育婚姻匹配与收入婚姻匹配的同构性程度。本书发现，就中国而言，在前国家社会主义时期，个人在婚配上的理性长期被压制，但这也导致人们逐渐向日常生活领域撤退，呼唤理性和人性的复归。在市场转型后，一方面原来被压抑的理性得以释放，另一方面市场的机制和原则开始由经济领域向非经济领域扩散，在婚姻匹配上则表现为婚姻市场上的男女越来越注重未来配偶的社会经济地位。基于上述原因，中国的教育婚姻匹配与收入婚姻匹配具有非常高的同构性，并且这一同构性程度随着市场转型的深入而不断增强。具体而言，在1960—1969出生世代中，夫妻在收入上的关联可以解释二者在受教育程度上关联的78%左右。而在1980—1998出生世代中，该比例增长至99%以上。这一结果表明随着市场转型的深入和高等教育扩张的发展，中国的教育婚姻匹配与收入婚姻匹配几乎已经完全同构。

　　教育同类婚的两极分布结构以及教育婚姻匹配与收入婚姻匹配的高度同构性使得中国社会中的教育婚姻匹配对收入差距具有十分深刻的影响。本书发现，自20世纪八九十年代以来，根据各类型教育婚姻匹配家庭计算的收入差距不断拉大，各教育婚配家庭类型内部与类型之间的收入差距水平均持续提升，这表明随着市场化改革和高等教育扩张的推进，教育婚姻匹配的变迁会显著地提高收入差距程度。具体而言，首先，教育同类婚的分布向高等受教育层级集聚直接导致了各教育婚配家庭类型内部、各类型家庭之间以及社会总体收入差距的扩大；其次，虽然所有教育婚配家庭类型的绝对收入均呈现增长的态势，但是各家庭类型之间的收入差距却在逐渐拉大，主要表现为高等教育同类婚家庭与低层级教育同类婚家庭在收入水平上的两极分化。这一现象使得组间收入差距在近20年中迅速扩大；再次，各类教育婚配家庭类型内部的收入差距对社会总体收入差距具有十分强烈的影响，表现为在近20年间，组内收入差距以及总体收入差距增量的很大一部分是由各家庭类型内部的收入差距尤其是高等教育同类婚家庭内部收入差距的急剧扩大所导致的。

　　总之，随着市场转型的逐步深入以及高等教育的急剧扩张，各受教育层级在社会经济地位上的差异，尤其是高等受教育层级和低受教育层级在收入水平上与其他受教育层级的差距不断拉大，加之市场理性原则向择偶婚配领域的渗透，最终导致了教育同类婚两极化的分布结构以及教育婚姻匹配与收入婚姻匹配的高度同构性。在此背景下，收入等与受教育程度相关的资源和机会在家庭层面出现优势阶层的"强强联合"与弱势阶层的"劣势累积"的情形，从而拉大了社会总体的收入差距。

二　教育婚姻匹配与社会分层结构开放性

收入差距只是社会分层的一种表现，是一幅描绘资源不平衡分布的静态图示，难以反映社会分层的长期变迁与内在本质。因而，若要更为全面地揭示教育婚姻匹配如何作用于社会分层，仅分析其对收入差距的影响是不足够的。为此，本书构建了一个三代社会流动的框架，从一个微观的、长期动态的视角分析了教育婚姻匹配对于社会分层结构开放性的影响，主要通过考察联合型结构化和自源型结构化两个机制，讨论了有价值的资源和机会是如何在教育婚姻匹配的作用下，于夫妻父代到夫妻本代、夫妻代内，以及夫妻本代到子代间三个过程中不断固化的。

在联合型结构化效应方面，本书探析了家庭背景对教育婚姻匹配的影响，以此来展现教育婚姻匹配与代际再生产之间的联合结构化效果。研究结果显示，就家庭背景与教育同类婚之间的关系而言，在市场转型和高等教育扩张的背景下，首先，那家庭背景越好的个体越可能形成教育同类婚。例如，在城市男性群体中，父亲受教育程度位于高低两端的个人更可能进入教育同类婚。在城市女性和农村男性群体中，父亲受教育程度越高，越可能进入教育同类婚。其次，无论是在城市还是农村，也无论是男性还是女性，父亲的受教育程度均对个体配偶的受教育程度具有显著的正向影响。由此可见，代际再生产与教育婚姻匹配之间具有很强的联合结构化效应。那些家庭背景优渥的个体，不仅可以借助父辈的资源优势获得较高的教育成就，实现代际再生产，同时又通过高等级的教育同类婚使其由继承而来的优势得以进一步的叠加和累积。如此一来，他们所具有的资源与机会优势便在代际间实现了维系和强化。

　　就家庭背景与教育异类婚的关系而言，本书的发现在一定程度上支持了家庭背景（特别是经济背景）越好的个体越可能形成教育向上婚，且越不可能出现教育向下婚。由此可知，教育婚姻匹配不但可以在代际再生产正常运作时进一步强化其对社会分层结构的固化效应，而且作为一种可能的向上流动途径，又能在代际再生产出现"失灵"的情况下起到补偿性的作用，从而使得资源和机会占有的不平衡得以维持，降低了社会分层结构的开放性程度。

　　就联合型结构化的变迁而言，对于出生在1980年后的出生世代来说，不但教育代际再生产程度和教育同类婚程度同时提高，从而增强了父亲受教育程度与个人配偶受教育程度之间的关联，而且父亲受教育程度对配偶受教育程度的直接影响大幅增强，独立地提高了二者之间的关联。

　　总之，在市场风险和社会生活不确定性大幅增强的背景下，教育婚姻匹配并未起到促进社会流动、提高社会结构开放性的作用，反而与代际再生产等机制联合，成为社会优势群体维护和进一步强化自身优势的工具，由此导致社会分层结构的固化程度不断提升。

　　在代内自源型结构化方面，本书考察了配偶受教育程度对个体婚后社会地位流动的影响。本书发现，首先，在中国社会中，夫妻中一方的受教育水平越高，则另一方在婚后越可能实现社会地位的向上流动，也即存在"双向配偶正效应"。具体而言，妻子的受教育水平对男性的职务晋升和职业地位上升均具有显著的正向影响。丈夫的受教育水平虽然对女性的职务晋升不具有明显的影响，但是却可以显著促进女性职业地位的上升。之所以出现上述结果，一方面是由于受特殊的历史与政治传统影响，中国民众尤其是女性形成了一种较为独特的性别平等观念模式——家庭分工平等，由此使得中国女性拥有相对较高的就业率和职业抱负；另一方面是因为自改革开放以后，随着市场风险和社会不确定性的增加，夫妻双方为了实现家庭经济利益的最大化均有动机推动自身及对方的代内向上流动。

　　其次，虽然配偶受教育程度对个体代内向上流动的促进作用在教育异类婚中比教育同类婚中稍强（除了男性的职业向上流动），但是这一差异并不具有统计上的显著性。这表明配偶受教育程度对于个人代内向上流动的正影响在教育同类婚与教育异类婚中并无明显的程度差别，即不存在"追赶效应"。

　　最后，就配偶效应的变迁而言，在1980年后出生的世代中，一方面，丈夫受教育程度对妻子职业地位的获得具有强烈的独立影响；另一方面，随着女性受教育程度的提高以及与此相关的教育同类婚的增强，妻子的受教育程度对丈夫职业地位的获得同样具有越来越大的影响，出现了由丈夫对妻子的"单向配偶正效应"到夫妻双方之间"双向配偶正效应"的变化。

　　双向配偶正效应的存在，意味着较高受教育等级的同类婚夫妻不仅会通过教育婚姻匹配的聚合效应而占据较丰富的资源与机会，还可以凭借配偶所提供的优质的工具性支持，在代内向上流动上占据优势。相比之下，那些较低受教育等级的同类婚夫妻不但在婚姻伊始便在资源和机会占有上处于劣势，而且由于难以获得良好的配偶工具性支持，因此在代内社会地位的向上流动中仍旧处于下风。如此一来，由教育婚姻匹配所导致的两极分化便会随着时间的推移在代内愈演愈烈，出现了"优者愈优，劣者愈劣"的马太效应。而不存在追赶效应则意味着教育同类婚夫妻与相对应的教育异类婚夫妻之间在资源和机会占有量上的差别也不会于代内逐渐弥合。在此条件下，高等教育同类婚夫妻相比于其他教育婚配类型夫妻的地位优势将在代内持续强化，社会分层结构固化的程度由此不断加深。

　　在代际自源型结构化方面，本书讨论了父母的教育婚姻匹配与子女教育成就获得之间的关系问题。结论显示，父亲的受教育水平和母亲的受教育水平对子代的教育成就获得均具有显著的且相对独立的促进作用，也即父系教育再生产和母系教育再生产是同时存在的。然而，就不同教育婚姻类型家庭间的差异而言，仅有父亲教育再生产在教育同类婚家庭中有显著更高的强度。

　　针对上述结论，本书从工具性、情感性和发展性三个维度出发，提出了资源转化、心理情绪和教育期望三个解释机制，并进行了验证。结果发现，首先，教育再生产在不同教育婚配类型家庭中的强度差异在一定程度上是由家庭的经济状况不同所导致的。具体来说，父母受教育水平较高且为教育同类婚家庭中的子女，之所以具有更高的认知能力，部分是因为其家庭具有经济资源上的优势，而这种优势可以转化为其教育成就；其次，母亲受教育水平对子女教育成就的促进作用在一定程度上是通过影响子女的心理情绪来实现的。也即，母亲受教育水平较高的学生之所以具有相对更高的认知能力，部分是因为其具有相对积极健康的心理情绪，而这种情绪可以有助于其教育成就获得；最后，父系教育再生产及其在教育同类婚家庭中的更高强度在很大程度上有赖于教育期望的作用。这一方面可能是由于教育同类婚家庭中的父亲在子女培养上有更高的参与率，且较少面临夫妻间在教育子代上的冲突；另一方面与资源转化机制类似，教育同类婚家庭相比于对应的异类婚家庭拥有更多的文化资源，从而更有利于子代的教育成就获得。

　　父亲和母亲的受教育水平均会促进子代的教育成就获得，意味着较高等级教育同类婚夫妻所具有的社会地位优势将会在下一代中得以维持甚至是强化，而较低层级教育同类婚夫妻的相应劣势也会在下一代中延续。如此一来，由教育婚姻匹配所导致的两极分化便会在代际中再生产出来。此外，父亲教育再生产在教育同类婚家庭中有更高的强度，意味着教育异类婚家庭与对应教育同类婚家庭之间的资源和机会差距并不会在代际再生产过程中缩小，反而有进一步扩大的趋势。

　　综上所述，家庭背景较好的个体，在代际再生产和教育婚姻匹配的作用下，更容易形成较高等级的教育同类婚或教育向上婚，进而在配偶效应的影响下，更可能实现代内向上社会流动，最后较高等级的教育同类婚夫妻在子代教育成就获得上也更有优势。由此一来，有价值的资源和机会便在夫妻父代到夫妻再到夫妻子代之间不断地向优势阶层流动，社会分层结构固化水平由此不断加深。

第二节　讨论

一　"良缘"之外：教育婚姻匹配与社会分层后果

"喜结良缘"表达了中国人对美好姻缘的憧憬与追求。自古到今、从中至外，婚姻的缔结大都被视为值得额手相庆的喜事。尽管有人将婚姻称作"爱情的坟墓"，但该比喻也更多地含有戏谑的意味。然而，从研究的结论来看，婚姻的确有可能成为社会平等的"掘墓人"。基于上述结论，本书拟作三点讨论：

其一，教育婚姻匹配对于社会分层的影响过程错综复杂，需要采用一个多维度、多因素、动态化的分析框架来加以探究。如前所述，本书在考察教育婚姻匹配对收入差距的影响时，借鉴了宏观范式的分析策略。然而宏观范式下的两种主流的方法均仅仅聚焦于教育婚姻匹配和收入差距两个变量之间的关系，而将其他相关的因素悬置或进行主观臆断的预设，由此导致了研究结果上的莫衷一是。以对美国的研究为例，施瓦茨等学者所使用的教育收入替换法，便预设教育婚姻匹配与收入婚姻匹配是完全同构的，从而过高地估计了教育婚姻匹配对收入差距的加剧程度。布林等学者运用组内—组间分析法发现美国的教育婚姻匹配对收入差距近乎无影响，并且将这一结果直接归因于受教育程度与收入之间的关联度较低。然而，这一判断不但是未经验证的，而且可能有张冠李戴之嫌。试想，如果美国的教育同类婚在某一教育层级集中，那么教育婚姻匹配对收入差距的弱影响便可能不是源于教育婚姻匹配与收入婚姻匹配之间的低度同构性。有鉴于此，本书在直接考察中国的教育婚姻匹配模式和收入差距两个变量之间的关系之前，用了大量的篇幅去讨论中国教育同类婚的分布结构和教育婚姻匹配与收入婚姻匹配的同构性问题，从而一方面发挥了宏观范式的优势，清晰地揭示了教育婚姻匹配对收入差距的影响程度，另一方面也在很大程度上避免了宏观研究范式的方法缺陷。

在分析教育婚姻匹配对于社会分层结构化的影响时，本书构建了一个三代社会流动的框架，而并没有采用前述社会交往的视角，这主要是因为婚姻并不仅是一种交往关系，更多的是一种资源聚合和传递的纽带。实际上，无论是用社会交往的视角还是本书的社会流动视角，在分析婚姻匹配对社会分层结构开放性的影响时，最终均会落脚于利益的阶层封闭化。社会交往视角预设只要社会交往是封闭的，那么阶层利益便是固化的。但是，这一视角下的研究仅能展示出某一时段内的阶层利益分布状态和社会结构形式，无法揭示利益在代内和代际间的变化，因此本质上仍然是一种静态的分析，而如前所说，教育婚姻匹配对社会分层结构开放性的影响是需要在一个长期的、动态的过程中体现的。相比之下，本书所使用的多代流动框架，通过分析教育婚姻匹配自身以及其与代际再生产机制的联合对于代内和代际流动的影响，可以相对清晰地展现出有价值的资源和机会是如何在教育婚姻匹配的作用下于代内和代际过程中不断向优势阶层聚集，进而导致社会分层结构固化的。

其二，中国的教育婚姻匹配对社会分层的影响，与中国的传统文化和特殊的社会发展历程密切相关。在传统文化方面，中国古代的婚姻强调"门当户对"，即婚配男女的家庭需具备大致相当的经济条件或社会地位。这种婚配原则可追溯至西周时期，王室出于维护统治和保证血统纯洁性的目的，严格限制其成员的通婚范围。到了秦朝，良贱禁婚已经成为礼制的一部分。汉代大肆宣扬封建伦理关系，等级和门阀婚姻愈盛。时至魏晋，良贱禁婚进一步上升为国家的法律，并在唐宋及以后不断完善。除了礼和法上的合理化，门当户对的原则甚至在思想上被神学化。如东汉的思想家王充便提出，如果违背了门当户对的原则，便可能招致"立死"或"予亡之祸"（高学丽，2017）。与门当户对相伴随的便是"父母之命"，也即青年男女的婚配完全由其父母依据家族的利益包办，当事人并无决定权。因此，中国古代的婚姻缔结很类似于情感控制理论所描述的情形。

新中国成立后，父母包办等传统的婚姻陋习被法律所禁止，个人获得了择偶婚配的自由，然而数千年来延续而下的"门当户对"及其相关的"般配"观念，依然根深蒂固地存在于人们的思维中。在前国家社会主义时期，婚姻的缔结强调政治面貌、家庭出身、阶级成分上的般配。改革开放后，人们则更强调男女在文化水平、经济实力、社会地位等方面的般配。般配的婚姻历来被给予"才子佳人""天作之合""比翼双飞""龙凤呈祥"等美誉，而不般配的婚姻则常被认为是畸形的。可以说，中国悠久的"门当户对"的婚配传统，虽然在强调"爱情至上"的现代社会中受到争议，但是其在很大程度上于潜移默化中赋予了同类婚以文化上的合法性。由此，般配的观念不但可能促使各受教育程度者尤其是高等受教育程度者更偏向于选择具有同样受教育水平的人成婚，而且可能导致即使基于理性选择而形成的教育婚姻排斥也会被社会公众视为理所当然。可以说，门当户对及般配的传统婚配观念在推动教育同类婚向高等教育层次集聚上的作用是不容忽视的。

在社会发展方面，除了高等教育扩张之外，中国还有某些特殊的社会发展历程使得教育婚姻匹配对社会分层具有深刻的影响。根据本书的结论，中国的教育婚姻匹配之所以会拉大收入差距，很大程度上是源于教育婚姻匹配和收入婚姻匹配之间具有很强的同构性，而这种较强的同构性又有赖于中国较高的女性劳动参与率。但是与已有对丹麦的研究结论不同，中国女性高度参与到劳动力市场中，并不是因为在子女抚养等方面的福利和保障，而是与新中国成立初期的妇女解放运动密切相关。妇女解放运动不但在客观上促使女性积极投入到劳动力市场中，而且塑造了中国民众独特的性别分工平等观念。由此，双职工家庭模式在中国社会各阶层中均较为普遍，且具有很强的稳定性。而普遍的双职工家庭模式使得由教育同类婚所带来的经济资源在家庭层面的聚合对社会分层具有更加强烈的影响。

另一个影响深远的社会发展进程便是本书反复强调的市场转型。首先，市场转型极大提升了受教育程度的社会经济价值，受教育程度与收入之间的关系日益紧密，从而强化了教育婚姻匹配与收入婚姻匹配的同构性。其次，随着市场经济的深入发展，市场化原则开始向非经济领域渗透。就婚姻而言，在前国家社会主义时期，革命化和阶级化的婚姻观念盛行，尤其是受教育程度较高者，受到"禁欲主义"的影响更为深刻。市场转型后，一方面，人们在婚姻匹配上长期被压抑的理性得以释放；另一方面，市场风险和社会不确定性的增强，使得人们在择偶中愈发看重婚配对象的社会经济实力，对婚姻功利性的认同显著增强。由此，在教育婚姻匹配上，适婚男女均倾向于选择受教育程度较高者作为婚配对象，导致教育同类婚尤其是高等教育同类婚大幅增多。

一言蔽之，中国的教育婚姻匹配之所以会对收入差距和社会分层结构开放性具有十分深刻的影响，与中国门当户对及般配的传统婚姻匹配文化，以及市场转型、高等教育扩张等特殊的社会发展历程是密不可分的。

其三，婚姻匹配对社会分层的影响是值得警惕的。其原因在于，首先，婚姻作为一种分层的生产机制具有极强的隐蔽性。主要表现为：第一，婚姻匹配在世界绝大多数国家和地区中均被视为是个人的自由，在很大程度上游离于国家、政府可控制和干预的范围之外。举例来说，政府可以通过再分配来缓解因收入不均而形成的不平等，可以通过增加教育机会、为劣势阶层提供教育优惠来缩小由教育所导致的不平等，可以通过加征遗产税等措施来减弱由代际继承所引发的不平等。但是对于由婚姻匹配所导致的社会不平等，各国家和地区政府则往往束手无策，力不能及。第二，婚姻匹配中的社会排斥往往具有很高的社会合法性，"门当户对"及类似的婚配原则往往普遍为广大民众所接受。在教育婚姻匹配上，就教育资源排斥而言，大学生即使由于经济理性的支配选择大学生而不选择初中生作为婚配对象，也会因符合大众对于"般配"想象，而被视为是天经地义的。就教育婚姻市场排斥而言，大学生因具有较高等级的学校社会网络而获得受教育水平较高的配偶，则更可能被认为是顺理成章，无可置疑的。在此背景下，由教育婚姻匹配所导致的社会分层后果在很大程度上被忽视了。

其次，婚姻匹配在作为社会分层机制上的隐蔽性，使其可能甚至已经成为社会优势层维持社会地位与推进社会再生产的工具。根据本书的结论，教育婚姻匹配具有很强的联合型结构化效应以及代内和代际自源型结构化效应。这意味着，第一，那些家庭背景优渥的个体不仅可以凭借文化再生产和资源转化等机制获得较高的受教育程度，而且可以通过教育同类婚使其在资源和机会占有上的优势得以进一步巩固。此外，在教育再生产失灵时，他们借助家庭背景的优势更可能经由教育向上婚来逆转地位的下降。第二，家庭背景优渥的个体在获得受教育程度较高的配偶尤其是在形成高等教育同类婚上的优势，使得他们在后续生命历程中获得更高的社会地位上依然占据上风。这是因为"双向配偶正效应"的作用下，凭借受教育程度较高的配偶所提供的优质的工具性和情感性资源，他们在婚后更可能实现社会地位的向上流动，从而使其社会地位优势在代内得以绵续和加强。第三，家庭背景优渥的个体本身所具有的，并经由较高等级的教育同类婚实现进一步累积的优质资源和机会，以及其与配偶之间更好的分工协作，会极大有利于子代的教育成就获得。总之，在教育婚姻匹配直接和间接的作用下，优势阶层在资源和机会占有上的优势于代内和代际间得以不断地再生产和强化。

最后，许多研究显示，社会分层结构对教育婚姻匹配同样也具有显著的反作用。例如，收入、教育等资源和机会占有差距的扩大会提高社会风险与不确定性，进而加强婚姻市场双方对社会经济地位资源的偏好，使得具有较高社会经济地位的人成为被竞争的对象。由此，教育婚姻匹配中的资源排斥会进一步强化，导致各受教育层级的同类婚增多。尤其对社会优势阶层而言，资源和机会占有差距的扩大会增强他们进行社会封闭的动机，为了维护自身在资源和机会占有上的优势，他们会更倾向于将婚姻局限于本阶层的内部，高筑通婚壁垒，阻止下层社会成员的"高攀"行为，以此来保证其优势地位的存续和再生产。如此一来，整个社会结构的开放性更加趋于封闭。

基于上述讨论，我们便可以总结出内部与外部两套循环。经由内部循环，社会上层的优势和社会下层的劣势不断地累积和再生产。以社会上层为例，家庭背景较好的人更可能获得较高的受教育水平，因此更可能形成高等教育同类婚。而在"双向配偶正效应"的作用下，高等教育同类婚使他们的地位优势在代内进一步加强，加之高等教育同类婚夫妻在培养子代上有更好的分工合作，由此更加有利于下一代的教育成就获得。内部循环使得社会分层体系出现了"优者越优，劣者越劣"的马太效应，导致资源和机会占有差距的扩大。而资源和机会占有差距的扩大，会进一步加剧内部循环的运转，由此便形成了外循环。在上述双重循环的影响下，收入差距和社会分层结构的固化将会愈演愈烈。

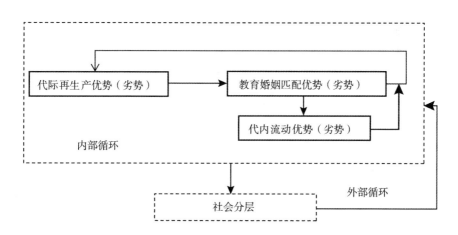

图9.1　教育婚姻匹配与社会分层的双重循环

不可否认，本书的结论是比较悲观的。如今，以各种社会不平等为核心的社会分层在全球范围内受到了前所未有的关注。世界各地，有关促进社会平等、公正的呼声此起彼伏，不绝于耳。2014年美国皮尤研究中心（Pew Research Center）开展了一项"全球态度调查"，发现即使在经济社会发展最为发达的美国与欧洲，公众也多将不平等视为全球最严峻的危险（阿特金森，2016：1）。世界各国和地区政府也多将缓解社会不平等作为工作的重中之重，力图从经济、政治等各领域中觅寻良方。而就教育婚姻匹配而言，该如何削弱其对社会分层的隐蔽而又深刻的影响，从而提高社会结构开放性，促进社会的公平和正义？对于这一问题的回答，仍需我们上下求索。

二　理论对话

本书基于帕金的社会封闭理论和吉登斯的阶级关系结构化理论提出了社会排斥和结构化两大机制，分析了教育婚姻匹配对收入差距和社会分层结构开放性的影响。基于前文所得的结论，本书尝试与这两大理论进行简单的对话。

帕金的社会封闭理论特别强调资本财产和专业资格证书这两大社会排斥工具在构筑社会分层结构上的主导性作用。而本书表明，除了帕金所说的两大显性的社会排斥工具之外，婚姻匹配作为一种相对隐性的社会排斥工具，同样会对社会分层结构产生强烈的影响。婚姻匹配中的社会排斥导致各阶层尤其是社会上层和下层形成了以同类婚为主导的婚配模式，由此出现优势的强强联合与弱势的不断累积，进一步加剧了社会各阶层之间的分化。从这个角度来说，本书可以作为社会封闭理论的一个补充。

除此之外，帕金的社会封闭理论所面临的一个质疑就是社会排斥在各大阶级之间是如何进行的。新涂尔干主义者认为，帕金所说的社会排斥包括资本财产排斥和专业资格证书排斥在以职业为基础的小阶级上更加显著。而本书对教育婚姻匹配的分析，同样可以更加清晰地展示社会排斥在具体的受教育层级和家庭层次是如何发挥作用的。

吉登斯的阶级关系结构化理论从社会流动的角度来分析阶级结

构的形成。但是该理论认为导致社会流动机会差异的是不同的市场能力。这虽然是典型的韦伯主义阶级传统，但是在分层研究的立场上更偏向于结构主义。而本书对婚姻匹配的分析，则更偏向于行动主义立场，聚焦于社会上层如何采取各种行动来达到维持、强化和延续资源与机会优势的目的。另外，阶级关系结构化理论并不能很好地阐释不同的市场能力为什么会导致社会流动机会的差异，而本书对结构化机制的内在机理做了比较详细的阐述，论证了优势阶层如何通过影响子代的婚姻匹配、配偶的代内向上流动和子代的教育成就，从而在长期代内和代际过程中实现了"优者愈优，劣者愈劣"，进而导致了社会分层结构的固化。

三 创新与不足

在本书的最后部分，笔者拟分别对本书的创新与不足之处加以说明。在创新方面，首先，本书更为清晰、细致地展现了教育婚姻匹配作用于社会分层的过程和机制。如前所述，已有研究在考察教育婚姻匹配对收入差距的影响时，或将教育婚姻匹配与收入婚姻匹配完全等同，以致在分析过程中用后者替换前者，从而夸大了教育婚姻匹配对收入差距的影响；或仅简单地检验了教育婚姻匹配与收入差距之间的共变关系，导致了遗漏变量、事后解释等问题。以往鉴来，本书首先致力于厘清教育婚姻匹配与收入差距之间的逻辑链条，梳理出教育同类婚分布结构及教育婚姻匹配与收入婚姻匹配的同构性两大过程性因素，并提出了社会排斥的解释机制，详细分析了教育婚姻匹配如何通过教育资源排斥和婚姻市场排斥，塑造各受教育阶层间的通婚壁垒以及由此决定的教育同类婚分布结构，进而影响收入差距。

其次，本书深入分析了教育婚姻匹配对于社会分层结构开放性的影响及机制。已有研究大多聚焦于教育婚姻匹配对收入差距的影响，而忽视其对社会分层结构开放性的作用。然而，如前所述，收入差距仅是一种静态的社会分层描绘，很难反映出社会分层结构的长期变迁与内在本质。因而，只考察教育婚姻匹配与收入差距之间的关系，并不足以全面地揭示教育婚姻匹配对于社会分层的影响。本书通过检验家庭背景与教育婚姻匹配的关系、配偶效应，以及父母的教育婚姻匹配对子代教育成就获得的影响等，较为详尽地展现了教育婚姻匹配如何通过联合型和两类自源型结构化机制，直接或间接地使资源和机会占有的不平衡在代内和代际间得以维持，进而导致社会分层结构的固化和封闭。

不可否认的是，本书仍存在着许多不足和值得进一步讨论的地方。第一，教育婚姻匹配本身便是一个极其复杂的问题，会受到经济、政治、文化、地理等诸多因素等影响。例如，就中国而言，各地区之间的差别纷繁复杂，这便决定了教育婚姻匹配在不同的区域中有不同的形态，从而对社会分层有不同的影响和作用机制。然而，这些地区差异并未被纳入本书的分析中。即便是针对教育因素本身来说，情况也十分复杂。仅就高等教育而言，同样是大学学历但是毕业于不同等级学校、学习不同专业的人可能在进入劳动力市场后的职业地位、收入水平，以及文化观念、生活方式、品位等方面都具有比较大的差异。较为可惜的是，由于数据缺乏相关信息，本书尚不能对这些内容进行更加细致的分析，而这些有待进一步研究的因素的确有可能会对本书的结论产生一定的影响。

第二，本书的逻辑链条较长，这一方面导致本书的内容较为繁杂，并且对某些分问题的研究和讨论不够细致和深入；另一方面也导致本书受到数据的限制较大，某些部分的数据结果及其相应的结论仍有待进一步确证。例如，在分析教育婚姻匹配与收入婚姻匹配之间的同构性程度时，许多年份中各受教育层级的平均收入情况是缺失的，只能用临近年份的相关数据进行替代，这可能会对结论的准确性产生一定的影响。由于相同的原因，本书对某些问题的探究仅能限于理论层面的分析，而未给出直接的经验检验。

第三，由于本书讨论的分问题较多，因而使用了多套数据。虽然这些数据均是具有全国代表性的，并且本书严格限定了数据使用的标准。但是鉴于各数据在抽样框选择、调查技术与执行、主要关心的主题等方面所存在的差异，可能会导致本书的某些结论出现偏颇。

第四，基于以上讨论可以看出，对于教育婚姻匹配与社会分层后果这个较为复杂的问题，相应的定性研究还是很有必要的。人们在择偶中是怎样考虑教育因素的，他们对于教育婚姻匹配的具体感受是什么？传统的"门当户对"的含义在当代社会中发生了怎样的变化，如何影响现代人的择偶行为？人们怎样认识和评价教育婚姻匹配和社会分层之间的关系？对于诸如此类的重要问题，单凭定量的分析可能是不足够的，还需要高质量的定性研究来进行完善和深化，这也是本研究在未来的主要着力点。

参考文献

中文论著

边燕杰、张文宏：《经济体制、社会网络与职业流动》，《中国社会科学》2001 年第 2 期。

边燕杰、张文宏、程诚：《求职过程的社会网络模型：检验关系效应的假设》，《社会》2012 年第 3 期。

蔡禾主编：《中国劳动力动态调查报告》，社会科学文献出版社 2017 年版。

蔡禾、吴小平：《社会变迁与职业的性别不平等》，《管理世界》2002 年第 9 期。

陈晓宇、陈良焜、夏晨：《20 世纪 90 年代中国城镇教育收益率的变化与启示》，《北京大学教育评论》2003 年第 2 期。

方长春、风笑天：《阶层差异与教育获得———项关于教育分流的实证研究》，《清华大学教育研究》2005 年第 5 期。

费孝通：《乡土中国》，上海人民出版社 2007 年版。

风笑天、肖洁：《中国性别角色意识的城乡差异研究》，《人文杂志》2014 年第 11 期。

高学丽：《中国传统婚姻之"门当户对"》，《文化学刊》2017 年第 7 期。

郭小弦、张顺：《中国城市居民教育收益率的变动趋势及其收入分配效应》，《复旦教育论坛》2014 年第 3 期。

郝大海：《中国城市教育分层研究（1949—2003）》，《中国社会科学》2007 年第 6 期。

郝大海、王卫东：《理性化、市场转型与就业机会差异——中国城镇居民工作获得的历时性分析（1949—2003）》，《中国社会科学》2009 年第 3 期。

韩启澜：《跨越性别分界："文革"时期的铁姑娘形象与知青》，《百年中国女权思潮研究》，王政等主编，复旦大学出版社 2005 年版。

侯利明：《地位下降回避还是学历下降回避——教育不平等生成机制再探讨（1978—2006）》，《社会学研究》2015 年第 2 期。

黄国英、谢宇：《认知能力》，谢宇、张晓波、李建新、于学军、任强：《中国民生发展报告 2013》，北京大学出版社 2013 年版。

金一虹：《"铁姑娘"再思考：中国文化革命期间的社会性别与劳动》，《社会学研究》2006 年第 1 期。

蒋永萍：《50 年中国城市妇女的就业的回顾与反思》，《半个世纪的妇女发展——中国妇女 50 年理论研讨会论文集》，李秋芳主编，当代中国出版社 2001 年版。

雷晓燕、许文建、赵耀辉：《高攀的婚姻更令人满意吗？婚姻匹配模式及其长远影响》，《经济学（季刊）》2015 年第 1 期。

贺光烨、吴晓刚：《市场化、经济发展与中国城市中的性别收入不平等》，《社会学研究》2015 年第 1 期。

李春玲：《社会政治变迁与教育机会不平等——家庭背景及制度因素对教育获得的影响（1940—2001）》，《中国社会科学》2003 年第 3 期。

李春玲：《当代中国社会的声望分层——职业声望与社会经济地位指数测量》，《社会学研究》2005 年第 2 期。

李春玲：《中国职业性别隔离的现状及变化趋势》，《江苏社会科学》2009 年第 3 期。

李春玲：《高等教育扩张与教育机会不平等——高校扩招的平等化效应考查》，《社会学研究》2010 年第 3 期。

李春玲：《教育不平等的年代变化趋势（1940—2010）——对城乡教育机会不平等的再考察》，《社会学研究》2014 年第 2 期。

李春玲、吕鹏：《社会分层理论模式》，中国社会科学出版社 2008 年版。

李代：《教育的同型婚姻与中国社会的家庭工资收入平等：1996—2012》，《社会》2017 年第 3 期。

李静之：《中国妇女运动史上的三座里程碑》，《妇女研究论丛》1999 年第 4 期。

李路路：《制度转型与分层结构的变迁——阶层相对关系模式的双重再生产》，《中国社会科学》2002 年第 6 期。

李路路：《再生产与统治——社会流动机制的再思考》，《社会学研究》2006 年第 2 期。

李路路主编：《社会分层与流动》，中国人民大学出版社 2019 年版。

李路路、石磊、朱斌：《固化还是流动？——当代中国阶层结构变迁四十年》，《社会学研究》2018 年第 6 期。

李路路、朱斌、王煜：《市场转型、劳动力市场分割与工作组织流动》，《中国社会科学》2016 年第 9 期。

李实、丁赛：《中国城镇教育收益率的长期变动趋势》，《中国社会科学》2003 年第 6 期。

李煜：《制度变迁与教育不平等的产生机制——中国城市子女的教育获得（1966—2003）》，《中国社会科学》2006 年第 4 期。

李煜：《婚姻的教育匹配：50 年来的变迁》，《中国人口科学》2008 年第 3 期。

李煜：《婚姻匹配的变迁：社会开放性的视角》，《社会学研究》2011 年第 4 期。

李煜、许安琪：《婚姻市场中的青年择偶》，上海社会科学院出版社 2004 年版。

李汪洋、谢宇：《中国职业性别隔离的趋势：1982—2010》，《社会》2015 年第 6 期。

李忠路：《家庭背景、学业表现与研究生教育机会获得》，《社会》
　　2016 年第 3 期。

李忠路、邱泽奇：《家庭背景如何影响儿童学业成就？——义务教育
　　阶段家庭社会经济地位影响差异分析》，《社会学研究》2016 年第
　　4 期。

刘精明：《劳动力市场结构变迁与人力资本收益》，《社会学研究》
　　2006 年第 6 期。

刘精明：《中国基础教育领域中的机会不平等及其变化》，《中国社
　　会科学》2008 年第 5 期。

刘云杉、王志明、杨晓芳：《精英的选拔：身份、地域与资本的视
　　角——跨入北京大学的农家子弟（1978—2005）》，《清华大学教
　　育研究》2009 年第 5 期。

陆桂芝、庞丽华：《初中 1—3 年级学生的学业情绪与学业成就的相
　　关研究》，《教育探索》2008 年第 12 期。

吕姝仪、赵忠：《高校扩招、职业代际流动与性别差异》，《劳动经
　　济研究》2015 年第 4 期。

吕鹏：《生产底层与底层的再生产——从保罗·威斯利的，〈学做
　　工〉谈起》，《社会学研究》2006 年第 2 期。

马磊：《同质婚还是异质婚？——当前中国婚姻匹配模式的分析》，
　　《人口与发展》2015 年第 3 期。

齐亚强、牛建林：《新中国成立以来我国婚姻匹配模式的变迁》，
　　《社会学研究》2012 年第 1 期。

石磊：《新中国成立以来教育婚姻匹配的变迁》，《人口研究》2019
　　年第 6 期。

宋少鹏：《从彰显到消失：集体主义时期的家庭劳动（1949—
　　1966)》，《江苏社会科学》2012 年第 1 期。

孙芳萍、陈传锋：《学业情绪与学业成绩的关系及其影响因素研究》，
　　《心理科学》2010 年第 1 期。

孙晓华、李明珊：《我国市场化进程的地区差异：2001—2011》，

《改革》2014 年第 6 期。

孙远太：《家庭背景、文化资本与教育获得——上海城镇居民调查》，《青年研究》2010 年第 2 期。

王甫勤、时怡雯：《家庭背景、教育期望与大学教育获得基于上海市调查数据的实证研究》，《社会》2014 年第 1 期。

吴晓刚：《1900—2000 年中国的经济转型、学校扩招和教育不平等》，《社会》2009 年第 5 期。

吴愈晓：《影响城镇女性就业的微观因素及其变化：1995 年与 2001 年比较》，《社会》2010 年第 6 期。

吴愈晓、王鹏、黄超：《家庭庇护、体制庇护与工作家庭冲突——中国城镇女性的就业状态与主观幸福感》，《社会学研究》2015 年第 6 期。

谢宇：《社会学方法与定量研究》，社会科学文献出版社 2006 年版。

邢春冰、贾淑艳、李实：《教育回报率的地区差异及其对劳动力流动的影响》，《经济研究》2006 年第 11 期。

徐先彩、龚少英：《学业情绪及其影响因素》，《心理科学进展》2009 年第 1 期。

杨菊华：《市场化改革与劳动力市场参与的性别差异》，《人口与经济》2020 年第 5 期。

杨中超：《教育扩招促进了代际流动?》，《社会》2016 年第 6 期。

杨中超：《家庭背景与学生发展：父母参与和自我教育期望的中介作用》，《教育经济评论》2018 年第 3 期。

岳昌君：《高等教育人口比重的国际比较》，《比较教育研究》2004 年第 2 期。

赵延东、洪岩璧：《社会资本与教育获得——网络资源与社会闭合的视角》，《社 1 会学研究》2012 年第 5 期。

郑杭生、李强、李路路等：《社会学概论新修（第四版）》，中国人民大学出版社。

郑磊、翁秋怡、龚欣：《学前教育与城乡初中学生的认知能力差距——基于 CEPS 数据的研究》，《社会学研究》2019 年第 3 期。

周扬、谢宇:《从大学到精英大学:高等教育扩张下的异质性收入回报与社会归类机制》,《教育研究》2020 年第 5 期。

朱斌:《文化再生产还是文化流动——中国大学生的教育成就获得不平等研究》,《社会学研究》2018 年第 1 期。

朱斌、李路路:《独立与权利:中美女性主义运动与性别平等观念比较研究》,《社会》2015 年第 5 期。

朱斌、徐良玉:《市场转型背景下性别收入差距的变迁》,《青年研究》第 2 期。

译 著

[英] 安东尼·阿特金森:《不平等我们能做什么》,王海昉、曾鑫、刁琳琳译,中信出版社 2016 年版。

[美] 丹尼尔·A. 鲍威斯、谢宇:《分类数据分析的统计方法》,任强、巫锡炜、穆峥、赖庆译,社会科学文献出版社 2009 年版。

[德] 恩格斯:《家庭、私有制和国家的起源》,中共中央马克思恩格斯列宁斯大林著作编译局编译,人民出版社 2018 年版。

[美] 罗伯特·帕特南:《我们的孩子》,田雷、宋昕译,中国政法大学出版社 2017 年版。

[法] P. 布尔迪约:《国家精英——名牌大学与群体精神》,杨亚平译,商务印书馆 2004 年版。

[法] P. 布尔迪约、帕斯隆:《再生产:一种教育系统理论的要点》,邢克超译,商务印书馆 2002 年版。

[法] P. 布尔迪约、帕斯隆:《继承人:大学生与文化》,邢克超译,商务印书馆 2002 年版。

[美] 周雪光:《国家与生活机遇——中国城市中的再分配与分层(1949—1994)》,郝大海等译,中国人民大学出版社 2015 年版。

[英] 保罗·威利斯:《学做工:工人阶级子弟为何继承父业》,秘舒、凌旻华译,译林出版社 2013 年版。

英文论著

Alwin, Duane F. , Michael Braunand Jacqueline Scott, "The Separation of Work and the Family: Attitudes towards Women's Labor-Force Participation in Germany, Great Britain, and the United States. " *European Sociological Review*, Vol. 8, No. 1, 1992.

Aschaffenburg, Karen andIneke Maas, "Cultural and Educational Careers: The Dynamics of Social Reproduction. " *American Sociological Review*, Vol. 62, No. 4, 1997.

Beck, Audrey & Carlos Gonzalez-Sancho, "Educational Assortative Mating and Children's School Readiness. " Working Paper, 2009.

Becker, Gary, S. , *Human Capital A Theoretical and Empirical Analysis with Special Reference to Education*, New York: Columbia University, 1964.

Becker, Gary, S. , *A Treatise on the Family*, Cambridge, MA: Harvard University Press, 1981.

Benham, Lee, "Benefits of Women's Education within Marriage. " *Journal of Political Economy*, Vol. 82, No. 2, 1974.

Bernardi, Fabrizio, "Does the Husband Matter? Married Women and Employment in Italy. " *European Sociological Review*, Vol. 15, No. 3, 1999.

Bernasco, Wim, *Coupled Careers: The Effects of Spouse's Resources on Success at Work*, Amsterdam: Thesis Publishers, 1994.

Bernasco, Wim, Paul M. de Graaf and Wout C. Ultee, "Coupled Effects of Spouse's Resources on Occupational Attainment in the Netherlands. " *European Sociological Review*, Vol. 14, No. 1, 1998.

Bian, Yanjie, "Bringing Strong Ties Back in: Indirect Ties, Network Bridges, and Job Search in China. " *American Sociological Review*, Vol. 62, No. 3, 1997.

Biblarz, Timothy J. and Adrian E. Raftery, "Family Structure, Educational Attainment, and Socioeconomic Success: Rethinking the 'Pathology of Martiarchy'." *American Journal of Sociology*, Vol. 105, No. 3, 1999.

Blau, Peter M., *Exchange and Power in Social Life*, New York, NY: Wiley, 1964.

Blau, Peter M., *Structural Contexts of Opportunities*, Chicago: The University of Chicago Press, 1994.

Blau, Peter M. and Otis Dudley Duncan, *The American Occupational Structure*, New York: The Free Press, 1967.

Blau, Peter M. and Joseph Schwartz, *Crosscutting Social Circles: Testing a Macrostructural Theory of Intergroup Relations*, New York: Routledge, 1984.

Blossfeld, Hans-Peter, "Educational Assortative Marriage in Comparative Perspective." *Annual Review of Sociology*, Vol. 35, No. 1, 2009.

Blossfeld, Hans-Peter and Andreas Timm, *Who Marries Whom? Educational Systems as Marriage Markets in Modern Societies*, Kluwer Academic Publisher, 2003.

Blossfeld, Hans-Peter and S. Drobnic, *Careers of Couples in Contemporary Societies: From Male Breadwinner to Dual Families*, Oxford: Oxford University Press, 2001.

Bourdieu, Pierre, *Distinction: A Social Critique of the Judgment of Taste*, Cambridge: Harvard University Press, 1984.

Bourdieu, Pierre, "The Forms of Capital." In J. Richardson (ed.), *Handbook of Theory and Research for the Sociology of Education*. Westport, CT, Greenwood, 1986.

Breen, Richard, "Educational Expansion and Social Mobility in the 20th Century." *Social Forces*, Vol. 89, No. 2, 2010.

Breen, Richard and Leire Salazar, "Has Increased Women's Educational

Attainment Led to Greater Earnings Inequality in the UK? A Multivariate Decomposition Analysis. " *European Sociological Review*, Vol. 26, No. 2, 2010.

Breen, Richard and Leire Salazar, "Educational Assortative Mating and Earnings Inequality in the United States. " *American Journal of Sociology*, Vol. 117, No. 3, 2011.

Breen, Richard and Signe Hald Andersen, "Educational Assortative Mating and Income Inequality in Denmark. " *Demography*, Vol. 49, No. 3, 2012.

Brines, Julie, "Economic Dependency, Gender, and the Division of Labor at Home. " *American Journal of Sociology*, Vol. 100, No. 3, 1994.

Brockel, Miriam, "The Role of Partners' Support for Women's Reentry into Employment After a Child-Related Career Break in Germany. " *Journal of Family Issues*, Vol. 39, No. 7, 2018.

Brockel, Miriam, Anne Busch and Katrin Golsch, "Headwind or Tailwind—Do Partner's Resources Support or Restrict a Promotion to a Leadership Position in Germany. " SFB 882 Working Paper Series 14, 2013.

Brynin, Malcolm and Jurgen Schupp, "Education, Employment, and Gender Inequality Amongst Couples: A Comparative Analysis of Britain and Germany. " *European Sociological Review*, Vol. 16, No. 4, 2000.

Busch, Anne, "Determinants of Occupational Gender Segregation: Work Values and Gender (A) Typical Occupational Preferences of Adolescents. " SFB 882 Working Paper Series 2, 2011.

Chang, Chin-fen and Paula England, "Gender inequality in earnings in industrialized East Asia. " *Social Science Research*, Vol. 40, No. 1, 2011.

Collins, Randall, "Functional and Conflict Theories of Educational Stratification. " *American Sociological Review*, Vol. 36, No. 6, 1971.

Collins, Randall, "Credential Inflation and the Future of Universities. " *Italian Journal of Sociology of Education*, Vol. 3, No. 2, 2011.

Cook, Karen S. and Richard M. Emerson, "Power, Equality and Commitment in Exchange Networks. " *American Sociological Review*, Vol. 43, No. 5, 1978.

Dahan, Momi and Alejandro Gaviria. "Sibling Correlations and Intergenerational Mobility in Latin America. " *Economic Development and Cultural Change*, Vol. 49, No. 3, 2001.

Davis, Kingsley and Wilbert E. Moore, " Some Principles of Stratification. " *American Sociological Review*, Vol. 10, No. 2, 1945.

De Graaf, Nan Dirk, Paul M. De Graaf andGerbert Kraaykamp, "Parental Cultural Capital and Educational Attainment in the Netherlands: A Refinement of the Cultural Capital Perspective. " *Sociology of Education*, Vol. 73, No. 2, 2000.

DiMaggio, Paul, "Cultural Capital and School Success: The Impact of Status Culture Participation on the Grades of US High School Students. " *American Sociological Review*, Vol. 47, No. 2, 1982.

DiMaggio, Paul and John Mohr, "Cultural Capital, Educational Attainment, and Marital Selection. " *American Journal of Sociology*, Vol. 90, No. 6, 1985.

England Paula, Farkas George, *Households, Employment, and Gender: A Social, Economic, and Demographic View*. New York: Aldine, 1986.

Erikson, Robert & J. O. Jonsson 1996. Can Education Be Equalized? The Swedish Case in Comparative Perspective. Boulder (CO): Westview Press.

Ezzedeen, Souha R. and Kristen Grossnickle Ritchey, "The Man Behind the Woman: A Qualitative Study of the Spousal Support Received and Valued by Executive Women. " *Journal of Family Issues*, Vol. 29,

No. 9, 2008.

Featherman, David L., F. Lancaster Jones and Robert M. Hauser, "Assumptions of Social Mobility Research in the U. S.: The Case of Occupational Status." *Social Science Research*, Vol. 4, No. 4, 1975.

Felmlee, Diane H., "Women's Job Mobility Processes Within and Between Employers." *American Sociological Review*, Vol. 47, No. 1, 1982.

Fernandez, Raquel, Nezih Guner, and John Knowles, "Love and Money: A Theoretical and Empirical Analysis of Household Sorting and Inequality." *Quarterly Journal of Economic*, Vol. 120, No. 1, 2005.

Furstenberg, Frank F., "Banking on Families: How Families Generate and Distribute Social Capital." *Journal of Marriage and Family*, Vol. 67, No. 4, 2005.

Giddens, Anthony, *The Class Structure of the Advanced Societies*, London: Hutchinson, 1973.

Glewwe, Paul, Qiuqiong Huang and Albert Park, "Cognitive Skills, Noncognitive Skills, and School to Work Transition in Rural China." *Journal of Economic Behavior and Organization* Vol. 134, 2017.

Gonalons-Pons, Pilar and Christine R. Schwartz, "Trends in Economic Homogamy: Changes in Assortative Mating or the Division of Labor in Marriage." *Demography*, Vol. 54, No. 3, 2017.

Goode, William J., "The Theoretical Importance of Love." *American Sociological Review*, Vol. 24, No. 1, 1959.

Goos, Maarten and Alan Manning, "Lousy and Lovely Jobs: The Rising Polarization of Work in Britain." *Review of Economics and Statistics*, No. 89, No. 1, 2007.

Granovetter, Mark, "The Strength of Weak Ties." *American Journal of Sociology*, Vol. 78, No. 6, 1973.

Greenwood, Jeremy, Nezih Guner, Georgi Kocharkov and Cezar Santos,

"Marry Your Like: Assortative Mating and Income Inequality." NBER Woring Paper No. 19829, 2014.

Haller, Max, "Marriage, Women and Social Stratification: A Theoretical Critique." *American Journal of Sociology*, Vol. 86, No. 4, 1981.

Han, Hongyun, "Trends in Educational Assortative Marriage in China from 1970 to 2000." *Demographic Reaserch*, Vol. 22, 2010.

Hannum, Emily, Hiroshi Ishida, Hyunjoon Park and Tony Tam, "Education in East Asia Societies: Postwar Expansion and the Evolution of Inequality." *Annual Review of Sociology*, Vol. 45, 2019.

Hauser, Seth M. & YuXie, "Temporal and Regional Variation in Earnings Inequality: Urban China in Transition between 1988 and 1995." *Social Science Research*, Vol. 34, No. 1, 2005.

Heckman, James J., "Skill Formation and the Economics of Investing in Disadvantaged Children." *Science*, Vol. 312, No. 5782, 2006.

Hout, Michael and Thomas A. DiPrete, "What We Have Learned: RC28's Contributions to Knowledge About Social Stratification." *Research in Social Stratification and Mobility*, Vol. 24, No. 1.

Hu, Anning, "Proliferation of Education Credentials, Changing Economic Returns, and the Rising Occupational Education Requirement Evidence in Urban China from 2003 to 2008." *Internal Sociology*, Vol. 28, No. 4, 2013.

Hu, Anning and Zhenchao Qian, "Educational Homogamy and Earnings Inequality of Married Couples: Urban China, 1988 – 2007." *Research in Social Stratification and Mobility*, Vol. 40, No. 5, 2015.

Hu, Anning and Zhenchao Qian, "Does Higher Education Expansion Promote Educational Homogamy? Evidence from Married Couples of the Post-80s Generation in Shanghai, China." *Social Science Research*, Vol. 60, No. 1, 2016.

Ibarra, Herminia, "Homophily and Differential Returns: Sex Differences in Network Structure and Access in an Advertising Firm. " *Administrative Science Quarterly*, Vol. 37, No. 1, 1992.

Janning, Michelle Y. , "Put Yourself in My Work Shoes: Variations in Work-Related Spousal Support for Professional Married Coworkers. " *Journal of Family Issues*, Vol. 27, No. 1, 2006.

Jepsen, L. K. and C. A. Jepsen, "An Empirical Analysis of the Matching Patterns of Same-Sex and Opposite-Sex Couples. " *Demography* Vol. 39, No. 3, 2002.

Kalmijn, Matthijs, "Status Homogamy in the United States. " *American Journal of Sociology*, Vol. 97, No. 2, 1991.

Kalmijn, Matthijs, "Assortative Mating by Cultural and Economic Occupational Status. " *American Journal of Sociology*, Vol. 100, No. 2, 1994.

Kalmijn, Matthijs, "Intermarriage and Homogamy: Casues, Patterns, Trends. " *Annual Reveiw of Sociology*, Vol. 24, 1998.

Kalmijn, Matthijs and Henk Flap, "Assortative Meeting and Mating: Unintended Consequences of Organized Settings for Partner Choices. " *Social Forces*, Vol. 79, No. 4, 2001.

Lachance-Grzela, Mylene and Genevieve Bouchard, "Why Do Women Do the Lion's Share of Housework? A Decade of Research. " *Sex Roles*, Vol. 63, No. 11, 2010.

Lamont, Michele and Virag Molnar, "The Study of Boundaries in the Social Science. " *Annual Review of Sociology*, Vol. 28, No. 1, 2002.

Lefgren, Lars and Mcintyre, Frank, "The Relationship Between Women's Education and Marriage Outcomes. " *Journal of Labor Economics*, Vol. 24, No. 4, 2006.

Lewis, Susan K. and Valerie K. Oppenheimer, "Educational Assortative Mating Across Marriage Markets: Non-Hispanic Whites in the United States. " *Demography*, Vol. 37, 2000.

Li, Hongbin, Pak Wai Liu and Junsen Zhang, "Estimating Returns to

Education Using Twins in Urban China. " *Journal of Development Economics*, *Vol.* 97, No. 2, 2012.

Liao, Tim Futing and Gillian Stevens, "Spouses, Homogamy, and Social Networks. " *Social Forces*, Vol. 73, No. 2, 1994.

Lobmayer, P. and Richard G. Wilkinson, "Inequality, Residential Segregation by Income, and Mortality in US Cities. " *Journal of Epidemiology and Community Health*, Vol. 56, No. 3, 2002.

Lundberg, Shelly, "Sons, Daughters, and Parental Behavior. " *Oxford Review of Economic Policy*, Vol. 21, No. 3, 2005.

Lundberg, Shelly J. and Robert A. Pollak, "Non-cooperative Bargaining Models of Marriage. " *The American Economic Review*, Vol. 84, No. 2, 1994.

Lyon, D. , *The Information Society*, Cambridge: Polity Press, 1988.

Mare, Robert D. , "Five Decades of Educational Assortative Mating. " *American Sociological Review*, Vol. 56, No. 1, 1991.

Mare, Robert D. , "A Multigenerational View of Inequality. " *Demography*, Vol. 48, No. 1, 2011.

Marini, Margaret Mooney and Pi-Ling Fan, "The Gender Gap in Earnings at Career Entry. " *American Sociological Review*, Vol. 62, No. 4, 1997.

Massey, Douglas, "The Age of Extremes: Concentrated Affluence and Poverty in the Twenty-First Century. " *Demography*, Vol. 33, No. 4, 1996.

Matthews, Rebecca and Victor Nee, "Gender Inequality and Economic Growth in Rural China. " *Social Science Research*, Vol. 29, No. 4, 2000.

McPherson, J. Miller, Lynn Smith-Lovin and James M. Cook, "Birds of a Father: Homophily in Social Networks. " *Annual Review of Sociology*, Vol. 27, 2001.

Meng, Xin, Kailing Shen and Sen Xue 2013, "Economic Reform, Education Expansion, and Earnings Inequality for Urban Males in China, 1988 – 2009." Journal of Comparative Economics, Vol. 41, No. 1.

Merton, Robert K., "Intermarriage and the SocialStructure: Fact and Theory." Psychiatry, Vol. 4, No. 3, 1941.

Mollenhorst, Gerald, Beate Volker and Henk Flap, "Social Contexts and Personal Relationships: The Effect of Meeting Opportunities on Similarity for Relationships of Different Strength." *Social Networks*, Vol. 30, No. 1, 2008.

Muller, W. and W. Karle, "Social Selection in Educational Systems in Europe." *European Sociological Review*, Vol. 9, No. 1, 1993.

Musick, Kelly, Brand Jennie and Davis Dwight, "Variation in the Relationship between Education and Marriage: Marriage Market Mismatch?" *Journal of Marriage and Family*, Vol. 74, No. 1, 2012.

Nee, Victor, "A Theory of Market Transition: From Redistribution to Markets in State Socialism." *American Sociological Review*, Vol. 54, No. 5, 1989.

Oppenheimer, Valerie Kincade, *Work and the Family: A Study in Social Demography*, New York: Academic Press, 1982.

Oppenheimer, Valerie Kincade, "Women's Rising Employment and the Future of the Family in Industrial Societies." *Population and Development Review*, Vol. 20, No. 2, 1994.

Oppenheimer, Valerie Kincade, "Women's Employment and the Gain to Marriage: The Specialization and Trading Model." *Annual Review of Sociology*, Vol. 23, 1997.

Parkin, Frank, *Class Inequality and Political Order: Social Stratification in Capitalist and Communist Societies*, London: McGibbon & Kee, 1971.

Parkin, Frank ed., *The Social Analysis if Class Structure.* London: Tavistock, 1974.

Raley, Sara and Suzanne Bianchi, "Sons, Daughters, and Family Processes. Does Gender of Children Matter?" *Annual Review of Sociology*, Vol. 32, 2006.

Raymo, James, M., Hyunjoon Park, Yu Xie and Wei-jun Jean Yeung, Marriage and Family in East Asia: Continuity and Change. *Annual Review of Sociology*, Vol. 41, 2015.

Rozer, Jesper J. and Mathew E. Brashears, "Partner Selection and Social Capital in the Status Attainment Process." *Social Science Research*, Vol. 73, 2018.

Ryan, Camille L. and Julie Siebens, "Educational Attainment in the United States: 2009." Retrieved at: www. census. gov/prod/2012pubs/p20 – 566. pdf, 2012.

Schwartz, Christine R., "Union Formation and Dissolution, Education Assortative Mating, and Inequality in the United States." Dissertation. University of California Los Angeles, 2006.

Schwartz, Christine R., "Earnings Inequality and the Changing Association between Spouses' Earnings." *American Journal of Sociology*, Vol. 115, No. 5, 2010.

Schwartz, Christine R., "Trends and Variation in Assortative Mating: Causes and Consequences." *Annual Review of Sociology*, Vol. 39, 2013.

Schwartz, Christine R. and Robert D. Mare, "The Effects of Marriage, Marital Dissolution, and Educational Upgrading on Educational Assortative Mating." CCPR-Working Paper Series, 2003.

Schwartz, Christine R. and Robert D. Mare, "Trends in Educational Assortative Marriage from 1940 to 2003." *Demography*, Vol. 42, No. 4, 2005.

Shavit, Yossi and Hans-Peter Blossfeld, *Persistent Inequality. Changing*

Educational Stratification in Thirteen Countries, Boulder (CO): Westview Press, 1993.

Smits, Jeroen, "Social Closure among the Higher Educated: Trends in Educational Homogamy in 55 Countries. " *Social Science Research*, Vol. 32, No. 2, 2003.

Smits, Jeroen and Hyunjoon Park, "Five Decades of Educational Assortative Mating in Ten East Asian Societies. " *Social Forces*, Vo. l. 88, No. 1, 2009.

Smits, Jeroen, Wout Ultee and Jan Lammers, "Educational Homogamy in 65 Countries: An Explanation of Differences in Openness Using Country-Level Explanatory Variables. " *American Sociological Review*, Vol. 63, No. 2, 1998.

Smits, Jeroen, Wout Ultee and Jan Lammers, "More or Less Educational Homogamy? A Test of Different Versions of Modernization Theory Using Cross-Temporal Evidence for 60 Countries. " *American Sociological Review*, Vol. 65, No. 5, 2000.

Suitor, Jill, Karl Pillemer and Shirley Keeton, "When Experience Counts: The Effect of Experiential and Structural Similarity on Patterns of Support and Interpersonal Stress. " *Social Forces*, Vol. 73, No. 4, 1995.

Sewell, William H. and Vimal P. Shah, "Socioeconomic Status, Intelligence, and the Attainment of Higher Education. " *Sociology of Education*, Vol. 40, No. 1, 1967.

Thurow, Lester, *Generating Inequality: Mechanisms of Distribution in the US Economy*, New York City, NY: Basic Books, 1975.

Tomaskovic-Devey, Donald, *Gender and Racial Inequality at Work: The Sources and Consequences of Job Segregation*, Ithaca: Cornell University Press, 1993.

Torche, Florencia, "Economic Inequality: A Comparative Analysis of

Three Latin American Countries. " *Demography*, Vol. 47, No. 2, 2010.

Tsuya Noriko O. , Larry L. Bumpass, Minja Kim Choe and Ronald R. Rindfuss, "Is the Gender Division of Labor Changing in Japan?" *Asian Population Studies*, Vol. 1, No. 1, 2005.

Ultee, Wout C. and Ruud Luijkx, "Educational Heterogamy and Father-to-Son Occupational Mobility in 23 Industrial Nations. " *European Sociological Review*, Vol. 6, No. 2, 1990.

Verbakel, Ellen and Paual M. de Graaf, "Resources of the Partner: Support or Restriction in the Occupational Career? Developments in the Netherlands between 1940 and 2003. " European Sociological Review, Vol. 24, No. 1, 2008.

Verbakel, Ellen and Paual M. de Graaf, "Partner Effects on Labor Market Participation and Job Level: Opposing Mechanisms. " *Work, Employment & Society*, Vol. 23, No. 4, 2009.

Visser, Mark and Anette Eva Fasang, "Educational Assortative Mating and Couples' Linked Late-Life Employment Trajectories. " *Advances in Life Course Research*, Vol. 37, 2018.

Von Ours, J. C. and G. Ridder, "Job Matching and Job Competition: Are Lower Educated Workers at the Back of Job Queues?" *European Economic Review*, Vol. 39, No. 9, 1995.

Wallace, Jean E. and Alyssa Jovanovic, "Occupational Similarity and SpousalSupport: A Study of the Importance of Gender and Spouse's Occupation. " *Industrial Relations*, Vol. 66, No. 2, 2011.

Warren, Bruce L, "A Multiple Variable Approach to the Assortative Mating Phenomenon. " *Eugenics Quarterly*, Vol. 13, No. 4, 1966.

Whyte, Martin King and William L. Parish, *Urban Life in Contemporary China*, Chicago, IL: University of Chicago Press, 1984.

Wu, Yuxiao and Dongyang Zhou, "Women's Labor Force Participation in Urban China, 1990 – 2020. " *Chinese Sociological Review*, Vol. 47,

No. 4, 2015.

Zhang, Junsen, Yaohui Zhao, Albert Park and Xiaoqing Song, "Economic Returns to Schooling in Urban China, 1988 to 2001." *Journal of Comparative Economics*, Vol. 33, No. 4, 2005.

Zhou, Xiang, "Increasing Returns to Education, Changing Labor Force Structure, and the Rise of Earnings Inequality in Urban China, 1996 – 2010." *Social Forces*, Vol. 93, No. 2, 2014.

附　　录

附录中的表格主要展示的是各章节中主要变量的描述性结果。

附表 1　　　　主要变量描述结果（4.1 节）

变量	均值（百分比）	样本量
丈夫受教育程度	2.878	69394
妻子受教育程度	3.117	69394
出生世代		
1960—1965	27.63	10779
1966—1973	37.74	14725
1974—1980	20.82	8125
1981—1993	13.81	5388
户口状况		
农村	58.63	40637
城市	41.37	28671

附表 2　　　　主要变量描述结果（4.2 节）

变量	均值（百分比）	样本量
婚姻匹配类型		
同类婚	46.49	14050
异类婚	53.51	16172
年龄	43.045	38452
受教育程度	1.801	38342

续表

变量	均值（百分比）	样本量
性别		
男	48.24	18556
女	51.76	19911
出生世代		
1966—1973	29.36	6399
1974—1980	19.14	4171
1981—1987	24.42	5323
1988—1998	27.09	5904
户口状况		
农村	73.75	28085
城市	26.25	9994

附表3　　　　　　　　　主要变量描述结果（5.1节）

变量	中国数据				日本数据			
	均值/百分比				均值/百分比			
丈夫收入	696.099				650839.10（日元）			
妻子收入	547.518				59368.74（日元）			
丈夫受教育程度	小学	初中	高中	大学	初中	高中	大学2	大学4
	14.47	34.85	23.59	27.09	3.89	40.63	5.84	49.64
妻子受教育程度	小学	初中	高中	大学	初中	高中	大学2	大学4
	20.49	32.99	21.42	25.10	1.95	43.26	25.75	29.05
出生世代	出生世代1	出生世代2	出生世代3					
	10.40	48.37	41.23					
户口	农村		城市					
	56.90		43.10					
地区	东部	中部	西部					
	41.43	30.78	27.79					

注：表中丈夫和妻子的收入是经加权处理后所计算的结婚时的收入估计值；日本数据中的大学2表示两年制大学，大学4表示四年制大学。

附表4　　　　　　　　主要变量描述结果（5.2节）

变量	均值（百分比）	样本量
丈夫受教育程度	2.075	4725
妻子受教育程度	2.219	4725
丈夫收入	31527.65	4725
妻子收入	22401.97	4725
年份		
1996	21.48	1015
2006	37.40	1767
2015	41.12	1943

附表5　　　　　　　　主要变量描述结果（6.1与6.2节）

变量	均值（百分比）	样本量
教育同类婚	38.26	3922
教育向上婚	15.93	1633
教育向下婚	14.29	1465
未婚	31.53	3232
配偶受教育程度	2.040	7047
父亲受教育程度	1.666	9792
父亲社会经济地位	27.476	8292
年龄	28.723	10487
性别		
男	46.92	4921
女	53.08	5566
户口		
农村	69.52	7277
城市	30.48	3190

附表6　　　　　　　　　主要变量描述结果（6.3节）

变量	父亲	本人	配偶
受教育程度			
小学及以下	49.550%	5.530%	6.460%
初中	25.650%	25.340%	27.220%
高中	17.390%	35.950%	33.930%
大学及以上	7.410%	33.180%	32.400%
出生世代			
1960—1965	—	27.510%	—
1966—1973	—	34.860%	—
1974—1980	—	22.350%	—
1981—1999	—	15.280%	—
样本量	—	18326	—

附表7　　　　　　　　主要变量描述结果（7.1与7.2节）

变量	均值（百分比）	样本量
受教育程度	2.410	7514
配偶受教育程度	2.037	7547
年龄	44.661	9273
性别		
男	56.71	4015
女	43.29	5259
同期群		
1947—1959	25.63	2293
1960—1965	16.32	1460
1966—1973	25.14	2249
1974—1980	16.30	1458
1981—1993	16.62	1487
户口		
农村	56.89	5276
城市	43.11	3998

附表 8　　　　　　　**主要变量描述结果（7.3 节）**

变量	男性	女性
受教育程度		
小学及以下	20.48	33.58
初中	37.37	32.91
高中	21.85	17.33
大学及以上	20.30	16.18
配偶受教育程度		
小学及以下	32.37	23.01
初中	34.06	37.78
高中	17.46	21.32
大学及以上	16.11	17.89
职业地位		
农民	26.22	34.35
工人	32.70	21.24
一般非体力	18.80	25.04
专业技术人员	13.29	12.74
国家社会管理者	8.98	6.64
出生世代		
1960—1969	45.74	43.42
1970—1979	38.89	38.79
1980—1989	15.37	17.78
样本量	15677	17993

附表 9　　　　　　　**主要变量描述结果（8.1 节和 8.2 节）**

变量	均值或百分比	变量	均值或百分比
认知能力得分	0.052	年龄	12.531
父亲受教育年限	10.658	父亲职业	
母亲受教育年限	9.954	农民	22.35%
教育婚姻匹配类型		普通工人	35.55%
教育同类婚	42.12%	低技术人员	19.04%
教育异类婚	57.88%	高技术人员	7.98%

续表

变量	均值或百分比	变量	均值或百分比
家庭经济状况		管理者	15.09%
非常困难	3.21%	母亲职业	
比较困难	15.19%	农民	33.09%
中等	75.24%	普通工人	45.92%
比较富裕	6.00%	低技术人员	4.50%
很富裕	0.37%	高技术人员	7.05%
心理情绪	0.145	管理者	9.43%
教育期望	6.979	户口类型	
性别		城市	51.43%
男	51.81%	农村	48.57%
女	48.19%	兄弟姐妹数量	0.696

索　引

D

代际再生产　36，37，41，42，
　45，107，153，154，156—
　159，162，164，166—171，
　174，175，181—185，187，
　189—193，241，242，253，
　255，261—263，266，267，
　269，271

G

高等教育扩张　4，13，34，
　35，40，42，43，45，53—
　62，67—69，71，74—76，
　78—81，84—88，92，94，
　97，99，100，102—105，
　112，115，130，134—138，
　142，145，146，149—156，
　158，159，166，170，174，
　183，185，192，199，227，
　229，236，237，263—266，

272，273

H

婚姻市场排斥　15，34，37，
　40，45，54，76，81，82，
　84，86，88，100—102，
　104，136，152，263，264，
　274，277

J

教育同类婚分布结构　103，
　152，277
教育资源排斥　15，33，35，
　37，45，51，54，56，61，
　62，67，68，71，74—76，
　82，103，104，136，151，
　152，263，264，273，277

L

联合型结构化　36—41，45，
　51，153，162，166，167，

183，192，193，263，266，
267，274

两极化 56，60，71，74—76，
104，127，136，151，152，
264，266

P

配偶效应 193，194，198，
212，214，220，222—224，
227—229，231，232，236—
238，263，268，269，278

S

社会封闭 10，14，28，55，56，
58，59，156，158，274，276
社会结构化 15，33，154，263
市场转型 7—9，40，42，43，
45，54，56，58，60，75，
76，81，84，102，104，
111—113，115，126，127，
130，131，135，149，151，
152，154，157—159，166，
170，173，174，183—185，
191，192，217，227，229，
236，237，263—266，273
社会结构开放性 267，276

收入差距 2—4，8，10，11，
13，14，17—20，22，24，
25，29—33，35，36，40，
42，43，45，46，52，103，
104，106，110，112，128—
140，142—152，157，168，
174，185，193，200，229，
263—266，270—273，275—
278

T

同构性 35，40，42，45，51，
104—111，113—120，122—
127，129，132，133，151，
263—266，270，272，273，
277，278

通婚壁垒 15，33，35，57，60，
68，69，74，264，275，277

Z

自源型结构化 36，38—41，
45，48，51，153，193，194，
210，211，226，238—240，
245，247，252，253，260—
263，266—268，274，278

后　记

本书脱胎于我的博士学位论文。在此，我首先想简要介绍一下写作的背景。我的学术训练主要在量化研究，几乎没怎么做过质性。定量研究容易给人一种感觉，那就是用一些数据冰冷地叙述几个变量之间的关系，看不见鲜活的个人。这种感觉没错，但是我认为这是定量研究的特点而不能说是缺陷。定量与定性两种方法适用的领域不同，因而相关研究的特点也会不同。定量研究更多关注的是"平均人"，自然很难展现出个性。反过来，我们也不能要求定性研究的个案选择像定量研究那样具有严格的统计代表性。尽管如此，在中国人民大学社会学系的学术训练让我意识到，即使是用定量的方法，也要对自己所做的题目有生命的体验，否则很容易陷入对数据结果僵硬的解释中。而在社会分层这个宏大的领域中，教育和婚姻是我亲身经历的事件，因而对二者都有一定的直接认识和感受。

另一个促使我选择教育婚姻匹配与社会分层研究的原因是，我在美国普林斯顿大学进行博士生联合培养期间，参加了一些大型国际会议，比如美国人口学年会、国际华人社会学年会等。我发现在这些高水平的会议中都有一个专题来讨论婚姻匹配及其分层效应，足见其在学术上和现实中的重要价值。婚姻匹配与社会分层的问题也同样存在于中国社会中，但是却没有得到足够的重视，相关的研究屈指可数，这促使我想在中国的社会背景下揭示教育婚姻匹配与社会分层之间的关系。

最后，我想感谢一下在本书写作过程中给予我帮助的人。首先，最感谢的是我的导师，中国人民大学社会学系的李路路教授。我在硕士阶段便师从李老师，李老师对我的硕士毕业论文几乎是逐字逐句地修改，并耐心地给我讲解论文的问题应该如何提出、文献应该怎样综述、假设应该如何推演等等，这让我第一次对学术论文写作有了比较深刻的认识。进入博士阶段以后，我的每一篇论文都得到了李老师的悉心指导，在此过程中我收获良多。

除了学术上的指导和提携外，李老师在为人处世上也对我有非常大的影响。其中最重要的是"严于律己，宽以待人"。李老师告诫我说，做事一定要百分百去做，要做就做到最好，不能心存侥幸。李老师对学生有自己的要求，但是却不强求。而这种春风化雨的温和却胜似疾风骤雨般的严厉，对我们有一种莫名的感召力，激励着我们不断在学术和人生的道路上脚踏实地，勇往直前。

我还要特别感谢中国人民大学社会学系的朱斌老师。朱斌老师是我师出同门的兄长，从硕士阶段至今，朱斌师兄无论是在我的学业还是生活中都给予了许多无私的帮助。他严谨的治学态度、深厚的学术功底、严密的逻辑思维、饱满的学术热情都让我由衷地敬佩。

感谢中国人民大学社会学系诸位老师们多年来的教诲。尤其要感谢王水雄、谢桂华、赵旭东、于显洋、王玉君、黄盈盈、王卫东等老师，他们在我博士论文的选题、写作和修改中都给出了许多宝贵的意见和建议。

感谢美国普林斯顿大学的谢宇教授。在博士二年级时，他欣然接受我去普林斯顿大学进行为期一年的联合培养，并十分慷慨地替我交了学校要求的注册费用。在美国期间，谢宇老师充分表现出他对后辈的关怀，并尽其所能无私地提供帮助，凡此种种，我都铭刻于心。

感谢中国社会科学出版社尤其是本书的责任编辑孔继萍老师的辛勤工作。在本书出版过程中，出版社的编校老师对书稿提出了许多宝贵的修改意见，并且不厌其烦地进行了非常细致的校对，让本书的质量得到了很大的提升。